普通高等学校"互联网+"立体化教材

现代大学体育信息化教程

主编 史文清 苏庆永 马卫东

北京体育大学出版社

策划编辑：吕常峰
责任编辑：房晓静
责任校对：李云虎
版式设计：李　莹

图书在版编目（CIP）数据

现代大学体育信息化教程 / 史文清 , 苏庆永 , 马卫
东主编 . -- 北京：北京体育大学出版社，2020.8（2022.6 重印）
　　ISBN 978-7-5644-3375-8

　　Ⅰ . ①现… Ⅱ . ①史… ②苏… ③马… Ⅲ . ①体育教
学－信息化－高等学校－教材 Ⅳ . ① G807.4

中国版本图书馆 CIP 数据核字 (2020) 第 171069 号

现代大学体育信息化教程　　　　　　　　史文清　苏庆永　马卫东　主编
XIANDAI DAXUE TIYU XINXIHUA JIAOCHENG

出版发行：北京体育大学出版社
地　　　址：北京市海淀区农大南路 1 号院 2 号楼 2 层办公 B-212
邮　　　编：100084
网　　　址：http：//cbs.bsu.edu.cn
发 行 部：010-62989320
邮 购 部：北京体育大学出版社读者服务部 010-62989432
印　　　刷：三河市东方印刷有限公司
开　　　本：787mm×1092mm　1/16
成品尺寸：185mm×260mm
印　　　张：16
字　　　数：385 千字
版　　　次：2020 年 8 月第 1 版
印　　　次：2022 年 6 月第 2 次印刷
定　　　价：38.00 元

《现代大学体育信息化教程》
编委会

主　编：史文清　苏庆永　马卫东

副主编：方兆宇　陈志军　曲　博　孙明兴　李淑娟

　　　　王红梅　张　波　王　丹　赵　丹

编　委：（按姓氏笔画排序）

　　　　马全艳　王世友　吕舒宁　刘　倩　孙天衡

　　　　李敏华　张　麟　张艳丽　张海军　陈　伟

　　　　金文植　赵雁楠　赵睿婷　姜　莉　姜千秋

　　　　姜嘉楠　贾　岩　徐　千　徐春宁　韩　桐

　　　　景婷婷　程全德　焦英奇　薛志伟

前　言

2016 年，《国务院办公厅关于强化学校体育促进学生身心健康全面发展的意见》指出，要以"天天锻炼、健康成长、终身受益"为目标，改革创新体制机制，全面提升体育教育质量，健全学生人格品质，切实发挥体育在培育和践行社会主义核心价值观、推进素质教育中的综合作用。2018 年，习近平在全国教育大会上强调，要树立健康第一的教育理念，开齐开足体育课，帮助学生在体育锻炼中享受乐趣、增强体质、健全人格、锤炼意志。为了贯彻全国教育大会精神，编者根据《全国普通高等学校体育课程教学指导纲要》和当前高校体育教学改革、发展的需要，编写了本教材。

本教材以健康第一为指导思想，旨在培养学生的终身体育意识，使其至少掌握两项运动技能，促进学生身心健康的全面发展，力求成为指导大学生进行全面体育学习和锻炼的实用性教材。本教材具有以下特点。

1. 形式新颖

本教材从信息化教学的角度出发，运用"互联网+"技术，在平面教材的基础上，以二维码的形式植入相应的教学视频。学生通过扫描二维码不仅可以学习体育相关知识，还可以观看各种运动项目的技战术视频，学习不同运动项目的动作要点，掌握运动技能，从而提高体育运动水平。

2. 实用性强

本教材注重理论与实践相结合。在体育理论知识部分，本教材重点对体育教育的功能和营养与健康等进行阐述；在体育实践部分，本教材重点介绍学生喜闻乐见的运动项目，使学生至少掌握两项运动技能，为学生进行终身体育锻炼打下坚实的基础。

3.内容精练

本教材参考最新的体育锻炼理念，摒弃了一些陈旧、烦冗的内容，着重激发学生的体育兴趣，使学生能够重点学习和参与一些运动项目，从而实现体育教学目标。

在编写本教材的过程中，编者得到了一些专家和学者的大力支持，在此对他们表示衷心的感谢。由于时间仓促和编者水平有限，本教材若有不妥之处，恳请广大读者批评与指正，以便我们今后进一步完善。

目 录

第一章

认识高等学校体育

第一节　体育概述

一、体育的产生及体育与劳动的区别

（一）体育的产生

生产劳动是人类一切活动的基础，是人类基本的实践活动。在远古时期，人类为了生存，不得不经常出入于沼泽平原，穿梭于崇山峻岭，跨溪流，越障碍，攀悬崖，采摘瓜果，捕捉鱼虾，猎获禽兽。为了采摘树上的果实，人类就要掌握攀登的技巧；为了捞取水中的鱼虾，就要学会游泳；为了捕捉动物，就需要快速持久的奔跑能力；为了抵御和战胜猛兽，就要使用器械，就要有投掷器械的力量……在与大自然的斗争中，人们逐渐学会了走、跑、跳、投等技能，这就是人类最初的体育。由此可见，生产劳动是体育的源泉之一。人类的生产劳动可以说是最初的体育形态，在体育发展的历史进程中起着决定性作用。随着生产工具的改进、生产技术的进步，人类生活中有了娱乐、宗教、教育、战争等复杂现象。人的身体活动与这些现象相结合，使原始的体育形态得到进一步发展。这些社会现象对体育的规范化、系统化发挥了重要作用。

人的某些身体活动在其有目的、有意识、有规律地与健身、医疗相结合，成为养生之道时，才同人类在生产劳动中的活动区别开来，成为体育而独立存在，并逐渐演变出竞技形式。

（二）体育与劳动的区别

体育起源于劳动。劳动与体育有共同的特点，即在一定的过程中都要求有身体活动，消耗一定的能量，使人体的新陈代谢速度加快，不同程度地对身体发展产生一定的影响。劳动与体育又有着本质的区别，二者既不相同，也不能相互代替。首先，活动的目的不同。人们通过劳动创造价值，生产物质财富，取得报酬并服务于社会；而体育的直接目的是增进身心健康，增强体质。其次，活动的环境条件和效果不同。劳动在特定的条件下进行，受一定的操作规程制约，其身体活动部位大多是局部的反复

活动和固定姿势的连续操作，对人体的影响有较大的局限性，所以对劳动者的健康不可避免地存在不利的一面。体育是劳动的一种补充，可在阳光充足、空气新鲜、条件适宜的场所进行，具有明确的锻炼目的，有计划、有组织和重复进行的体力活动，旨在保持和提高身体适应能力或健康水平。总之，二者在活动的目的、环境条件和效果等方面是不同的。

二、体育的基本概念

体育的概念分广义和狭义两种。

（一）体育的广义概念

体育又称体育运动，是以身体练习为基本手段，为增强体质、提高运动技术水平、进行思想教育、丰富社会文化生活而进行的一种有意识的身体运动和社会活动。它属于社会文化教育的范畴，受社会政治、经济的影响和制约，也为一定的社会政治和经济服务。

（二）体育的狭义概念

狭义的体育仅指身体教育，它是一个促进身体发展，增强体质，传授锻炼身体的知识、技术和技能，培养道德和意志品质的过程，是教育的组成部分，目的在于促进人的全面发展。

三、体育的组成

体育由学校体育、竞技体育和大众体育组成。

（一）学校体育

学校体育是学校教育的重要组成部分，是通过体育手段来增强学生体质，向学生传授体育的基础知识、技术、技能，培养学生的道德和意志品质的有目的、有计划的教育过程。学校体育按不同教育阶段和学生的年龄特征，通过体育课、课余体育训练和课外体育活动等基本组织形式，以"增强体质、增进健康"为核心，全面实现学校体育的各项目标。由于处在学校教育这个特定环境，体育的实施内容被列入学校总体计划，实施效果又有相应的措施予以保证，因此学校体育与其他教育环节共同构成一个完整的教育过程，促使学生在德、智、体、美、劳等各方面得到全面发展。

随着社会的不断发展，体育逐渐向科学化、社会化、娱乐化和终身化的方向发展。学校体育不仅要注重增强学生体质、增进学生健康，还必须着眼于学生个体生存、发展的需要，即重视包括生理、心理及社会适应等因素在内的综合效益，力求满足学生个人的体育兴趣和爱好，增强学生主动参与体育的意识，注重体育锻炼的科学性，不断提高学生的体育欣赏水平和体育参与水平，以适应21世纪开拓型人才对思想品德、体质、日益增长的文化生活的需要，为国家培养高素质人才作贡献。

（二）竞技体育

竞技体育又称竞技运动，是为了最大限度地发挥个人或集体在体格、体能、心理和运动能力等方面的综合潜力，以取得优异成绩而进行的科学、系统的训练和竞技活动。竞技体育是从体育实践中派生出来的。竞技运动一词"Sport"原出于拉丁语

"Cisport"，其含义为"离开工作"进行的游戏和娱乐活动。随着竞争因素的增加，它已成为在全面发展身体素质的基础上，最大限度地挖掘人的体力、智力和运动才能，以夺取优异运动成绩为目标而进行的科学训练和各种竞赛活动。竞技体育在现代奥林匹克运动的推动下得到长足发展。为了发扬奥林匹克精神，竞技体育在追求"更快、更高、更强"目标的同时，又提倡"公平竞赛"和"参与比取胜更重要"等原则。20世纪70年代以来，竞技体育被认为是在高水平竞争中，以夺取优胜为目标，进而实现最大限度地开发人的竞技运动能力的教育过程。在强调"对抗"的同时，竞技体育也非常强调"规则"的公平和公正。为应付激烈的赛场竞争，竞技体育正广泛采用先进、科学的训练方法和手段，以探索人类竞技运动的极限。另外，由于竞技体育的表演技艺高超、季节性强，且极易吸引广大观众，因此，作为一种极富感染力又容易传播的精神力量，竞技体育在活跃社会文化生活、振奋民族精神、促进各国人民之间的友谊和团结等方面起着重要的作用。

竞技体育在发展中也遇到不少问题，例如：竞技运动日益成为商业的附属品；竞技体育经常受到国际政治的干扰；业余和共同原则不断受到体育职业化的冲击；运动员滥用兴奋剂；靠金钱操作和控制比赛输赢等。这些有悖于奥林匹克精神、公平竞赛原则的现象和行为无疑使竞技体育的正常发展受到严峻的考验。

（三）大众体育

大众体育又称社会体育，是以健身、健美、养生、娱乐和休闲等为目的而进行的广泛的、形式多样的体育活动。因此，健身、娱乐、休闲体育、余暇体育、养生体育和医疗体育等均被列入大众体育的范畴。由于大众体育的对象主要是一般民众，活动领域遍及整个社会乃至家庭，因此其堪称是活动内容最广泛、表现形式多样、适应性较强、参加人数最多的一项群众性体育活动。它作为学校体育的延伸，可使人们的体育生涯得以继续维持并使人们受益终身。

大众体育开展的广泛性和社会化程度取决于一个国家的经济发展水平、物质生活水平、人们余暇的多少及社会环境是否安定等因素。我国的大众体育正在蓬勃兴起，特别是政府大力推广全民健身计划，全民的体育意识大大增强。不少人已逐渐改变了传统体育观念，注重健康投资，并积极参与体育锻炼。各种体育俱乐部、体育游乐园、健身娱乐中心竞相开办，由此吸引了大批体育爱好者，表明我国的大众体育已进入了一个新的历史发展阶段。

第二节　高等学校体育概述

高等学校体育属于教育学和体育学下的学科层次，应充分体现体育和教育的共同属性。一方面，高等学校体育是学校教育的重要组成部分，其目的应与学校教育的总目标相一致；另一方面，高等学校体育是体育的一个重要方面，应该充分体现体育的属性，即要以运动和身体练习为基本手段，提高人的机能，增强体质，促进身心健康，促使大学生全面发展。总体来讲，高等学校体育的目的就是以运动和身体练习为基本手段，对大学生机体进行科学的培育，在提高人的生物潜能、心理潜能的过程中促进大学生全面发展，达到学校教育的总目标。

一、高等学校体育的地位和作用

（一）高等学校体育与全面发展教育

高等学校体育教育必须为社会主义现代化建设服务，必须与生产劳动相结合，培养德、智、体、美、劳全面发展的社会主义事业的建设者和接班人。《中国教育改革和发展纲要》进一步明确了体育在培养全面发展新人中的地位，并赋予学校体育以新的使命。

随着现代社会生产力的高度发展，特别是科学技术的突飞猛进和社会生活的新变化，人们在身心健康、道德健康和社会适应能力方面提出新的要求。通过多种教学形式和手段，高等学校体育不仅能增进学生健康，增强学生体质，还能启智、育德，培养学生的审美能力，提高学生的身体活动能力和社会适应能力，从而促使高等学校体育在培养全面发展新人中发挥更大作用。

（二）高等学校体育与全民健身

1.全民健身的根本任务是增强人民体质，高等学校体育是全民健身的基础

大学生正处在青年时期，大多处于 15～25 岁这个年龄阶段。其身体形态、代谢功能虽已不断完善、发展，但仍保留有青春期的一些特点，即存在发展的不平衡性和不稳定性，身体发育尚未完全成熟，有待进一步发展，以使身体各系统、器官的功能达到人生最佳水平。人的生长发育水平受多方面因素影响（如遗传、生活环境、营养、医疗卫生等），体育锻炼则是影响人体生长发育最积极、最重要的因素。在学生时期，加强锻炼能促进身体正常生长和发育，增强体质，为一生健康打下基础。民族体质的强弱、民族素质的优劣关系到一个民族、一个国家的兴衰存亡。青少年体质水平是一个民族素质水平的象征和标志。

2.高等学校体育与我国全民健身事业发展有密切关系

由于青少年是我国人口的重要组成部分，因此学校体育的发展水平实际上正在成为我国全民健身水平的重要标志。另外，高等学校学生在学校时养成终身体育的意识、能力和习惯，毕业后就可以成为全民健身的骨干和指导力量，就可以直接或间接地推动我国全民健身事业的蓬勃发展，加速扩大体育人口，加速体育社会化进程。

（三）高等学校体育与精神文明建设

精神文明建设主要包括文化建设和思想建设两个方面。高等学校体育既是精神文明建设的重要内容，又是对学生进行精神文明教育的重要途径和手段。

高等学校体育不仅可以为学生的智力开发提供良好的物质基础保证，还可以传播社会文化，提高学生的文化素养。这是因为高等学校体育的内容十分丰富，体育知识、运动技能、运动规则和裁判方法等都是人类在长期体育实践中总结的精神财富，是社会文化的有机组成部分。竞技体育是现代学校体育教育的重要内容。随着现代竞技运动竞争的加剧，加强竞技体育后备人才的开发和培养显得更为重要。另外，学校开展竞技体育，不仅符合学生的特点和需求，还具有特殊的文化价值，对培养学生的竞争意识、开放性格以及培养学生的拼搏精神、纪律性、团队精神具有重要作用，还能丰

富学生的课余文化生活，形成良好的校风和学风。

学校体育是一个开放系统，对思想文化建设有着积极作用，有助于推进社会主义精神文明建设。

（四）高等学校体育与现代医学

体育的主要任务之一是增强人民体质，提高劳动效率，延长工作年限，使人健康长寿。医疗卫生的基本任务是保护人民健康，防治疾病，延长寿命，降低死亡率。可见，体育和医疗卫生都是为增进和保护人民健康、造福于人民服务的。体育的发展与医学的发展有着密切联系。祖国医学不仅把体育锻炼运用在健身防病上，还作为一种康复医疗方法，被运用在治疗疾病上。科学技术的飞速发展进一步改变了人们的生产方式和生活方式，也改变了人们的健康观念和医学模式。体育活动不但成为人们不可缺少的生活内容，而且成为预防现代文明病的重要手段。在生产力高度发展、物质文明和精神文明相应提高的阶段，预防医学、康复医学的发展是历史的必然。

医学和高等学校体育是两门独立的学科，它们所研究的主体都是人，不同之处：医学主要研究人体疾病的预防和治疗规律，高等学校体育主要研究运动过程中人体发展的规律和人类运动能力发展的规律。体育与医学相互促进、互相补充，以求达到实现人人健康的共同目的，这是高等学校体育和现代医学发展的重要特征。

二、高等学校体育教育的目的和任务

（一）高等学校体育教育的目的

高等学校体育教育的目的是指在一定时期内，高等学校体育教育实践所要达到的预期结果。它决定着高等学校体育教学的方向和过程，是评估体育教学工作的重要依据，对学校体育工作的开展起着引导、控制和激励的作用。根据高等学校学生的年龄特点、现代社会对体育的需求及体育的功能，高等学校体育教育的目的确定为：完善学生身心发育，提高学生身体素质，增强学生体质；使学生获得体育卫生保健知识，使其掌握体育的基本技能和方法，为终身体育打下坚实的基础；帮助学生形成正确的人生观和世界观。

（二）高等学校体育教育的任务

1. 以培养学生的创新精神和实践能力为重点

创新精神和实践能力的培养是高等学校教育的重点任务，完成这项任务应该是系统的、全方位的。作为高等学校教育的重要组成部分，高等学校体育教育根据自己的特点通过体育课教学和课外实践活动等多种方式，引导学生积极思考问题，发展创新思维，在实践中解决问题。

2. 促进学生身体素质和生理机能发展

研究表明，经常参加体育活动，是保持良好活动能力的重要因素。如果停止体育活动2周，人体各项机能就会下降或维持原状。实际上，如果4周以上不参加运动，已经提高的身体机能水平就会下降50%。高等学校体育教育的主要任务之一是提高学生的身体素质（如力量、耐力、速度、柔制性、灵敏性、协调性），提高学生的生理机能，使其体质增强，疾病减少，学习效率提高。

3. 使学生树立终身体育观念，养成锻炼身体的习惯

1978 年，联合国教科文组织在《体育运动国际宪章》中明确规定："体育运动是全面教育体制内一种必要的终身教育因素""确信保持和发展人的身体、心智与道德力量能在本国和国际范围内提高生活质量""必须由一项全球性的、民主化的终身教育制度来保证体育活动与运动实践得以贯彻于每个人的一生"。由此可见，终身体育在教育中的地位非常重要。通过终身体育，我们可以在生命过程中始终保持精力旺盛，使生命潜能得到最大限度的发挥，在社会中更好地实现自我价值，并为社会创造更大的价值。

4. 使学生掌握体育的基础知识和基本技能，发展体育能力

高等学校体育教育使学生明确体育在现代社会中的地位、意义和作用；较全面系统地掌握有关的体育理论知识，掌握一般体育运动项目的基本技能和科学锻炼身体的方法；能够懂得个人、集体比赛的一些组织方法，培养、提高体育锻炼中自我组织、自我管理、自我评价和监督的能力。高等学校体育教育使学生可以在未来各种工作环境中具有更大的适应性，对学生今后的生活、工作、社会交往都将产生积极的影响。

5. 对学生进行思想品德教育，培养良好的体育道德风尚和意志品质

高等学校体育教育通过组织学生参加各种体育竞赛活动，培养学生的竞争意识和法律意识，使其体验竞争的激烈性和残酷性，经受成功和失败的磨炼，培养学生胜不骄、败不馁的良好品质。通过参与体育活动，学生可以受到集体主义和爱国主义教育，培养团结协作、勇于拼搏的精神。

6. 发展学生体育才能，提高专项运动技术水平

在普及群体活动的基础上，学校对一些体育基础较好并具有一定专项运动才能的学生进行系统的科学化训练，提高其专项运动技术水平，使之成为优秀的运动员和大学群体活动的骨干，进一步推动大学体育的普及和发展。有条件的学校还应该为国家培养竞技体育后备人才。

三、高等学校体育的组织形式

（一）体育课

体育课是师生教与学的双边活动。要保持正常的教学秩序，学校应建立健全体育课教学质量保障的长效机制。体育课应遵循现代教育理论的原则和方法，充分发挥教师的主导作用和学生的主体作用。在体育教学中，除进行基本技术、技能教学外，教师还应加强对学生的体育基础理论知识教育，让学生掌握体育锻炼的科学知识和卫生保健常识，为终身体育奠定基础。

体育课按教学的不同任务，可分为普通体育课、选项体育课、选修体育课和保健体育课等多种类型。

（二）课外体育活动

课外体育活动是高等学校体育课程的延续和补充，是实现高等学校体育目的的主要组织形式。《中华人民共和国体育法》第二十条规定："学校应当组织多种形式的课外体育活动，开展课外训练和体育竞赛，并根据条件每学年举行一次全校性的体育运

动会。"学校应当从实际情况出发，因人、因时、因地制宜地开展多种多样的课外体育活动。

（三）课余体育训练和体育竞赛

课余体育训练是指高等学校利用课余时间，对部分身体素质较好并有体育专长的学生进行系统训练的一种专门教育过程。它是实现高等学校体育的重要组织形式。

体育竞赛是高等学校课外体育的组成部分，是实现高等学校体育目的的重要组织形式。高等学校开展体育竞赛的重要作用：检验体育教学效果和训练效果，促进经验交流、互相学习，促进运动技术水平的提高；广泛吸引大学生参加体育活动，推动高等学校群众性体育活动的开展，增强体质，增进才智；丰富大学生课余文化生活，增强体育意识，培养勇敢顽强、奋发向上、团结友爱、遵纪守法等优良品质和集体主义精神；推动校园文明建设等。

高等学校体育竞赛分校内竞赛和校外竞赛，以校内体育竞赛为主。学校要经常开展校内群众性体育比赛，如组织各种球类运动、长跑等学生喜闻乐见的体育比赛。

四、高等学校体育的发展方向

随着"健康第一"和"终身体育"思想的提出，高等学校体育的教学目标、教学内容、教学方法、教学组织形式、考核方式等发生了一定变化。

（一）教育指导思想——健康第一

高等学校体育正在把全国教育大会提出的"健康第一""开齐开足体育课""帮助学生在体育锻炼中享受乐趣、增强体质、健全人格、锻炼意志"作为其指导思想。

（二）教学目标——培养适应现代化生产和生活的人

高等学校体育教学要实现教学目标，必须在两个方面转变：① 在目标的空间上，从单纯追求学生的外在技能水平转移到全面追求学生的身心协调发展上来，即打破以往的以运动技术传授为主线的教学体系，运用合理的运动实践手段，建立增强学生体质、发展学生身体活动能力和培养学生锻炼习惯的统一协调的新教学体系；② 在目标的时间上，体育教学不仅要完成促进学生生长发育、培养体育技能、传授体育知识的任务，还要培养学生的体育兴趣和体育意识，为学生终身参加体育活动打下基础，即完成对现在和未来两个方面的培养任务。

（三）教学内容丰富多彩

在教学内容方面，高等学校体育强调要打破以竞技运动项目（特别是以运动技术结构）为主线的教学体系，改变把"素材"当作教材的错误观念。从育人的角度出发，高等学校体育全面结合体育文化的显性教育意义（健身和体育技能培养的功能）和隐性教育意义（对人的社会化、人格培养和情感培养的作用）。

教学内容的丰富性提高了学生对体育项目的选择性，进而激发学生的体育兴趣。许多新兴的项目（如轮滑、体育舞蹈、登山、攀岩、击剑等）成为高等学校的体育教学内容。

（四）教学方法灵活多样

体育教学方法的研究一直是高等学校体育的研究课题之一。目前，高等学校体育教学方法正向着多样化方向发展。体育教学方法的改进主要如下。

（1）改变过去只强调教师在教学过程的主导作用、忽视学生在教育过程的主体地位的现象，采用有利于学生理解原理、掌握技术和体验乐趣的新的体育教学方法。

（2）改变过去过分强调组织纪律性的呆板教学方法。实现课堂上不拘泥于形式的整齐划一。快乐体育的教学思想被引入课堂。强调体育教育的参与性、娱乐性，降低学习难度，采用多种形式的体育教学方法，让学生在运动中体验快乐。

（3）改变过去"千人一法"的体育教学模式，注重学生的个性发展，强调因材施教的创造性思维。

（五）教学组织形式全校园化

高等学校体育过去只重视体育课堂教学，而忽视了学生课外体育活动的重要性。目前，高等学校体育正在向全校园化的方向发展，即在重视课堂教学的同时，重视学生的课外体育活动，并把课外体育活动列入整体体育教育的范畴；鼓励学生自主进行体育锻炼，养成锻炼习惯，树立终身体育意识，同时改变体育教育只是体育教师的任务这一观念，应调动学校各部门的积极性，使体育教育全校园化。

（六）考核方式科学化

高等学校体育正在从过去以运动技能的好坏、运动素质的高低来评价学生的考核方式改变为从运动能力、运动参与度、体质健康等方面对学生进行考核，即从单一的考核转向全面的、综合质量的考核，强化普及教育，加强技术技能评定。

（七）体育俱乐部正在成为学生体育锻炼的主要载体

各种体育俱乐部和体育协会在高等学校中方兴未艾。体育俱乐部以其灵活的组织形式吸引有浓厚兴趣的学生长期参与体育锻炼，是高等学校学生今后进行课外锻炼的主要形式。体育俱乐部具有以下功能：为学生提供一个体育活动的场所；为学生提供一个社交的地方；为学生提供一个学习、提高体育技能的场所；组织训练，提高学生的运动技术水平；组织校内外各级各类体育比赛。

（八）高等学校体育与大众体育接轨

高等学校体育越来越重视将体育教学与学生的生活和课外活动相联系，重视体育教学与大众体育的联系，主要表现：体育教学的内容向大众体育活动内容靠拢；非场地型的野外活动日益受到重视；自由表现类项目受到重视；体育与现在、未来生活的结合日益受到重视。

第三节 高等学校体育的实施途径

一、实施创新体育教学的基本途径

(一)以课堂教学为主实施创新教育

教育是知识创新、传播和应用的主要基地,也是培养创新精神和创新人才的重要摇篮,在培养创新精神和创新人才方面肩负着特殊的使命。每一个学校都要激发学生的好奇心、求知欲,帮助学生养成自主学习、独立思考的习惯,培养学生的探索精神、创新精神,营造崇尚真知、追求真理的氛围,为学生的禀赋和潜能的充分开发创造一种宽松的环境。创新教育是一项涉及方方面面的系统工程。创新精神和创新能力的培养不是一蹴而就的,而是一个长期的、潜移默化的过程。在体育教学中,教师必须从以下方面努力营造一个能开发学生潜在的创新能力的学习环境。

(1)建立活跃、宽松、民主、高效的课堂氛围,给予学生充分的信任感。教师要充分调动学生的上课积极性,从而发挥学生的主观能动性,尊重学生的个性和创新精神;积极创造条件,在承认学生具有可以开发的巨大创新潜能的基础上,为其提供乐于思考、主动探索、大胆质疑、敢于标新立异的创新机会和条件,适时地作出有利于促使学生创新的评价,激发学生的创新意识和能力。

(2)让学生有较大的自由度。在课堂上,教师要允许学生自由表达自己的想法,不应对学生在课堂上的随意讨论、相互交流、回答提问等作过多、过细的限制和要求,避免学生产生因害怕违反教师的有关规定而感到紧张、焦虑甚至压抑的现象。

(3)多肯定,少批评。教师对学生的独创表现,不要轻易地加以否定,对学生在教学过程中表露的与众不同的观点、思维方法甚至出现的错误不压制、不讽刺、不嘲笑,使学生有一种创新的安全感。

(二)转变观念,不断创新

体育教师要改变传统的体育教育思想,因为传统的学校体育是以传授运动技术为中心的,并由此形成了教师以教材和课堂讲授的填鸭式教学模式。这种模式阻碍了学生创新能力的发展。教师要充分认识应试教育的弊端,不要因循守旧、安于现状。

(三)修改教学大纲,调整考试内容

以前的体育教学大纲多偏重于技术和理论的教学,忽视学生能力的培养。学生学习的积极性调动不起来的原因就是应试教育和被动学习。体育教材应体现出创新性、趣味性、专业性,并满足"健康第一""终身体育"的需要。除正常的体育技能考试外,体育考试还应增加能反映学生创新能力和体育参与度的考核,使考试真正成为检验教学成果和促进教学的一种手段。

（四）革新教法，不断创新

1.教学目标的确定要创新

体育教学应重视培养学生的创新意识和创新能力，激发学生的求知欲及培养学生的质疑能力、发散性思维、联想能力等。体育教学除了注重体育基础理论知识的教授外，还要加强对学生基本能力和基本方法的训练，变"授人以鱼"为"授人以渔"；同时，对不同类型的学生制定不同的教学目标，使其能自由选择相应的目标，既量力而行，又不随心所欲，使其潜能得到充分发挥。

2.课堂教学要力求有新意

教师要能根据教学内容、要求和目的，选择最佳的教学方法、手段、技术去引导学生，以自己的创新激情感染学生，激发学生学习的主动性。

3.坚持启发式教学

创新本身也是自主性活动，要求教师在课堂上必须坚持以"导"为主，通过启发式教学，调动学生主动探求知识、摸索规律的主动性和积极性，从而提高学生认识问题、理解问题、解决问题的能力。

（五）体育教学应注意开发右脑训练

1.开发右脑训练的依据

研究表明，人的大脑的两半球的机能是不对称的，它们之间存在着明显的分工。左脑控制人的右半身的活动，主要负责言语、数理的意识和行为，具有抽象思维和求同思维的功能；而右脑控制人的左半身的活动，主要负责非言语的、直观的、几何的、综合的意识和行为，具有形象思维和求异思维的功能。创新能力的综合性本质决定了它只能是左、右脑的整合效应。美国学者奥斯汀发现，当大脑相对较弱的一边受到激励而与较强的另一边配合时，其结果是大脑的总能力和总效应得到很大加强，这个加强效应不是按"1+1=2"来计算的，而是以 5 倍、10 倍甚至更大倍数增强的。传统的学校是一个"左脑社会"，教学活动几乎都围绕着发展左脑功能而不利于右脑发展。一个人右脑发达与否，与其创新、创造能力紧密相关。1995 年，世界卫生组织在全球开展了"脑的十年"运动，旨在促进脑科学研究，以提高人类的生存质量。

2.开发右脑训练的方法

开发右脑可以提高人的创新能力、形象思维能力和综合能力。

科学的体育活动是开发右脑的重要手段。科学研究发现，人的拇指和食指在大脑皮质的代表区面积比整个胸部代表区总面积还大几倍。这说明感觉越灵敏、精细，大脑皮质下的神经纤维数就越多。同样，大脑皮质内支配肢体运动的运动区域面积的大小也与运动精细复杂程度密切相关。手与五指在大脑皮质所占区域面积几乎与整个下肢所占区域面积相等。因此，大脑从手指得到的感觉信息最多，反馈于手指的指令也最多。手指操对开发大脑尤其对开发右脑具有重要意义。经常做一些以左侧手指活动为主的指尖、指端活动，拇指、食指同时兼顾其他手指的运动，每个手指关节都参与的活动，手腕部位的各种活动等，可以使手指的运动更加协调、更加全面，使更多的刺激信息存入大脑。研究表明，通过左侧体操更多地活动左侧肢体，对右脑能够产生

更多的良好刺激，因为人体感觉的传入和大脑对肢体运动的控制是交叉进行的，所以开发右脑要多动左侧肢体。做左侧体操，要以左侧手指、手掌、手腕、肘关节、躯干、髋关节的顺序依次进行，使左侧的各关节都得到充分活动，并应有头部、面部的双侧活动和跳跃运动等，以增加传入右脑的信息量。在平时的体育教学活动中，教师可有意识地规定学生用左手运球、投掷、打羽毛球、接地滚球，用左脚踢球、踢毽子等。在上课的准备部分，教师可有意识地编几套左侧体操、左侧手指操，还应加强音乐在教学中的运用。在体育课中恰当地运用音乐，既能激发学生的练习兴趣，又有利于开发右脑，因为右脑是主管音乐的。

（六）建设一支适应创新教育的现代化教师队伍

实施创新教育，一支高素质的、具有创新精神和创新能力的教师队伍必不可少。每一位体育教师都应具有创新意识和创新能力，并自觉地将创新体现在体育教学活动的全过程中，创新性地将基础知识、基本技能传授给学生，同时创新性地运用现代化教育技术，实施启发式教学，培养学生的创新意识，点燃学生的创新火花。

二、实施"快乐体育"教学的基本途径

（一）积极落实"快乐体育"的教学要求

在教学指导思想上，"快乐体育"主张以育人为出发点，面向终身体育，从情感教学入手，强调乐学、勤学，育体与育心相结合，实现体力、智力的全面发展。

在教学的关系上，"快乐体育"主张把教学的主体从教师转向学生，强调学生是教学的主体，并将教师主导与学生主体相结合；在教学的观念结构上，主张教学是认知、情感、行为的有机统一，强调体育课必须实现情知交融与身体发展并举，体育教育结构应是融认知、情感与身体发展于一体的三维立体结构。

（二）注重培养学生的体育兴趣

学生的学习兴趣是保证教学成果的重要因素之一。例如，在排球教学中，教师先向学生讲解排球运动最大的特点——队员要有团队精神和拼搏精神，有进取心和荣誉感；由于排球各环节的相互联系作用，排球运动对学生的学习、生活乃至整个人生都有着良好的借鉴作用。教师的积极引导提高了学生学习排球的兴趣，为取得良好的教学效果奠定了基础。在体育教学中，教师可以通过目标设置、创设情境、积极反馈、价值寻求等方法来提高学生学习的内在动机。体育动机是指选择、激发、维持并强化一定的体育活动从而导向一定目标的内在动力。学生参加体育活动属于有目的的行为，教师可以通过目标设置来激发学生的学习动机。

又如，双手垫球练习的动作比较简单，有的学生在小学就学习过。当双手垫球练习在中学体育课上再次出现时，之前练习过的学生可能就对双手垫球练习没有多少新鲜感。因此，高等学校体育教学应根据学生心理设置教学目标，精心组织教学，提高垫球次数等级标准。当将目标转化为学生的内心需要时，学生的练习就会经常处于自我意识控制之下，学生的积极性和自觉性就会随之增加。另外，在练习时，教师可以

增加学生对人际关系的处理的要求，增加学生对力学知识在排球运动中的应用的要求。

（三）善于发现、培养并保护学生的表现欲

自我表现欲是个人展示自身价值的积极意念。学生的表现欲直接关系到学生对体育教学的参与度。教师如果不能对学生在体育教学中反映出来的表现欲给予正确对待和引导，甚至有意无意地加以扼杀，将会极大地伤害学生的自尊心和自信心，打击学生的积极性，从而影响学生个性的健康发展。

教师要能够及时发现那些内隐、含蓄、带有某种自我抑制的学生的表现欲。当学生有了积极强烈的表现欲时，教师要积极保护学生的表现欲，而不能对学生所表现的行为置之不理，视而不见，甚至用简单的"你不行""就你显能耐"之类的话语给学生"泼冷水"。教师以"我希望你……""我相信你一定能……"的话语来表露对学生的期望，会使其受到鼓舞，增强其参与体育活动的自信心和动力。教师要多表扬、少批评学生，尤其是对于那些不引人注意的"丑小鸭"，哪怕其有一点点闪光点也要加以呵护。体育课堂是学生展示个性和潜能的舞台，因此精心培养学生的自信心尤为重要。教师对待学生的态度应该是"不求完美，但求参与"。

第二章

体质与健康

第一节 体质与健康概述

一、体质概述

（一）体质的概念和要素

1. 体质的概念

体质是指人体的质量，是在遗传性和获得性基础上表现出来的人体形态结构、生理功能、心理因素等综合的、相对稳定的特征。

理想体质是指良好的人体质量，是在遗传的基础上，经过后天的努力塑造所达到的形态、结构、生理功能、心理、智力和对外环境适应的整体良好状态。理想体质的主要标志如下。

（1）身体健康，主要脏器无疾病。

（2）身体发育良好，体格健壮，体形匀称，体姿正确。

（3）心血管系统、呼吸系统和运动系统具备良好的功能。

（4）具有较强的身体活动能力。

（5）心理健康，情绪乐观，意志坚强，有较强的抗干扰、抗不良刺激的能力。

（6）对自然环境和社会环境有较强的适应能力。

2. 体质的要素

人体的形态结构、生理功能、身体素质和运动能力（简称体能）、心理发育及对外界环境的适应能力是构成体质不可分割的五个重要因素。

（1）人体的形态结构水平：体格、体形、姿势、营养状况和身体成分。

（2）生理功能水平：机体代谢水平及各器官、系统的机能水平。

（3）身体素质和运动能力发展水平：速度、力量、耐力、灵敏、协调、柔韧等身体素质，以及走、跑、跳、投、攀登等运动能力水平。

（4）心理发育水平：智力、情感、感知觉能力、个性和意志力等。

（5）对外界环境的适应能力：对各种环境的适应能力和对疾病的抵抗力。

人们常用体格、体能和适应能力来评价人体的体质状况。

（二）影响体质的主要因素

1. 遗　传

遗传是指亲代的特征通过遗传物质传递给子代的过程。人体的遗传性状是身心发展的前提。遗传对人的智力、体质等具有重大的影响。遗传性状为体质的发展提供了可能性，体质强弱的现实性则有赖于后天环境、营养和身体锻炼等多种因素。

2. 营　养

营养水平是决定体质强弱的重要因素。长期的营养低下或营养不良会导致体质下降。适当增加营养和逐步改善营养状况，可有效增强体质，提高健康水平。主要的营养素包括蛋白质、脂类、碳水化合物、维生素、水、膳食纤维和无机盐等。

3. 社会经济发展水平和物质文明

社会经济发展水平和物质文明在很大程度上决定了物质生活水平、营养状况、文化教育水平和医疗卫生条件等。不同社会经济阶层的人群在身高、体重等方面均有较明显的差异。

4. 劳动性质和条件

劳动性质和条件对人们的体质强弱有着深刻的影响。适当的体力劳动对体质的增强有积极的作用；过于繁重的劳动、在严重污染环境下的体力劳动、精神情绪经常处于紧张状态下的劳动，以及分工过细、促使身体局部发展的劳动，对人的体质有不良的影响。

5. 自然环境和生态平衡

大自然在为人类提供各种营养物质的同时，也在传播着对人体健康有害的物质，如广泛存在的有害微生物（细菌、病毒）、空气中的污染物等。另外，气候的突然变化（如酷暑，严寒，气压、空气湿度异常等）也会影响人体健康。可见，自然环境与人类健康息息相关，任何破坏自然环境和生态平衡的行为都可直接或间接地危害人类健康。

二、体质与健康的关系

人们对体质与健康概念的认识是随着科学技术的发展而不断深化的。20 世纪 90 年代，人们已认识到体质与健康都是指人体在不同年龄阶段的身体状况，都是可以根据形态发育、生理功能、心理状态和适应能力等指标来衡量的。二者的不同点是，体质是指人体的质量，是一切生命活动的物质基础，而健康则是体质状况的反映和表现。

体质与健康是两个不同的概念。体质只表示一个人身体方面的内在机能和由这些机能所决定的现实状态以及综合反映，具有长期性、客观性和相对稳定性等特征；健康表示一个人身心、社会方面的良好状态和良好的适应能力，是主观意识和客观实际的统一，具有流动性和易变性等特征。从体质和健康的内涵来看，健康要比体质高一个层次。

体质与健康又相互联系：一方面，良好体质是健康的前提和基础，一个人想要拥

有健康，首先必须有良好的体质；另一方面，健康是良好体质的归宿和最终目标，通过体育锻炼增强体质，最终是为了增进健康。从体质和健康的外延来看，健康包含体质，体质只是健康的一个方面，体质状况在一定程度上能反映健康水平，另外，健康与否也能在一定程度上反映体质的强弱。应注意，同样是健康的人，其体质可能千差万别；体质差不多的人，其健康状况也可能大相径庭。

第二节　健康的生活方式

　　生活方式是人的生命活动的方式，包括生产过程和社会文化领域中人与人之间相互关系的全部复杂体系。它是人们长期受一定社会文化、经济、家庭、风俗等影响而形成的一系列的生活习惯、生活制度和生活意识。

　　科学的生活方式有利于机体各种生理机能的发挥，有利于人体健康，也有利于提高人的学习和工作效率。

　　大学生的生活要有一定的规律，就一天来说，起床、吃饭、学习、休息、运动都要科学地、有规律地安排好，按规定的时间进行。对于大学生来说，养成良好的生活方式十分重要。

一、养成良好的睡眠习惯

　　睡眠是保证大学生身心健康的先决条件之一。在睡眠过程中，内分泌系统释放的生长激素比平时多 3 倍。这些生长激素可以作用于全身的组织细胞，促进它们的生长发育，对骨骼生长的促进作用尤其明显。如果睡眠不足，人就会烦躁、易怒、食欲减退、体重减轻、生长发育缓慢，还会出现失眠、神经衰弱等症状。

二、养成良好的体育锻炼习惯

　　每个大学生对体育锻炼的重要意义都有一定的认识。然而，在实际生活中，有的大学生往往忽视了体育锻炼；有的大学生认为自己年轻，身体很好，现在最重要的是抓紧时间学习，将来再锻炼也可以。其实大学时期养成每日锻炼的习惯会使人一生受益。我国大学生曾经在积极进行体育锻炼的过程中总结出"$8-1>8$"的经验。实践证明，如果我们每天从 8 小时的学习中抽出 1 小时进行体育锻炼，其学习效率会大于 8 小时连续学习的学习效率。

三、养成良好的卫生习惯

　　学校是大学生生活和学习的重要场所。一个学校的环境卫生是否符合卫生要求，直接关系到大学生的身心发展和身体健康。因此，每个大学生都要养成良好、文明的卫生习惯，在保证个人卫生的同时，还要保持校园、教室、宿舍环境的整洁。

　　教室是学生聚集的场所。教室卫生不好，不仅影响学生学习，还容易引起流行病的传播。通风可以让空气流动，增加室内的新鲜空气。教室内的光线要分布均匀而且

充足，均匀的光线有利于保护学生的视力，提高学习效率。大学生应经常对宿舍进行清扫，保持宿舍的清洁；定期在宿舍喷洒消毒剂，消灭蚊、蝇、臭虫、蟑螂等害虫；经常打开宿舍窗户，通风换气；经常洗晒自己的被褥；不要在宿舍内洗衣物，以保持室内地面干燥。

大学生应勤换洗衣物，着装干净整洁，早睡早起，早晚刷牙，保持良好的个人卫生习惯。

四、养成良好的饮食习惯

许多大学生不了解科学的饮食方法。一部分大学生对饮食不甚关注，抱着无所谓的态度，个别大学生长期不吃早餐；另一部分大学生盲目节食，片面听信广告，导致营养失调；还有一部分大学生经常纵欲进食，造成消化系统功能紊乱，影响了身体的正常生长发育。在生活中，大学生要养成良好的饮食习惯，不偏食、不暴饮暴食、不盲目节食，要合理摄入营养，维持膳食平衡。

五、不吸烟、不酗酒

吸烟是21世纪人类面临的一大公害，世界卫生组织曾把吸烟称为"20世纪的瘟疫"。大量的调查研究表明，吸烟能诱发和加重多种疾病，降低人体的健康水平，甚至缩短人的寿命。

吸烟的危害在于香烟含有大量的有毒物质。这些有毒物质中危害较大的是烟碱（尼古丁）、焦油和微尘。其中，烟碱是神经系统和血液循环系统的杀手；焦油则与喉癌、口腔癌、食道癌、胃癌，特别是与肺癌关系密切；烟草燃烧后的微尘则会刺激气管黏膜，引发咽喉炎、咳嗽、支气管炎等疾病。吸烟不仅危害自身，还危害他人，被动吸烟的危害不亚于主动吸烟。

过量饮酒对肝脏产生毒性作用，会对胰腺造成损伤，还会对食管黏膜造成损伤，甚至诱发癌变。酒精对心脏的危害较大。长期过量饮酒会使心脏失去正常的弹性而增大。医学上的"啤酒心"指的就是长期过量饮用啤酒，使心脏扩大而造成心脏变形。另外，酒精对神经系统也有危害。有的人饮酒后变得健谈，就是中枢神经系统在酒精的作用下失去调节功能的表现。酒精还会使血液中的脂肪类物质沉淀在血管壁上，使血管变窄、血压升高。

第三节　体质与健康的评价指标

一、体质的评价指标

体质测试的内容和方法很多。根据我国大学生的实际情况，体质的评价指标主要有以下三个。

（一）身体形态发育指标

反映身体形态发育的基本指标主要有身高和体重。这两项的测试可以反映骨骼和肌肉的发育、营养、功能状况。

（二）生理机能指标

生理机能是指人体各器官、系统的功能状况。生理机能指标主要包括脉搏、血压和肺活量等，反映心血管系统、呼吸系统的生长发育水平和机能的发展水平。

（三）身体素质和运动能力指标

当前，我国大学生测定身体素质和运动能力时，主要选择代表速度和快速奔跑能力的 50 米跑，代表下肢、肩部和腰腹力量及跳跃能力的立定跳远，代表上肢力量和攀登能力的引体向上（或屈臂悬垂），代表女生腰腹肌力量和耐力的 1 分钟仰卧起坐，代表持久能力、反映人体心肺功能的男生 1000 米跑和女生 800 米跑，以及代表柔韧素质的坐位体前屈等。

二、健康的评价指标

一般来说，人体健康的评价指标主要由身体健康、心理健康和社会健康三个方面的因素构成。

（一）身体健康

衡量身体健康有以下五个方面：① 身体没有疾病，无须治疗；② 身体发育正常；③ 有良好的生活节奏，食欲、睡眠好；④ 体态、脸色好，有精神；⑤ 能很好地进行日常活动，疲劳消除快。

（二）心理健康

心理健康包括一个人的行为、思想与其基本价值观保持一致，觉得生活充实、有意义，向往美和善，能精力充沛地履行各种职能、完成各种任务，而且能从中发现并享受乐趣，感到自身的价值，使生活变得更有意义。

（三）社会健康

社会健康指个体能够融洽、愉快地扮演生活中的各种角色，如朋友、邻居、同学、恋人等，并能在社会生活的各领域中发挥积极的作用。

第三章

营养与健康

第一节　营养素

　　人体需要不断从外界摄取食物，经过消化、吸收、代谢，利用食物中身体需要的物质（营养学上称为"营养素"）来维持正常的生命活动。世界上没有单纯的一种营养素能满足人体生命活动的全部需要，也没有一种食物能供给我们身体所需的全部营养素。营养摄入不合理，营养素无论缺乏还是过剩，都会对健康不利。大学生虽然以在学校食堂就餐为主，但是需要学会选择食物，获得必要的营养知识，提高自己的健康素养。目前已知人体需要的营养素有 40 余种，可分成七大类：蛋白质、碳水化合物、脂类、无机盐、维生素、水和膳食纤维。下面介绍这七大类营养素的相关知识。

一、七大类营养素的功能

（一）蛋白质的功能

　　蛋白质是由氨基酸组成的一类高分子有机化合物。已知生物体内的各种蛋白质是由 20 余种氨基酸构成的。食物中的氨基酸就其功能来说可分为必需氨基酸和非必需氨基酸两类。必需氨基酸是人体不能合成的或合成不能满足需要的，必须从食物中摄取；非必需氨基酸也是身体所需要的，但是可以由人体自己合成。食物蛋白质的营养价值取决于必需氨基酸的含量及它们之间的比例。例如，奶制品和蛋类中必需氨基酸的含量高，且各氨基酸之间的比例接近人体蛋白质的组成，故营养价值很高。蛋白质在体内的主要功能：① 构成人体成分，蛋白质占人体重量的 16% ～ 20%，是肌肉等各组织的重要组成成分；② 合成人体各种生理活性物质，如激素、抗体、酶等；③ 提供热能，1 克蛋白质在体内分解约产热 16.7 千焦。

（二）碳水化合物的功能

　　碳水化合物包括单糖（葡萄糖、果糖）、双糖（蔗糖、麦芽糖）、多糖（淀粉、糖原）。碳水化合物在体内的主要功能：① 提供热能，人体每日所需热能大部分来源于碳水化合物，碳水化合物是最容易获得、最经济的能源，1 克碳水化合物在体

内分解约产热 16.7 千焦；② 构成机体组织的重要物质，并参与细胞的组成和多种活动；③ 节约蛋白质，摄入足够的碳水化合物可以增加肝糖原的储存，减少蛋白质作为能量的消耗。

（三）脂类的功能

脂类分为脂肪和类脂，其中脂肪由 1 分子甘油和 3 分子脂肪酸组成。类脂中除有脂肪酸外，还有其他化合物，如类固醇（如胆固醇）。常温下，动物脂肪为固体状态，植物脂肪为液体状态，它们在人体内代谢可产生比蛋白质和碳水化合物更多的热量。脂类在体内的主要功能：① 供给热能，三大营养素中脂肪产热量最多，1 克脂肪在体内分解约产热 37.7 千焦，因此，体内脂肪是能量的储存库；② 构成机体组织，例如，类脂是细胞膜、神经组织的重要组成成分；③ 促进脂溶性维生素的吸收，增进食物的色、香、味，为机体提供必需脂肪酸（身体不能合成，必须由食物中摄取的脂肪酸）。

（四）无机盐的功能

除了蛋白质、脂肪、碳水化合物等有机化合物外，人体需要的营养素还有无机盐。成年人每日需要量大于 100 毫克的元素称为常量元素或宏量元素（如钾、钠、钙、磷、镁、氯、硫等），需要量小于 100 毫克的元素称为微量元素（如铁、锌、碘、硒、氟、铜、钼、锰、铬、镍、钒、锡、硅、钴等）。无机盐种类繁多、功能各异，包括：① 构成机体，如钙、磷等是骨骼、牙齿的重要成分；② 构成身体重要生理活性物质，例如，碘是甲状腺激素的主要成分，铁是血红蛋白的主要成分；③ 与生理机能有关，如维持机体内环境的稳定平衡，与神经肌肉的兴奋和收缩等有关。

（五）维生素的功能

维生素是近百年才被陆续发现的一组有机营养素。人体对它们的需要量很少，但它们对维持身体健康极为重要。我们的身体不能合成维生素，或合成很少不能满足身体需要，必须从食物中摄取。维生素依其性质分为两大类：① 脂溶性维生素，体内能储存，不能通过尿液排出，摄入过多可引起中毒；② 水溶性维生素，体内不能储存，必须持续从食物中摄取，可通过尿液排出，摄入过多不会引起中毒。表 3-1-1 为主要维生素的名称和主要功能。

表 3-1-1　主要维生素的名称和主要功能

维生素的名称		主要功能
脂溶性维生素	维生素 A	维持正常的暗视觉，维持细胞上皮的正常功能
	维生素 D	促进钙、磷的吸收和钙在骨骼中的沉积
	维生素 E	保护细胞免受自由基的损害；增强免疫功能，延缓衰老
	维生素 K	促进血液凝固

维生素的名称		主要功能
水溶性维生素	维生素 B_1	参与机体能量代谢，提高食欲，增强消化功能
	维生素 B_2	参与蛋白质代谢
	维生素 B_3	参与体内氧化还原反应；促进消化；维持皮肤和神经的健康
	维生素 B_5	抗应激，抗寒冷，抗感染
	维生素 B_6	参与分解蛋白质、脂肪和碳水化合物
	维生素 B_{12}	促进红细胞的发育和成熟，预防恶性贫血；维护神经系统的健康
	维生素 C	增强机体对外界环境的抗应激能力和免疫力

（六）水的功能

很多人认为，水是平常之物，尽管对人体重要，但没什么营养，不属于营养素。殊不知，所谓营养物质，就是能为生命活动提供能量、维持正常新陈代谢所需的物质。水是人体最大的组成成分，是营养物质的载体，各种代谢废物也会随水从尿液或汗液中排出体外；此外，水可通过蒸发或分泌汗液来调节体温；水还有润滑作用，如润滑眼球防止干燥的泪液、滑润关节减少摩擦的关节滑液的主要成分都是水。由此可见，水是维护人体机能必不可少的营养素之一。

（七）膳食纤维的功能

20 世纪 70 年代以前，人们将食物用酸碱处理后的不溶物称为粗纤维，并认为粗纤维是对人体没有营养作用的非营养成分。经过多年的研究，人们发现这种粗纤维与人体健康密切相关，将其命名为膳食纤维，称之为"第七大营养素"。1999 年，美国谷物化学家协会在其第 84 届年会上，确定膳食纤维是不能被人体小肠消化吸收的而在大肠能部分或全部发酵的可食用的植物性多糖及其相类似物质的总和，包括纤维素、半纤维素、果胶、树胶、木质素及相关植物物质等。可溶性膳食纤维主要是树胶、果胶、藻胶、豆胶等；不溶性膳食纤维主要是来自谷皮、果皮和蔬菜的纤维素、半纤维素、木质素等。膳食纤维的功能：① 降低胆固醇水平，膳食纤维可在小肠包裹胆酸，阻断胆酸被小肠重吸收回肝脏生成胆固醇，从而降低血液中胆固醇水平，预防心脑血管疾病；② 预防便秘，减少肠道疾病的发生，膳食纤维有很强的吸水性和膨胀性，可刺激肠道蠕动，加速排便，减少致癌物质在肠道内的停留时间，降低直肠癌和痔疮的发生率；③ 预防糖尿病，膳食纤维能在肠道内形成一种黏膜，延缓食物营养素的消化过程，阻隔葡萄糖的吸收，从而降低血糖水平，不易引起血糖的快速升高；④ 控制体重，防止肥胖，富含膳食纤维的食物单位重量所含能量低，吸水后体积较大，使人产生饱腹感，抑制食欲，加之膳食纤维还能减少食物中脂肪的吸收，从而减少热量的摄入，有利于控制体重，预防肥胖。

二、各类营养素的摄入量

根据《中国居民膳食指南（2016）》和《中国居民膳食纤维摄入白皮书》等对营养素参考摄入量的推荐，一个健康成年人每天需要的各类营养素的摄入量见表3-1-2。

表 3-1-2　各类营养素的摄入量

营养素名称	推荐摄入量	缺乏或过多对人体产生的影响
蛋白质	65克（成年男性）；55克（成年女性）	缺乏导致营养不良；过多导致多种慢性疾病患病风险增加
脂类	占摄入总热量的 20%～30%	很少因缺乏脂肪而患病；过多导致肥胖症、高血压、高脂血症、动脉硬化、糖尿病及胆道疾病等
碳水化合物	占摄入总热量的 50%～65%	缺乏导致脂肪氧化不彻底产生过量酮体，影响机体酸碱平衡；肝糖原储备不足，影响肝脏的解毒能力；导致疲乏、头晕、脑功能障碍等严重后果。过多造成能量以脂肪形式储存，导致肥胖症，甚至糖尿病、心脏病等
无机盐	钙：800毫克/天	缺乏可导致幼儿的佝偻病、青少年较低的骨密度峰值、成年人的骨质疏松、老年人的骨折；过多会干扰其他无机盐的吸收，有肾结石的危险
	铁：12毫克/天（成年男性）；20毫克/天（成年女性）	缺乏可导致缺铁性贫血；铁补充剂摄入过量可导致铁中毒，引起意识模糊、心脏衰竭
	钠：1.5克	缺乏可导致肌肉痉挛、头痛、恶心呕吐；过多可造成高血压、肾脏疾病、骨质疏松等
	碘：150毫克/天	缺乏可导致甲状腺肿的发生；过多可造成高碘性甲状腺肿，碘增补剂服用过量有致人中毒的危险
	锌：12.5毫克/天（成年男性）；7.5毫克/天（成年女性）	缺乏可引起儿童生长发育严重迟滞，以及多种营养素缺乏、食欲不振、异食癖、免疫力低下、伤口不易愈合、暗视力下降、认知功能发展滞后；摄入过量易致中毒
水	1500～1700毫升	缺乏可导致体温调节障碍等各种生理功能失调；过多则引起水中毒
膳食纤维	25～35克/天	缺乏可导致多种疾病；过多则易把多种营养物质带出体外，导致营养不良；水溶性膳食纤维摄入增加，易引起脂溶性维生素摄入不足

第二节　平衡膳食

一、平衡膳食的概念

所谓平衡膳食，是指膳食所含有的营养素数量充足、种类齐全、比例适当。平衡膳食由多种食物构成，可提供足够的热能和各种营养素，以满足人体正常的生理需要。

二、中国居民平衡膳食餐盘

中国居民平衡膳食餐盘（图3-2-1）按照平衡膳食原则，在不考虑烹饪用油盐的前提下，描述了一个人一餐中膳食的食物组成和大致比例。餐盘分成四部分，分别是谷薯类、鱼肉蛋豆类、蔬菜类和水果类。由图3-2-1可以看出，蔬菜类和谷薯类所占面积最大，是膳食中的重要部分。按照重量计算，蔬菜类占膳食总重量的34%～36%；谷薯类占膳食总重量的26%～28%；水果类占膳食总重量的20%～25%；提供蛋白质的鱼肉蛋豆类所占面积最少，占膳食总重量的13%～17%。另外，一天一杯牛奶（300克）提示了奶制品的重要性。按照中国居民平衡膳食餐盘安排膳食，人体的营养需求将很容易达到。

中国居民平衡膳食餐盘（2016）

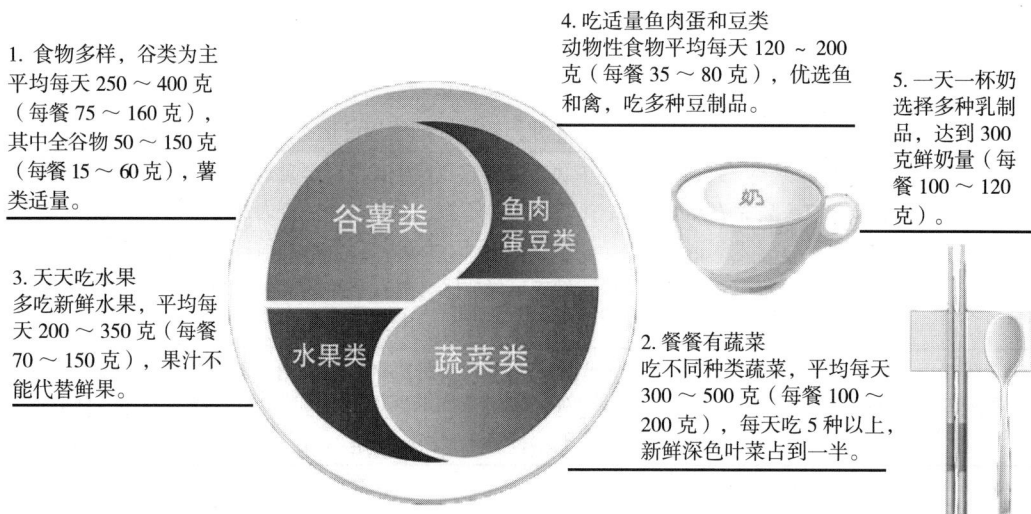

1. 食物多样，谷类为主
平均每天250～400克
（每餐75～160克），
其中全谷物50～150克
（每餐15～60克），薯类适量。

3. 天天吃水果
多吃新鲜水果，平均每天200～350克（每餐70～150克），果汁不能代替鲜果。

4. 吃适量鱼肉蛋和豆类
动物性食物平均每天120～200克（每餐35～80克），优选鱼和禽，吃多种豆制品。

5. 一天一杯奶
选择多种乳制品，达到300克鲜奶量（每餐100～120克）。

2. 餐餐有蔬菜
吃不同种类蔬菜，平均每天300～500克（每餐100～200克），每天吃5种以上，新鲜深色叶菜占到一半。

图3-2-1

三、中国居民平衡膳食宝塔

中国居民平衡膳食宝塔是根据中国居民的膳食结构特点设计的。它把平衡膳食的原则转化成各类食物的组成，并以宝塔的形式直观地表现出来，便于群众理解和在日

常生活中实行。(图 3-2-2)

图 3-2-2

中国居民平衡膳食宝塔提出了一个比较理想的膳食模式,但在应用时要注意以下几个要点:① 确定自己的食物需求;② 同类互换,调配丰富的膳食;③ 要合理分配三餐食量;④ 要因地制宜,充分利用当地资源;⑤ 要养成习惯,长期坚持。

中国居民平衡膳食宝塔注意事项如下:

(1)食物多样,谷类为主;

(2)吃动平衡,健康体重;

(3)多吃蔬果、奶类、大豆;

(4)适量吃鱼、禽、蛋、瘦肉;

(5)少盐少油,控糖限酒;

(6)杜绝浪费,兴新食尚。

第三节 运动与营养

一、耐力性运动的营养

耐力性运动包括长距离的快走、慢跑、骑自行车、游泳和滑雪等。耐力性运动的特点是运动时间长、强度较小、运动中无间歇或间歇时间短,以有氧代谢供能为主。进行耐力性运动,在运动前优化碳水化合物的储备,运动期间及时补充碳水化合物。运动前和运动期间保持最佳的水合状态,对保持体能至关重要。

(一)耐力性运动的营养特点

耐力性运动虽然强度较低,但是运动时间长,运动量大,消耗的能量多。

耐力性运动供能的主要营养素是脂肪,但在运动早期,能够快速供能的营养素是碳水化合物。随着运动时间的延长和机体碳水化合物储备（糖原、血糖等）量的减少，脂类才逐步成为主要能量来源。在运动后期，部分蛋白质，特别是支链氨基酸（亮氨酸、异亮氨酸和缬氨酸）也参与供能。因此，碳水化合物应占摄取的总能量的60%左右，脂类应占摄取的总能量的25%～30%，蛋白质占摄取的总能量的12%～14%即可。

耐力性运动的运动量大，运动代谢增快，导致维生素和无机盐消耗量（或需要量）增加，所以耐力性运动员应适量补充维生素和无机盐。耐力性运动还常常伴随大量出汗，除了机体水分，许多水溶性维生素和无机盐都可随汗液丢失。在高温高湿环境中运动，出汗量更大，机体容易发生脱水，因此应保证水的摄入量充足。

（二）耐力性运动的膳食营养措施

耐力性运动的膳食首要原则是供应充足的能量，满足机体对能量消耗的需要。研究表明，高碳水化合物膳食有助于提高机体肌糖原储备量，碳水化合物含量高的食物有大米、白面、淀粉、土豆和蔗糖等。膳食中脂类供给量可达到总能量的25%～30%，以满足体内脂肪动员供能的需要。为促进肝内脂肪代谢，还可增加牛奶制品、禽肉类（牛肉、羊肉）等富含氨基酸的食物的摄入量，蛋白质达总能量的12%～14%即可。

食物中应该有足量的蔬菜和水果，以补充维生素和无机盐的消耗。出汗量少，补充白开水即可。如果大量出汗，则应补充运动饮料，因为运动饮料除了含有水分、一些电解质和水溶性维生素外，还含有低浓度的糖（＜6%），可在一定程度上补充血糖。在耐力性运动的前、中、后期适量补液，有利于维持体液平衡和内环境稳定，保持运动能力和促进恢复。

二、力量性或爆发性运动的营养

力量性或爆发性运动一般有器械性练习、投掷、拳击、摔跤、快速跑和快速游泳等。力量性或爆发性运动的特点是强度大，时间短，运动中有间歇，无氧代谢和有氧代谢供能同时进行，体内供能系统有磷酸原系统、乳酸能系统和有氧氧化系统，供能物质主要是三磷酸腺苷、磷酸肌酸、糖原或葡萄糖。进行力量性或爆发性运动必须获得充足的能量，摄取增加肌肉量所需的营养物质（包括蛋白质）以用于合成代谢，并保证充足的能量供给，从而使肌肉不会发生分解。

（一）力量性或爆发性运动的营养特点

进行力量性或爆发性运动的主要目的之一是使肌肉变得更加强壮有力。骨骼肌的粗壮与蛋白质密不可分。另外，不正确地进行力量性或爆发性运动可造成肌肉组织的损伤，而肌细胞的修复也需要蛋白质。因此，蛋白质应占摄取总能量的13%～15%，优质蛋白质应占总蛋白质量的1/3以上。蛋白质摄入过多，不仅不会对肌肉力量有所帮助，反而会引起体液偏酸（蛋白质为酸性食物），导致体内酸碱平衡紊乱，肝脏、肾脏负担加重，钙流失量增加。

重视补充蛋白质的同时不可忽略碳水化合物。骨骼肌糖原储备对保持和恢复力量性或爆发性运动时的体力十分重要。碳水化合物无氧酵解所提供的三磷酸腺苷是剧烈运动中能量供应的重要部分。肌糖原不足，势必影响碳水化合物的无氧供能和肌肉的

收缩。肌糖原不足是体力下降和疲劳产生的重要原因之一，因此应保证充足的碳水化合物供给，碳水化合物应占总能量的 $60\% \sim 65\%$。

力量性或爆发性运动对无机盐和维生素的需要与一般性运动差别不大。适量进食，平衡膳食，即可满足无机盐和维生素的需要。若有必要，可额外补充维生素或无机盐的混合制剂。

（二）力量性或爆发性运动的膳食营养措施

尽量选择优质蛋白质含量高的食物，如瘦肉、鱼类、奶、蛋和大豆制品等，可在不增加蛋白质量的同时，增加蛋白质的吸收利用率。为预防因摄入蛋白质过多而引起体液偏酸，要注意提高体内碱储备量，要保证富含钾、钠、钙和镁等电解质的蔬菜、水果等的摄入。

膳食中要有富含碳水化合物的食物，如谷类、薯类等，以确保骨骼肌中充足的糖原储备量。

要增加力量性或爆发性运动的锻炼效果，还可补充一些营养剂。例如，补充肌酸可以增加肌肉重量，对增粗肌肉、增强肌肉力量有一定作用。注意，不是每个人补充肌酸都有效果，并且要适量食用肌酸。大剂量食用肌酸可引起肌肉发胀等，还可使体内肌酸合成系统受到抑制。另外，还可选择补充一些氨基酸类和蛋白质类营养品，但要注意保持氨基酸的合理平衡，不可滥用营养品，否则会造成氨基酸失衡，非但起不到补充营养的作用，还会加重机体的负担。

三、灵敏性与技巧性运动的营养

灵敏性与技巧性运动包括乒乓球、体操、跳舞、健美操、武术等项目。灵敏性与技巧性运动的特点是运动中神经肌肉紧张，动作多变、无规律性，运动强度变化大，运动有间歇性，持续时间较长，以有氧代谢供能为主而兼有无氧代谢供能。进行灵敏性与技巧性运动应注意能量的摄入与消耗的平衡，以及必需脂肪酸的补充。

（一）灵敏性与技巧性运动的营养特点

一般来说，完成高难度动作需要人体具有良好的灵敏性。进行灵敏性与技巧性运动必须控制体重和体脂率。控制能量摄入是控制体重和体脂率的基本方法之一。进行灵敏性与技巧性运动的健身者，其膳食能量摄入应处于平衡状态及适当的负平衡状态。为了保持较高的瘦体重比率，对蛋白质的数量和质量要求也较高，蛋白质应占总能量的 $13\% \sim 15\%$，优质蛋白质的比例高于 1/3。减体重期的蛋白质供给量可增加到总能量的 $15\% \sim 20\%$。为了保证活动中紧张的神经肌肉的需要，必须提供足量的必需脂肪酸、磷脂等脂类，以及 B 族维生素、维生素 C、钙、磷等营养素。食物的脂类供给量不能过高，最好保持在总能量的 25% 以下。此外，在乒乓球、击剑等运动中，眼部肌肉紧张，视力集中，应保证充足的维生素 A 和 β-胡萝卜素的供给。

（二）灵敏性与技巧性运动的膳食营养措施

进行灵敏性与技巧性运动，应严格控制食物总能量的摄入，严格限制膳食中动物油脂、植物油脂的摄入，降低食物能量密度，并适量控制谷类等富含碳水化合物的食物；要尽可能选择鸡肉、鱼肉和豆类等富含蛋白质的食物，以提高优质蛋白质的比例，增加生物利用率；进食适量的鸡蛋，保证一定量的卵磷脂摄取；适当增加蔬菜和水果的摄入量，以提供无机盐（钾、钠、镁）和维生素（β–胡萝卜素、维生素C）等；增加富含维生素A的动物性食物（如动物肝脏），保障视力需求；增加牛奶、虾皮等食物的摄入量，保证人体对钙的需求。

另外，根据膳食状况和运动要求，还可适量补充优质蛋白质、无机盐和维生素的复合制剂。

四、休闲运动的营养

休闲运动包括棋牌类、瑜伽、太极拳、门球、台球和徒步等。休闲运动的特点是运动强度小，能量消耗少。对于此类运动，碳水化合物和铁的供给是关键。

（一）休闲运动的营养特点

休闲运动的能量消耗与轻体力活动区别较小，总能量中的蛋白质、脂肪和碳水化合物的供给比例与常人相同，分别是12%、25%～30%和55%～65%。由于休闲运动能量消耗少，能量需要也少，运动者应注意避免摄入过多能量，以免超重和肥胖。

在棋牌类休闲运动中，肢体活动不多，但大脑非常活跃和紧张。血糖是大脑的唯一能量来源，因此此类运动对糖原的储备要求较高。由于大脑的氧供应很重要，因此要重视体内血红蛋白的含量。铁是血红蛋白的重要组成部分。机体缺铁，则可能引起缺铁性贫血，致使大脑供氧能力减弱。因此，机体碳水化合物和铁的供给要予以满足。

（二）休闲运动的膳食营养措施

膳食应该做到能量平衡、构成合理，在保证各种营养素摄入充足的情况下，不出现能量过剩，避免超重和肥胖。膳食中尽量减少脂类的摄入，并使饱和脂肪酸、单不饱和脂肪酸和多不饱和脂肪酸的比例保持在1:1:1或1:1:1.5。

对于大脑工作负担大的棋牌类活动，膳食中应该有足够的谷类等富含碳水化合物的食物，保证机体有足够的肝糖原储备量和肌糖原储备量；增加动物性食物，如瘦肉、肝脏等，保证铁的供应，使血红蛋白含量保持在正常范围内。

第四章

体育卫生保健

第一节　常见运动生理反应及其处理

一、肌肉酸痛

（一）原因和征象

运动后肌肉酸痛的原因是运动时，肌肉活动量过大，引起局部肌纤维及结缔组织的细微损伤，以及部分肌纤维的痉挛。这种酸痛不是在运动结束后即刻发生，而是在运动结束后 1～2 天发生，因此也称为延迟性疼痛。这种酸痛现象只是局部肌纤维的细微损伤和痉挛，不影响整块肌肉的运动功能。酸痛后经过肌肉内部对细微损伤的修复，肌肉组织会变得更加强壮，以后以同样的负荷运动将不易再发生酸痛。

（二）处置和预防

1.处　置

当已经出现肌肉酸痛后，可采用以下方法予以减轻和缓解：① 休息；② 伸展练习；③ 按摩；④ 热敷；⑤ 针灸、电疗。

2.预　防

锻炼时，应根据自身的身体状况合理安排锻炼负荷，尽量避免局部肌肉负担过重；锻炼时，要充分做好运动前的准备活动和运动后的整理活动。

二、运动中腹痛

（一）原因和征象

运动中腹痛多数在中长跑时发生。主要原因：准备活动不充分，开始时运动过于剧烈，或者跑得过快，内脏器官功能尚未达到运动状态，致使脏腑功能失调，引起腹痛；运动前吃得过饱，饮水过多，以及腹部受凉，引起胃肠痉挛而出现腹痛；少数是运动时间过长或过于剧烈，使下腔静脉压力上升，引起血液回流受阻，或肝脾淤血，膈肌运动异常，致使两肋部胀痛而出现腹痛。

（二）处置和预防

1. 处　置

如果没有器质性病变迹象，则一般可采用降低跑速、加深呼吸、按摩疼痛部位或弯腰跑等方法处理，疼痛常可减轻或消失。如疼痛仍不减轻，甚至加重，就应停止运动，揉按内关、足三里、大肠俞等穴位。如仍不见效，就应到医院做进一步检查。

2. 预　防

饭后约 1 小时方可进行运动，但要做好准备活动；运动量的增加要循序渐进，并注意呼吸节奏；夏季运动要适当补充水分；对于各种慢性疾病引起的腹痛，应就医检查。病愈初期，可在医生和体育教师指导下进行适宜锻炼。

三、运动性贫血

（一）原因和征象

血液中红细胞数与血红蛋白量低于正常值的现象，称为贫血。由运动引起的血红蛋白量减少的现象，称为运动性贫血。运动性贫血的指数为男性的血红蛋白量低于120 克/升，女性的血红蛋白量低于 110 克/升。通常情况下，女性贫血的发病率高于男性。

发生运动性贫血的主要原因：运动时，肌肉对蛋白质和铁的需要量增加，一旦需求量得不到满足，即可引起运动性贫血；运动时，脾脏释放的溶血卵磷脂能使红细胞的脆性增加，加上剧烈运动时血流加速，易引起红细胞破裂，致使红细胞的新生与衰亡之间的平衡遭到破坏，从而导致运动性贫血。

运动性贫血发病缓慢，其症状表现为头晕、恶心、呕吐、气喘、体力下降、运动后心悸、心率加快、脸色苍白等。

（二）处置和预防

1. 处　置

如运动中（后）出现头晕、无力、恶心等现象，则应适当减小运动量，必要时暂停运动，并补充富含蛋白质和铁的食物，口服硫酸亚铁，这对缺铁性贫血的治疗有明显效果。

2. 预　防

运动时遵循循序渐进和个别对待原则，合理调整膳食结构。如运动时经常有头晕现象，则应及时就诊医治，以利于正常参加体育锻炼。

四、运动性昏厥

（一）原因和征象

在运动中，脑部血液突然供给不足而引起的暂时性知觉丧失现象，称为运动性昏厥。其原因是剧烈运动或长时间运动，使大量血液积聚在下肢，回心血量减少，也与剧烈运动引起的低血糖有关。

运动性昏厥表现为全身无力、头昏耳鸣、眼前发黑、面色苍白、失去知觉、突然昏倒、手足发凉、脉搏慢而弱、血压降低、呼吸缓慢等。

（二）处置和预防

1. 处　置

应立即使患者平卧，脚略高于头部，并进行由小腿向大腿和心脏方向的推摩或拍击，同时用手指按压人中、合谷等穴位。如有呕吐，则应将患者头部偏向一侧；如停止呼吸，则应立即对患者进行人工呼吸。尽快拨打急救电话，送医治疗。

2. 预　防

平时要经常坚持体育锻炼，以增强体质；久蹲后不要突然起立；不要带病参加剧烈运动；疾跑后不要立即停下来；不要在饥饿的情况下参加剧烈运动。

五、肌肉痉挛

（一）原因和征象

在体育锻炼时，肌肉受到寒冷的强烈刺激时，可能发生肌肉痉挛，常在游泳或冬季户外锻炼时发生；准备活动不充分、肌肉猛力收缩、收缩与放松不协调等也可能导致肌肉痉挛；情绪过分紧张也可导致肌肉痉挛。

肌肉痉挛时，肌肉突然变得坚硬，疼痛难忍，而且一时不易缓解。

（二）处置和预防

1. 处　置

对痉挛部位的肌肉做局部肌肉的热敷、按摩、拉伸等，加强局部肌肉的血液循环。

2. 预　防

运动前做好准备活动，事先应对容易发生痉挛的部位做适当按摩；夏季进行长时间运动时，要注意补充盐分；冬季锻炼时，要注意保暖。游泳下水前，应先淋浴以使身体充分适应水温；游泳时，不要在水中停留太久。疲劳和饥饿时，不要进行剧烈运动。

第二节　运动损伤及其处理

体育锻炼可以增进健康，防治疾病，但在体育锻炼中也常有运动损伤和运动性疾病的出现。运动损伤在日常运动中经常遇到，通常分为急性损伤和慢性损伤，应辨证施治，否则可能造成不良后果。因此，我们需要有科学锻炼的知识和实践，从而达到享受锻炼的目的。

运动损伤分为开放性软组织损伤和闭合性软组织损伤。运动损伤的处理原则一般分为前期、中期、后期的处理原则。急性损伤前期（24 小时以内）的处理方法是制动、止血、防肿、镇痛，即减轻炎症，可根据具体情况选用一种或几种处理方法。

一、开放性软组织损伤及其处理

常见的开放性软组织损伤有擦伤、切伤、刺伤、撕裂伤等，表现为局部皮肤或黏膜破裂，伤口与外界接触，常见组织液渗出或血液自伤口流出。紧急处理开放性软组

织损伤的方法是及时止血和处理伤口，预防感染。

（一）擦 伤

擦伤多发生在摔倒时。对于伤口较脏的擦伤，可先用生理盐水将伤口洗净，再用碘伏消毒。伤口较浅、面积较小的擦伤无须包扎。

（二）切伤和刺伤

切伤和刺伤的伤口往往较深、较小。如果伤口较脏，除了进行伤口的止血、消炎、包扎外，还要注射破伤风抗毒素。

（三）撕裂伤

撕裂伤中以头部、面部的皮肤伤较多见。例如，拳击运动中，眉弓被对方肘部碰撞而引起眉际皮肤撕裂。若撕裂伤口较小，则经消毒处理后，贴上创可贴即可；若撕裂伤口较大，则须止血，缝合伤口；若伤情较重，则应立即拨打急救电话，及时就医。

二、闭合性软组织损伤及其处理

（一）挫 伤

【征象】挫伤多发生在头部、胸部、四肢，因为这些部位经常会受到碰、跌、撞、打、摔等。受伤部位往往局部红肿、疼痛，皮肤破裂，没有破裂的地方会出现青紫瘀血。

【原因】① 运动前准备活动做得不充分，肌肉、关节没有得到充分的活动；② 运动时用力过猛，超过了肌肉、关节和韧带的负荷。

【处理】应根据情况及时处理。如果皮肤出血，则应立即停止运动，先用碘伏对伤口进行消毒，用净布包扎。如果受伤部位红肿、疼痛，则可先用冷水或冰块进行局部冷敷，抬高受伤部位，必要时加压包扎，防止继续出血，24 小时后改用热敷、按摩来活血、消肿、止痛。进入恢复期后，可进行一些功能性锻炼。

（二）肌肉损伤

【征象】细微的肌肉损伤，则症状较轻；如果肌纤维完全断裂，则症状较重。肌肉损伤一般表现为伤处疼痛、局部肿胀和压痛、肌肉紧张或痉挛，伤后肌肉功能减弱或丧失。

【原因】① 准备活动不充分，肌肉的生理机能尚未达到剧烈活动所需的状态就参加剧烈活动；② 体质较弱，运动水平不高，肌肉的弹性、伸展性和力量较差；③ 疲劳过度。

【处理】肌肉损伤的治疗要依具体情况而定。对于少量肌纤维断裂者，应立即采取局部冷敷、加压包扎等措施，并抬高伤肢。对于肌肉大部分或完全断裂者，应在加压包扎后立即送往医院进行缝合。

（三）关节韧带损伤

【征象】关节韧带损伤后，一般表现为压痛、自感疼痛，轻者发生韧带部分纤维的断裂，重者韧带纤维完全断裂，引起关节半脱位或完全脱位，从而出现关节功能障碍。

【原因】上肢关节以肩关节、肘关节、腕关节损伤较为常见，如掷标枪引枪后的翻肩动作错误造成肩关节、肘关节扭伤。下肢关节以髋关节、膝关节、踝关节损伤较多，

如从高处跳下，平衡、缓冲不够，使膝关节、踝关节受伤。

【处理】发生关节韧带损伤，应当在 24 小时内采用冷敷，必要时加压包扎，24 小时后可采用理疗、热敷、按摩、针灸治疗，待疼痛减轻后可增加功能性练习。对于急性腰部损伤，如果出现剧烈疼痛，切不可轻易处理，应让患者平卧，并用担架送至医院就诊。

（四）骨　折

【征象】骨折分为完全性骨折（骨完全断裂）和不完全性骨折（骨未完全断裂，如裂缝骨折），是运动中一种比较严重的损伤。其症状主要表现为肿胀和皮下瘀血，功能障碍，出现畸形和假关节，并有压痛和震痛感。

【原因】身体某部位受到直接或间接暴力冲击，或肌肉强烈收缩。常见的骨折部位有肱骨、尺骨、桡骨、指骨、腓骨和肋骨等。

【处理】一旦出现骨折，暂勿随意移动伤肢，紧急就医。应先用夹板或其他代用品固定伤肢，动作要轻柔、缓慢，不要乱拉乱拽，以免造成错位，影响整复。如果上肢骨折，则可用木板托住伤肢，用绷带扎紧骨折处的上下两端。如果下肢骨折，则先将伤腿轻轻放好，然后用宽布条或褥单将两条腿缠在一起，将患者慢慢抬到硬板担架上，送往医院救治。如果头部、颈部或脊椎骨发生骨折，运送时就更要小心，以免损伤患者的脑神经或脊神经而造成肢体瘫痪。搬运患者时，其头部应用枕头或衣服垫住，防止移动，固定好以后，告知患者不要扭动伤肢，送往医院时要注意做到迅速、平稳。

（五）关节脱位

【征象】因受外力作用，构成关节的上下两个骨端失去正常的位置关系，出现错位现象，又称脱臼。关节脱位可分为完全脱位和半脱位（或称错位）两种。关节脱位后常出现畸形，与健肢相比不对称，表现为局部疼痛、压痛和关节肿胀，并失去正常的活动功能，甚至发生肌肉痉挛等现象。

【原因】运动中发生的关节脱位大多由间接外力撞击所致。例如，摔倒时用手撑地，可能引起肘关节或肩关节脱位。

【处理】用长度与宽度相称的夹板固定伤肢。如果没有夹板，则可将伤肢固定在患者自己的躯干或健肢上，防止震动，随后及时送医院治疗。

（六）脑震荡

【征象】受伤时，患者表现为神志不清、脉搏徐缓、肌肉松弛、瞳孔稍大但能对称、神经反射减弱或消失；清醒后，患者常有头痛、头晕、恶心呕吐感、烦躁、注意力不易集中、耳鸣、心悸、多汗、失眠及记忆力减退等现象。

【原因】进行体育锻炼时，两人头部相撞、撞击硬物或从高处跌下时头部撞地，都可能造成脑震荡。

【处理】立即让患者平卧，冷敷其头部。若患者昏迷，则用手指按压人中穴、内关穴、合谷穴；若患者呼吸发生障碍，则立即对其进行人工呼吸。完成上述处理后，若患者仍反复出现昏迷或耳、鼻、口出血，两瞳孔放大且不对称的现象，则表明病情严重，应立即将患者送医院救治。在运送途中，要让患者平卧，固定其头部，避免颠簸。

轻微的脑震荡者一般可自愈，无须住院治疗，但要注意休息，保持情绪稳定，减少脑力劳动。

第三节　疲劳程度的判断与消除

一、判断疲劳的简易方法

一般可根据以下三个方面对疲劳进行评定：

（1）根据运动者的各种自我感觉症状（如疲乏、头晕、心悸、恶心等）加以评定；

（2）根据疲劳的客观体征（如面色、排汗量、呼吸、动作和注意力等）进行评定；

（3）根据身体各器官、系统的生理、生化指标变化的情况（如心率、心电图、脑电图、肌电图、肺活量、血压、握力和尿蛋白含量等）进行评定。

在学校体育教学和训练中，还可以采用比较容易的方法来判断疲劳程度。（表4-3-1）

表 4-3-1　疲劳程度的标志

内　容	轻度疲劳	中度疲劳	重度疲劳
自我感觉	无任何不适	疲乏、腿痛、心悸	除了疲乏、腿痛、心悸外，还有头痛、胸痛、恶心，甚至呕吐等征象。有些征象存在时间较长
面色	稍红	相当红	十分红或苍白，有时呈紫蓝色
排汗量	不多	较多，特别是肩带部分	非常多，尤其是整个躯干部分，汗衫和衬衣上可出现白色汗渍
呼吸	中等程度加快	显著加快	呼吸表浅（其中有少数深呼吸出现），有时呼吸节奏紊乱
动作	步态稳定	步伐摇摆不稳	摇摆现象显著，在行进时掉队，出现不协调动作
注意力	比较好，能正确执行口令	执行口令不准确，改变方向时有时会发生错误	执行口令缓慢，只能接收大声口令

二、消除疲劳的常用方法

疲劳是一种生理现象，又是一种衡量运动量的标志。从某种意义上说，运动训练是以疲劳为媒介而不断提高身体训练水平的。科学研究证实，消除疲劳与恢复体力是运动后的必然过程。如果大强度训练后不能采取消除疲劳的适当措施，疲劳就会积累，不仅使运动成绩下降，还会成为疾病和伤害事故的诱因。运动后及时消除疲劳、恢复体力，可有效地提高训练水平。尽快消除运动性疲劳主要有以下几种方法。

（一）睡　眠

睡眠是消除疲劳的较好方法。一般每天睡眠时间不少于 8 小时，并应安排一定的午休时间。在大运动量和比赛期间，睡眠时间还可以适当增加。

（二）积极性休息

休息是除睡眠外消除疲劳的另一种积极手段，对由紧张训练和比赛引起的运动性疲劳和精神疲劳有良好的缓解作用。积极性休息的方法和内容有很多，例如，在公园、湖滨或海边散步，听音乐，观看演出，钓鱼，下棋和参观游览等。

（三）按　摩

按摩是消除运动性疲劳的重要手段之一。进行全身或局部的按摩不仅可以消除运动性疲劳，对有损伤者还兼有辅助治疗效果。按摩对放松肌肉、消除肌肉酸痛和恢复体力效果极佳。

（四）物理疗法

训练后淋浴和局部热敷是一种简易的消除疲劳的方法。淋浴时，水温不能过高，一般以温水浴（水温 40℃左右）为佳，时间以 15 ～ 20 分钟为宜。洗冷热水浴有良好的镇静作用，能促进血液循环和放松肌肉，以达到消除疲劳的目的。如有条件，还可以采用蒸汽浴、干燥空气浴和漩涡浴等恢复手段。热敷能减少肌肉中酸性代谢产物的堆积，消除肌肉僵硬、紧张及酸痛。热敷的温度以 47 ～ 48℃为宜，时间约 10 分钟。

第五章

体育文化

第一节　体育文化概述

一、体育文化的概念

体育文化源远流长，可以追溯到人类原始社会，但体育文化的概念是在近代出现的。当人们把体育作为一种文化现象加以认识时，综合全部体育活动的"体育文化"这一概念应运而生了。

"体育文化"一词最早被译为"身体文化"。德国学者菲特在1818年所著的《体育史》中就已使用"Physical Culture"一词。19世纪末，人们对身体文化的解释越来越宽泛。有人认为，身体文化就是身体锻炼；有人提出，身体文化是旨在促进健康和增强体力的身体运动体系，是与自然运动形式对应的人为的体育形式；还有人认为，身体文化是包括身体涂油剂和颜料、营养摄入、体育设施及身体训练的运动器械在内的各种文化现象的总和。

第二次世界大战之后，世界各国把"身体文化"作为体育的广义概念来使用，认为它是整个文化的组成部分。在历史的长河中，由于受世界各国、各民族社会生产力发展的影响，体育文化的内容和形式会随着时代的变化而演进，因而，人们对体育文化的理解见仁见智。当今，体育文化的形式和内容有了更大的发展。为了适应新时期的体育特征，我们把体育文化的概念阐述为：体育文化是在人们增进健康、提高生活质量的过程中创造和形成的一切物质和精神财富的总和，是关于人类体育运动的物质、制度和精神文化的总和。

二、体育文化的特性

（一）民族性

人类体育文化的存在和发展不仅有共性，还存在差异性。人类体育文化的差异性就是体育文化的民族性的体现。不同地域的人创造了不同类型、不同形态的体育文化，而不同的体育文化又塑造了具有不同文化特征的群体。任何形式的民族体育文化都与本民

族的形成、延续和发展密切相关，都与本民族的地理环境、文化传统、民俗习惯、经济条件、生产力水平，乃至社会结构相适应。这些反映本民族的、传统的体育文化规范着本民族的体育行为，也影响着人们不同的体育价值观念。例如，中国体育文化在儒家文化的长期影响下，形成了以追求"统一""中和""中庸"，重在修身养性的娱乐性和技巧性为主要特色的体育文化；印度的瑜伽反映了印度民族具有和谐性和柔美性的体育文化特征。

（二）时代性

随着时代的发展，不同的历史时期有着不同的生产方式。人们总是生活在一个特定的环境中，这个生活环境对人类有重大的影响。人们在生活实践中所创造的体育文化都会打上这个时代的烙印。因此，体育文化具有特定的性质、特定的内容和特定的形态，表现出鲜明的时代性。

（三）社会性

体育文化的社会性也称体育文化的群众性。这是因为体育文化离不开大众，更不能离开社会。社会离开了体育文化就会变成一个非完整意义上的社会。因此，人、体育文化和社会三者形成了相互关联、相互作用的复合体。

（四）差异性

体育文化的差异性既表现在一个地区、一个民族的行为习惯上，也表现在价值标准和价值观念上。例如，东方体育文化重礼节、求中庸、重自身完善、追求个人身心平衡，即重人的品行修为；西方体育文化则表现出明显的竞争、激进和冒险的风格。

（五）继承性

体育文化的继承性是指体育文化经过不同时代仍然保留原有某些物质的属性。体育文化具有借助语言、文字、图像等媒体在人们的意识领域或社会价值体系中传承的特性。随着社会的发展，人们对体育文化的认识也在延续和不断深化着。

第二节　大众体育文化

一、大众体育文化的概念

大众体育文化就是在大众体育运动的开展过程中，通过宣传、传授和欣赏等手段，满足群众身体运动和体育欣赏需求的文化。

二、大众体育文化的特点

（一）参加对象的广泛性

大众体育是以全体社会成员为对象，不同年龄、不同性别、不同爱好和不同职业的人都可以在其中找到适合自己的位置。近年来，弱势群体和特殊群体体育活动的开展使得大众体育的对象更加广泛。

（二）活动时间的业余性

作为业余文化活动的内容之一，大众体育服从并服务于人们的生产与生活。近年来，由于人们生活水平的提高和闲暇的增多，体育活动越来越受到广大人民群众的喜爱。参加体育活动已成为人们业余生活的重要组成部分。

（三）活动内容的娱乐性

大众体育的活动内容以广大群众喜闻乐见为前提，使人民群众在自愿的基础上进行自主选择，是一种非功利性的体育活动。参加者在活动过程中轻松、愉快、没有压力，因此，大众体育文化的娱乐性在活动过程中占主要地位。

（四）目的的多样性与活动功效的复合性

由于大众体育是在自愿、自主的原则下进行的，参加活动的人可根据自己的需求确定其目标，因而大众体育的目的呈现出多样性。大众体育可以满足人们在健身、健美、医疗康复、休闲娱乐、社会交往和陶冶情操等方面的不同需求，表现出活动功效的复合性。

（五）形式的灵活性与松散性、组织管理的复杂性

由于大众体育的目的多样，因而在操作的过程中，其形式也出现了灵活性特点。与学校体育和竞技体育的组织性、纪律性不同，大众体育既然是一项参与者自愿参加，自主选择项目，实行因人制宜、因时制宜、因地制宜原则的社会体育活动，其松散性就在所难免。大众体育参加者人数多、范围广、素质水平参差不齐，并且其参与是建立在自愿的基础之上的，因此组织管理的难度较大，相对复杂。

三、大众体育文化的内容

大众体育文化是为群众服务的体育文化，因此，大众体育文化的内容需要是普适、易懂的。大众体育文化的接受对象范围广，年龄跨度大。大众体育文化几乎包括了体育文化的全部内容。从活动方式来看，群众所选择的运动项目包括现有的全部运动项目，以健身为目的的开展；从物质内容来看，随着群众生活水平的提高，以运动器材、体育场地为主体的物质水平在不断提高，群众对物质的需求也与日俱增；从精神文化方面来看，体育赛事需要满足不同层次群众的欣赏水平，高尔夫球、网球和拳击等比赛已经拥有一定数量的观众。

四、全民健身

（一）全民健身的由来

全民健身旨在全面提高国民体质和健康水平，倡导全民做到每天参加一次以上的体育健身活动，学会两种以上健身方法，每年进行一次体质测定。

（二）全民健身的目的

2008年对中国竞技体育来说是非常辉煌的一年。当烟花散尽，繁华消退，全民奥运热潮渐渐褪去时，中国体育也悄然回归本位。在后奥运时代，群众体育必将得到越来越高的重视。为了满足广大人民群众日益增长的强身健体的需求，国务院批准8月8日为"全民健身日"，将健康向上的大众体育精神传达给公众，推广健康生活的理念。

体育已经成为推广文明生活方式的重要途径，已经成为增强青少年身体素质的重要方法，已经成为推动经济和社会发展的重要力量，已经成为沟通世界、联系世界的重要桥梁。因此，"全民健身日"是一个标杆，是一个推动力，推进全民健身长效化、机制化，推动中国从体育大国向体育强国的目标迈进。将 8 月 8 日设立为"全民健身日"还在于让中华民族铭记中国体育的辉煌时刻。通过"全民健身日"的宣传和带动，健身已成为人们生活的一部分。人民群众真正享受到体育带来的健康和快乐。体育在人的全面发展与和谐社会的构建中发挥出更加积极的作用。

（三）《全民健身计划（2016—2020 年）》

全民健康是国家综合实力的重要体现，是经济社会发展进步的重要标志。全民健身是实现全民健康的重要途径和手段，是全体人民增强体魄、幸福生活的基础保障。实施全民健身计划是国家的重要发展战略。在党中央、国务院正确领导下，经过各地各有关部门和社会各界的共同努力，覆盖城乡、比较健全的全民健身公共服务体系基本形成，为提供更加完备公共体育服务、建设体育强国奠定坚实基础。今后一段时期，面对人民群众日益增长的体育健身需求、全面建成小康社会的目标要求、推动健康中国建设的机遇挑战，需要更加准确地把握新时期全民健身发展内涵的深刻变化，不断开拓发展新境界，使其成为健康中国建设的有力支撑和全面建成小康社会的国家名片。为实施全民健身国家战略，提高全民族的身体素质和健康水平，国务院于 2016 年 6 月下发了关于印发《全民健身计划（2016—2020 年）》的通知。该计划的目标是，到 2020 年，群众体育健身意识普遍增强，参加体育锻炼的人数明显增加，每周参加 1 次及以上体育锻炼的人数达到 7 亿，经常参加体育锻炼的人数达到 4.35 亿，群众身体素质稳步增强。全民健身的教育、经济和社会等功能充分发挥，与各项社会事业互促发展的局面基本形成，体育消费总规模达到 1.5 万亿元，全民健身成为促进体育产业发展、拉动内需和形成新的经济增长点的动力源。支撑国家发展目标、与全面建成小康社会相适应的全民健身公共服务体系日趋完善，政府主导、部门协同、全社会共同参与的全民健身事业发展格局更加明晰。

第三节　竞技体育文化

一、竞技体育概述

（一）竞技体育的起源和发展

竞技体育是体育的重要组成部分。早期的人类生活中便已经出现以争取胜利为特点的原始、古朴的体育比赛形式。此后，这种活动形式经长期发展，内容更加丰富，不少项目已具雏形，为近代体育运动的发展打下了基础。在近代整个体育领域中，比赛活动获得了越来越大的独立性，并被定名为"竞技体育"。在当代，竞技体育经过不断发展、演进，不但在理论原则和实践方法上日臻成熟，而且影响力也在不断扩大，成为一个遍及社会各阶层的世界范围内的特殊社会现象。人们常说竞技体育是一种艺

术，因为竞技体育能够超越语言和其他社会因素的障碍，依靠大众的传播媒介，而不需要借助其他附加条件，可直接为人们所接受。艺术是审美意识物化了的集中表现，它能培养人们的美感。竞技体育用各种规则尽力来阻止不公平，是一种艺术的创造，给人一种既激烈、精彩又和谐、优美的感觉。

（二）竞技体育的目的和任务

竞技体育的目的是不断提高运动员的竞技能力，使其在竞赛中创造优异的运动成绩；挖掘和表现人类身体、精神的巨大潜力，为国家、民族和团体等争取荣誉。为了实现竞技体育的目的，竞技体育须完成以下任务。

（1）挖掘人的潜能，提高运动技术水平。竞技体育追求的是"更快、更高、更强"，因此，竞技体育的主要任务之一就是通过长期、系统的科学训练，挖掘人的潜能，使人不断地超越自身，提高运动技术。

（2）满足社会文化的需求。竞技体育要为人们提供高水平的、具有观赏性的比赛，以达到为人们提供娱乐和休闲、满足社会文化需求的目的。

（3）推动体育产业的发展。竞技体育的发展必然改变人类的消费结构，促进与运动训练、体育比赛有关的物质资料的生产和流通。竞技体育已成为体育产业的重要组成部分，成为经济的重要组成部分。因此，竞技体育的另一重要任务就是积极参与到经济发展中来，为推动体育产业的发展和社会经济的繁荣作出贡献。这个任务的实现也会为竞技体育自身的发展提供重要的物质基础。

二、竞技体育文化的特点

1. 竞争性

激烈的竞争性是竞技体育区别于学校体育和大众体育的本质特征之一，在此基础上形成的竞技体育文化是以竞争为重要内容的文化。竞技体育的目的是战胜对手，因此竞技体育要求参加者最大限度地挖掘自己的潜能、最大限度地发挥自己的能力去战胜对手而夺取胜利。由于"第一"只有一个，因此竞技体育的竞争性还具有强烈的排他性。竞技体育文化的竞争性不仅体现在参加者与他人的竞争，还体现在参加者与自我的竞争和与自然的竞争。

2. 规范性

现代竞技体育的发展要求运动员必须具有高度完美的技艺，否则就难以取得比赛的胜利。高度的技艺性是竞技体育赖以存在的基础，但高度的技艺又是以对技术、战术和各种训练的规范性要求为基础建立起来的。竞技体育的规范性还表现在各个竞技体育项目的比赛规则、竞赛规程等制约机制的规范性和竞技体育管理的规范性等方面。竞技体育的规范性是其不断壮大并走向国际化的基本条件之一。

3. 公平性

竞技体育中的竞争应该在高度公平的条件下进行。竞技运动比赛应该公平竞争，不偏袒任何参赛者。没有公平竞争，竞技运动便无法正常进行。为保证公正、公平地进行竞争，竞技运动的组织者对比赛项目、时间、地点、场地器材及运动员的参赛资格作出了明确的规定，针对运动员的参赛行为、比赛组织和裁判工作制定了严格的行为规范，比赛规程和规则就是其中最主要的要求参加者共同遵守的行为规范。不仅比赛必须严格

根据规程和规则的要求来进行，训练也必须针对规则的要求有针对性地进行。

三、奥林匹克运动

（一）古代奥林匹克运动

古代奥林匹克运动会（简称古奥运会）从公元前 776 年起至公元 394 年止，共举行了 293 届。公元 394 年，罗马皇帝狄奥多西一世下令废止古奥运会。公元 436 年，狄奥多西二世烧毁了奥林匹亚的大部分建筑物。公元 522 年、551 年，接连发生的两次强烈地震使奥林匹亚遭到彻底破坏，成了一片废墟。

（二）现代奥林匹克运动

1. 现代奥林匹克运动会的起源

法国教育家皮埃尔·德·顾拜旦（1863—1937 年）在 1889 年提出举办现代奥运会的想法，并进行了广泛宣传。1894 年 6 月 16 日，12 个国家的 79 名代表在巴黎举行国际体育运动代表大会，并成立了国际奥运委员会（简称国际奥委会），决定从 1896 年起，每隔 4 年，按古代奥林匹克运动会传统，举办大型运动会。从 1896 年第 1 届现代奥运会开始，到 2016 年为止，现代奥运会共举办了 31 届，期间因第一次世界大战、第二次世界大战的影响停办了 3 届夏季奥运会，实际上只举行过 28 届。

2. 现代奥林匹克运动会简介

（1）奥林匹克主义：将身体和精神方面的各种品质均衡地结合起来，并使之得到提高的一种人生哲学。它将体育运动与文化、教育融为一体。奥林匹克主义所建立的生活方式是以奋斗中体验到的乐趣、优秀榜样的教育价值和对伦理基本原则的推崇为基础的。奥林匹克主义的基本内容可归纳为以下几点：第一，奥林匹克主义的中心思想是人的和谐；第二，体育运动是实现人的和谐发展的重要途径；第三，体育运动必须与文化、教育相结合。

（2）奥林匹克运动的宗旨：通过没有任何歧视、具有奥林匹克精神——以友谊、团结和公平的精神相互理解的体育活动来教育青年，从而为建立一个和平的更美好的世界作出贡献。

（3）奥林匹克精神：互相理解、友谊、团结和公平竞争的精神。奥林匹克精神强调友谊、团结、互相理解，其意义就在于它为奥林匹克运动提供和开创了一种必不可少的文化氛围和精神境界。在公平竞争的基础上，竞争变得有意义，各国运动员得以保持和加强团结、友谊的关系，奥林匹克运动得以实现它神圣的目标。

（4）奥林匹克格言："更快、更高、更强"。奥林匹克格言充分体现了奥林匹克运动不断进取、永不满足的奋斗精神。它既指在竞技场上面对强手时应发扬大无畏的精神，敢于拼搏，敢于胜利，又指对自己永不满足，不断战胜自己，向新的极限冲击。不仅如此，这一格言还鼓励人们在自己的各个方面不断地超越自我，不断地提高，永远保持蓬勃的朝气。

（三）奥林匹克运动与中国

1. 中国的百年奥运之路

1922 年，时任北京大学校长的王正廷成为中国历史上的第一位国际奥委会委员，中国与国际奥委会建立了直接的联系。

1932 年，洛杉矶第 10 届奥运会，中国派出一名运动员——刘长春参加比赛，向

世界宣告了中国奥林匹克运动的存在。1936 年和 1948 年，中国又分别参加了第 11 届奥运会和第 14 届奥运会。

2. 中华人民共和国的奥运发展之路

1949 年，中华人民共和国成立给奥林匹克运动在中国的发展提供了前所未有的机遇。

1952 年，国际奥委会在芬兰赫尔辛基的国际奥林匹克委员会全体会议上，以多数票通过了邀请中国参加第 15 届奥运会的决议，这是中华人民共和国第一次派团参加奥运会。1954 年，国际奥委会正式承认中华全国体育总会为中国国家奥委会。1958 年 8 月，由于某些国家蓄意制造"两个中国"，中华全国体育总会发表声明，中断与国际奥委会的一切关系。在国际体坛和国际奥委会的一些人士的努力下，1979 年 11 月，国际奥委会根据中国的提议，以通讯表决的方式通过决议，确定了著名的"奥运模式"，恢复中国在国际奥委会中的合法席位，并决定台湾以中国台北奥委会名义参加国际奥委会。

3. 2008 年北京奥运会

2008 年 8 月 8 日，第 29 届奥运会在中国首都北京举行。此届奥运会提出了三大理念：绿色奥运、科技奥运、人文奥运。此届奥运会举行了 28 个大项（田径、游泳、体操、举重、射击、射箭、赛艇、帆船、皮划艇、自行车、跆拳道、柔道、摔跤、拳击、马术、击剑、现代五项、铁人三项、乒乓球、羽毛球、篮球、排球、足球、手球、曲棍球、垒球、网球和棒球）、38 个分项的比赛，产生 302 枚金牌（其中中国获得 51 枚）。2 万多名运动员、教练员和官员参加了北京奥运会。除大部分比赛在北京举行外，帆船比赛在青岛举行，马术比赛在香港举行，部分足球预赛在天津、上海、沈阳和秦皇岛举行。2008 年北京奥运会的口号是"同一个世界，同一个梦想"，集中体现了奥林匹克精神的实质和普遍的价值观——团结、友谊、进步、和谐、参与和梦想，表达了全世界人民在奥林匹克精神的感召下，追求人类美好未来的共同愿望。尽管人类的肤色不同、语言不同、种族不同，但世界人民共同感受着奥林匹克的魅力和欢乐，共同追求着人类和平的理想。

4. 2022 年北京冬奥会

2015 年 7 月 31 日，在第 128 届国际奥林匹克委员会全体会体上，国际奥委会宣布北京获得了 2022 年冬奥会举办权。国际奥委会主席巴赫表示：北京将成为第一座既举办过夏季奥运会，又举办过冬季奥运会的城市，而且是在 14 年之间，这是具有历史意义的。这是安全的选择，也是历史性的选择。我们坚信中国一定会兑现承诺！

北京申办冬季奥运会代表团在陈述中表示，作为负责任的国家，中国言必行、行必果，会兑现所有的承诺。在众多承诺当中，到 2022 年实现 3 亿人参与冰雪运动无疑是较为引人注目的承诺之一。时任国家体育总局局长刘鹏当时说："目前有 100 多万青少年经常参加到冰雪运动中来，可以说，近 20 年来中国冰雪运动发展迅速。20 年前中国的雪场不足 10 个，现在达到 500 多个，去年仅仅在张家口就增加了 20% 的滑雪人口。"

2022 年冬奥会预设 7 个大项、109 个小项。北京将承办所有冰上项目，北京市延庆区和河北省张家口市将承办所有雪上项目。

第四节　校园体育文化

一、校园体育文化的概念

校园体育文化是在校园内所呈现出的一种特定的体育文化。它是学校的师生员工在体育教学、健身运动、运动竞赛和体育设施建设等活动中形成和拥有的所有的物质财富和精神财富，以及体育观念和体育意识。它是以学生为主体，以课外体育文化活动为主要内容，以校园精神为主要特征的一种群体文化。它与校园的德育、智育和美育文化等一起构成了校园文化群，又与竞技体育文化、大众体育文化组成了广义的体育文化群。

二、校园体育文化的特点

校园体育文化是在长期的体育教学实践中逐步形成的，是一种文化的历史积淀。它在社会文化环境和学校本身发展的合力作用下形成，从总体上看是客观的、独立的。教育界有一种共识：凡是育人工作有特色，对外声誉较高的学校，一般都有优良的、健康向上的校园文化，更有独具特色的校园体育文化。作为一种客观存在的形态，校园体育文化对学校的发展具有积极的推动作用。

（一）校园体育文化的连续性和继承性

校园体育文化具有连续性和继承性，是可以形成传统和风气的。学校体育传统和风气是指一个学校在体育活动方面形成并延续着的带有普遍性、重复出现性和相对稳定性的一种集体行为风尚，是学校教育的一种氛围和环境，是师生员工共同创建的校园文化，是校风的有机组成部分。作为一种社会文化现象，这种传统和风气不是在短时间内可以形成的，需要长期的积累和人们的坚持不懈。

（二）校园体育文化的新颖性

校园体育文化的最大特色就在于它的新颖性。例如，学校在学校运动会上推出团体操、健美操、广播体操比赛及武术表演、趣味性游戏等项目，体育社团在公共场合组织一些表演、训练和竞赛，以及校运动队优秀运动员在训练、竞赛中带给大家的新奇和惊喜等。

（三）校园体育文化的闭合性

学校是一个大组织，由一个个小组织构成，因此，其具有组织分明、组织单位集中的特点。这给校园体育文化带来了新的特点。一方面，校园体育文化在内容上向开放方面发展；另一方面，校园体育文化在存在形态上相对闭合，从而形成了一个个"体育文化圈"，如院校里的专业、年级、班级及自发组成的专项体育协会等。

三、校园体育文化建设的措施

（一）加强媒体宣传力度

运用标语、图片展示和广播等媒体形式，宣传体育文化，使师生员工真正认识到

体育的重要性，培养他们对体育的兴趣，提高他们的体育参与程度，使大家了解体育、参与体育、享受体育带来的乐趣。

（二）重视课外体育活动

课外体育活动是开展体育文化活动的主要途径，它既要完成体育锻炼的任务，又要活跃学生的课余文化生活。课外体育活动对提高学生的锻炼意识和积极性有很好的促进作用。

（三）组织体育知识讲座

体育知识讲座是丰富学生体育知识的重要手段。学校可以请校内外体育专家、优秀运动员配合体育教学任务举办讲座，介绍国内外体育赛事、体育形势和体育文化等，以拓宽学生的视野、丰富学生的体育文化知识。

（四）组织体育知识竞赛

学校组织体育知识竞赛具有简单易行的特点。学校可结合体育教学内容，组织班级、年级甚至全校的体育知识竞赛活动，以提高学生对体育文化的兴趣和参加体育运动的积极性。

（五）发挥本校体育传统，形成特色

体育文化的传统和特色指的是一个学校在体育方面形成并延续着的带有普遍性、重复出现性和相对稳定性的一种独具特点的文化形态，表现出自觉、经常的基本特征，并具有教育、导向、规范、凝聚和激励的力量。各个学校的类型、规模、办学条件和师生构成等不同，再加上学校所处的地区、环境和气候等的差异，决定了不同学校建设校园体育文化的具体思路会有所不同。因此，在建设校园体育文化的过程中，各个学校应该根据自己的具体情况发展校园体育文化，最终形成自己的体育特色。

（六）加强校园体育物质文化建设

校园里的体育雕塑及体育设施、场地等本身就是一种文化，是体育文化的外化。同时，它们又是意识文化的载体，凝聚和展示着人类的知识、思想和智慧，体现着人们的情操、意志和价值观念等多种文化特质，这些特质会折射人们的心灵，起到一种潜移默化的作用。此外，体育场地和设施等是师生们进行体育锻炼的物质保障。因此，要努力创造条件以加强体育物质文化建设，包括建造体育场馆、完善体育设施，以及合理地使用已有的体育场地、设施和器材等。

第六章

篮 球

第一节 篮球运动概述

一、篮球运动的起源进和发展

1891 年，美国人詹姆斯·奈史密斯在分析了各种球类项目之后发现，凡是使用小球的运动项目都是用器械来控制球的，技术复杂，难以掌握，更不利于在教学中开展和掌握。他受桃园中的工人用球向桃筐做投准游戏的启发，将两只桃筐分别固定在室内栏杆上，篮筐上沿距离地面约 3.05 米，将足球向篮筐内投掷，投中得一分，以得分的多少决定胜负。由于这项运动采用了两个篮子和一个球，因此这项运动被命名为"篮球"。

19 世纪 90 年代，篮球运动相继传入加拿大、法国、巴西等国家。1895 年，篮球传入我国。1932 年，国际业余篮球联合会（现国际篮球联合会）成立，并且以美国大学使用的篮球规则为基础，制定了世界统一的比赛规则。男子篮球运动在 1936 年被列入第 11 届柏林奥运会的竞赛项目，女子篮球运动在 1976 年被列入第 21 届蒙特利尔奥运会的竞赛项目。在一系列的比赛中，篮球运动得到了世界性的普及和发展。

中国男子篮球队在 2004 年第 28 届奥运会和 2008 年第 29 届奥运会上获得第八名；中国女子篮球队在 1992 年第 25 届奥运会上获得亚军，在 2008 年第 29 届奥运会上获得第四名，在 2021 年第 32 届奥运会上获得第五名。2021 年 7 月 28 日，在东京奥运会女子三人篮球比赛中，中国队击败法国队，历史性夺得铜牌。

二、篮球运动的锻炼价值

（一）篮球运动对身体健康的促进作用

篮球运动是一项高强度的对抗性运动，需要参与者快速奔跑、突然与连续起跳、反应敏捷。参加篮球运动可以提高机体的代谢能力，加快人体内能源物质的转换。经常参加篮球运动能使人体各器官、系统的功能增强，促进力量、速度、耐力、灵敏性等身体素质的发展，使机体内各系统的工作能力提高，身体各部位肌肉结实、发展匀

称，体格健壮。

（二）篮球运动对心理健康的促进作用

篮球运动不仅涉及运动员技术、身体方面的对抗，还涉及运动员意志、智慧方面的比拼。篮球运动要求运动员反应迅速、判断准确、随机应变、有勇有谋。经常参加篮球运动能够促进智力发展，有利于人体在快速、复杂的情况下做出迅速、准确的判断。同时，篮球运动需要队员之间的合作和默契配合，这就给参与者提供了交流的机会，使队员在运动中满足个人表现欲望的同时，体会队员间团结协作的快乐，使参与者的个性、自信心、情绪控制能力、意志力、进取心、自我约束能力都能得到很好的发展。

第二节　篮球运动基本技术

一、传接球

传接球技术是进攻队员之间有目的地转移球的方法，是进攻队员在场上相互联系和组织进攻的纽带，是球队实现战术配合的具体手段。

（一）传　球

1.双手胸前传球

双手胸前传球是比赛中最基本、最常用的一种传球方法。采用这种方法传出的球迅速有力，方向、距离和节奏容易被控制，而且便于与假动作、投篮和突破相结合。

【动作要领】两脚前后开立，两手持球收于胸前，后脚蹬地，重心前移，手臂向传球方向伸出，同时协调地屈腕拨球，身体自然跟随保持平衡。

【动作要点】持球，伸臂，翻腕，拨球。

2.双手头上传球

双手头上传球的特点是持球点高，便于与投篮等技术相结合，多用于近距离、外线队员之间转移球和外线队员给近侧内线队员传球。

【动作要领】结合投篮等动作，两手持球于头上，两肘弯曲，前臂稍前摆，同时翻腕拨球，将球以最短距离传给同伴。

【动作要点】手臂前摆，手腕扣翻，五指拨球。

3.击地传球

击地传球又称反弹传球，具有不易被抢断的特点，可以单手或者双手完成，是最常用的近距离传球方法，常用于矮小队员面对高大队员防守或者中锋队员策应切入队员时的传球。

【动作要领】两手持球于胸腹间，掌心向下，选准传球路线和合理的出手时机，两臂向前下方用力，手腕、手指快速抖动传球，将球传向距离同伴大约1/3处的地面，使球弹起在同伴的腰部。

【动作要点】掌心向下，扣腕、拨球快，击地点合理。

左侧栏：
双手胸前传球
双手头上传球
双手击地传球

4.单手体前传球

单手体前传球是一种快速且非常隐蔽的传球方法，多用于近距离传球，适合各个位置，球一般从防守队员的肩膀附近传出。

【动作要领】结合其他技术动作，选择合理时机，身体侧转，重心前移，将球引至体前适当位置，对着传球方向快速伸臂、扣腕、拨球。

【动作要点】侧转身体，两手引球，伸臂，扣腕，拨球。

5.单手体侧传球

单手体侧传球是常用于外线队员传球给内线队员时，为加大传球半径，绕过防守队员的一种传球方法。

【动作要领】两手持球，选择合理时机，传球臂尽量后引。出球时，前臂向前弧形摆动，手腕前屈，手指柔和地将球拨出。

【动作要点】引球，弧形摆动，扣腕，拨球。

6.单手肩上传球

单手肩上传球是一种经常用于长距离传球的方法。它的特点是传出的球力量大，飞行速度快且出手点高，在远传快攻中较为适用。

【动作要领】异侧脚靠前一步，同时引球到同侧肩上方，肘关节外展，手腕后仰，选择合理传球时机，同侧脚蹬地，转腰、转肩，手臂向传球方向挥摆，手腕前屈，五指柔和地拨球将球传出。

【动作要点】引球，转腰，转肩，挥臂，屈腕，拨球。

单手肩上传球

7.单手背后传球

单手背后传球常用于同伴在侧面且距离防守队员比较近时，是一种比较隐蔽的传球方法，也可以变化为背后反弹传球。

【动作要领】两手持球，结合其他技术，一手借力绕腰做弧形摆动。当球绕至背后、掌心面对传球方向时，手腕快速内扣，五指协调柔和地将球拨出去。

【动作要点】借力弧形引球，扣腕，拨球。

单手背后传球

（二）接　球

接球是篮球运动中的主要技术之一，是获得同伴传球的动作，也是抢篮板球和抢断球的基础。良好的接球技术是流畅地衔接下一个进攻动作的保障，也是弥补同伴传球不足的有效手段。接球按接球手分为单手接球和双手接球，按来球可分为接高空球、接反弹球和接地滚球，按身体动作可分为原地接球和移动接球。接球动作主要由主动伸臂迎球和缓冲握球组成。

双手接胸部高度的球

【动作要领】两手接球时，两臂伸向来球方向，手指自然分开呈半球状，眼睛紧盯来球，主动触球。触球后，手臂协调缓冲引球至需要位置。单手接球时，一手掌心面对来球，手臂主动前伸，触球的同时后引以缓冲来球力量，手腕内扣将球拉至需要位置；原地接球时，跨步主动配合上肢动作成三威胁姿势（对防守队员有传球、投篮和运球突破三个威胁状态）；移动接球配合上肢动作可采用急停至三威胁姿势，或者行进间跑动动作。

单手接球

【动作要点】配合下肢，主动迎球，触球缓冲，衔接动作。

二、投　篮

投篮是进攻队员为了将球从篮圈上投入球篮而采用的各种专门动作方法的总称。

它是篮球比赛中主要的得分手段，也是一切进攻技战术的最终目的和全部攻守矛盾的焦点。投篮技术根据身体动作可以分为原地投篮、行进间投篮和跳起投篮，根据手部动作又可以分为低手投篮、高手投篮、反手投篮和扣篮。不同的组合构成多样化的投篮方式。

（一）原地单手肩上投篮

原地单手肩上投篮是比赛中应用比较广泛的一种投篮方法，是行进间单手高手投篮和跳起投篮等技术动作的基础。原地单手肩上投篮具有出手点高、便于与其他动作结合等特点，在不同距离和位置均可采用。

【动作要领】两脚自然站立，两手持球于胸前，肩部放松；屈膝下蹲，右臂屈肘持球于右肩上方，对准投篮方向，上臂与地面近似平行，前臂与地面近似垂直；右臂随下肢蹬地、躯干上伸向投篮方向充分伸直，同时扣腕、拨球使球从食指和中指指端飞出。（图6-2-1）

【动作要点】蹬地、伸展腰腹、抬肘、伸臂、扣腕、拨指动作连贯协调。

原地单手肩上投篮

图 6-2-1

（二）原地双手胸前投篮

原地双手胸前投篮是篮球比赛中比较常用的一种投篮方法，是其他双手投篮方法的基础。原地双手胸前投篮具有力量大、投篮距离远，便于与传球、突破相结合的特点，但容易受干扰。

【动作要领】两脚自然站立，两手持球于胸前，肩部放松，肘关节自然下垂，两膝微屈；两脚蹬地，膝关节伸直，两臂随着躯干的伸展向投篮方向伸直，手腕同时内翻，五指拨球将球投出。

【动作要点】蹬地，伸展腰腹，伸臂，内翻腕，拨指，全身用力协调一致，两手用力均匀。

原地双手胸前投篮

（三）行进间单手低手投篮

行进间单手低手投篮是比赛中进攻队员在快速移动中超越防守队员到篮下常用的一种投篮方法。

【动作要领】以右手投篮为例，在跑动过程中先跨右脚，左脚随后跟上，屈膝，两脚用力蹬地起跳，两腿自然屈膝，单手持球上举。接近最高点时，五指分开，掌心向上，托球继续向投篮方向伸展，以手腕为轴，手指轻拨球将球投出。（图6-2-2）

【动作要点】助跑、拿球、起跳、举球、拨指动作连贯协调。

图 6-2-2

（四）跳起投篮

跳起投篮是篮球比赛中较常见的一种投篮动作，具有突然性强、出手点高、便于做假动作等特点，常与移动、传接球、突破等技术结合使用，可分为原地跳投、接球急停跳投和运球急停跳投。

【动作要领】原地或者移动中急停持球，屈膝，两脚用力蹬地起跳，同时上体向上伸展，两手持球上举，抬肘，后翻腕保持上肢投篮前姿势。身体接近最高点时，收腹，右臂向投篮方向伸直，手腕前屈，食指、中指拨球，落地屈膝缓冲，保持平衡。（图 6-2-3）

【动作要点】急停重心平稳，起跳突然有力，举球到位，控制身形，提肘、伸臂、屈腕协调一致。

图 6-2-3

三、运 球

运球是持球队员在原地或行进中，用单手连续按拍地面反弹起来的球的一种动作。它不仅是个人摆脱、吸引和突破防守的进攻手段，也是全队发起进攻、组织战术配合的重要技术。运球分为急停急起运球、体前变向运球、转身运球、背后运球、胯下运球和一系列动作的交替组合运球等。

（一）急停急起运球

急停急起运球是为打乱对方防守节奏，在防守较紧的情况下，进攻队员运球推进时所采用的一种使速度发生变化的运球方法。

【动作要领】快速运球过程中，突然采用两步急停的步法，重心降低，手掌按拍球

原地跳起单手肩上投篮

运球急停跳起投篮

急停急起运球

的前上方，使身体和球同时近似静止。当防守队员停下时，两脚再开始后蹬，上体快速前倾，同时右手按拍球的后上方，人球同步，突然起动前进。（图6-2-4）

【动作要点】快停快起，重心降低，停得稳，起得快。

图6-2-4

（二）体前变向运球

体前变向运球是通过身体方向的改变，避开防守队员的堵截路线，同时起到摆脱和超越防守队员的一种运球方法。

【动作要领】以由左向右做体前变向运球为例，先向对方右侧运球。当防守队员移动封堵右侧时，左手拍球的左后上方，将球拍至对方左侧，同时身体做变向跑动作，用肩保护球，换手运球，加速前进。（图6-2-5）

【动作要点】变向前要有吸引防守的动作，变向要突然，换手后跨步护球，加速前进。

图6-2-5

（三）转身运球

转身运球是当防守队员封堵运球路线并逼近进攻队员时，以防守队员为轴，进攻队员以后转身配合运球，摆脱防守队员，达到突破防守的一种运球方法。

【动作要领】以右手运球为例，先向对方左侧运球，左脚跨步吸引对方封堵路线。当防守队员身体左移时，左脚在前用力蹬地，身体做后转身的同时，用右手将球拉至身体的侧后方落地，然后继续转体，换手运球，加速从防守队员右侧突破。

【动作要点】吸引防守，转身连贯，协调拉球，重心平稳，贴人加速。

（四）背后运球

背后运球是当对方面对面贴近时，运球队员无法采用体前变向运球而采用的将球从背后改变方向的一种运球方法。

【动作要领】以右手运球从防守队员右侧突破为例，当防守队员逼近时，右脚向侧前方跨出吸引防守队员，右手将球拉向右侧身后，同时迅速转腕按拍球的右后方，将

体前变向运球

转身运球

背后运球

球从背后拍到身体的左前方，然后换左手运球，左脚向前，加速突破。

【动作要点】上腿、侧身，拉球时弧形绕环，手臂要直。

（五）胯下运球

胯下运球是当防守队员迎面堵截，距离进攻队员较近时，或者脚步成前后站立姿势保护性运球时，进攻队员所采用的一种胯下改变方向的运球方法。

【动作要领】以右手运球从防守队员右侧突破为例，运球队员左脚靠前，右手按拍球的右上方，将球从两腿之间运至身体左侧，同时上体左转，换手运球，右脚蹬地加速推进。

【动作要点】出腿、拍球要协调，球的落点要准确，转体换手后加速推进。

胯下运球

四、持球突破

持球突破是持球队员运用脚步动作和运球技术快速超越对方的一项攻击性很强的进攻技术。随着篮球技术的发展，持球突破技术在各个位置上都能被熟练运用，其特点表现为动作突然、速度快、能紧密联系其他技术，结合假动作使用时更具攻击性。

（一）交叉步持球突破

交叉步持球突破是比赛中进攻队员最常用的一种突破方法。这种突破方法具有跨步幅度大、迷惑性强、变化较多、易于结合假动作等其他技术的特点，是完成个人攻击的主要手段。

【动作要领】以右脚作中枢脚为例，成三威胁姿势持球站立，可以结合投篮、左侧跨步等假动作，选择好突破时机，左脚前脚掌内侧用力蹬地，同时上体前倾并向右侧转，左肩下压，左脚借力向右侧前方跨出一步，两手跟随身体动作引球至右侧前方，并用右手按拍球，中枢脚蹬地上步，加速超越对方。（图6-2-6）

【动作要点】蹬跨、转探要协调，选择好放球加速的时机，结合各种假动作。

交叉步突破

图6-2-6

（二）顺步持球突破

顺步持球突破是进攻队员在中枢脚已确定并需要向异侧运动时常采用的一种突破方法。它是交叉步持球突破的补充和保证，与交叉步突破相结合可以产生多变的技术组合。

【动作要领】以左脚作中枢脚为例，成三威胁姿势持球站立，可以结合投篮、转身等假动作，把握好突破时机，左脚蹬地，上体前倾并微向右转，右脚在重心前移的同时向右侧前方跨步，两手引球至需要位置，用右手按拍球，左脚蹬地跟上，加速超越对方。（图6-2-7）

【动作要点】蹬跨积极，重心移动迅速，转探、放球协调，节奏多变，加速超越。

图 6-2-7

五、抢篮板球

抢篮板球技术是双方队员争抢投篮未中从篮板或篮圈反弹起来的球所采用的动作方法的总称。进攻队员争抢本队投篮未中的球称为抢进攻篮板球（又称抢前场篮板球），防守队员争抢对方投篮未中的球称为抢防守篮板（又称抢后场篮板球）。抢篮板球是获得球权的重要手段之一，一方面可以增强本队的投篮信心，另一方面可以干扰对方的进攻节奏。

（一）抢进攻篮板球

根据自己当时的场上位置，观察对方防守动向，判断球的速度和落点，利用假动作迂回起动去抢占有利位置，然后采用单脚或者双脚起跳直接冲抢，空中充分伸展身体和手臂，高、快、准地获得球后迅速将球回收至需要位置，两膝缓冲落地，保持平衡。

（二）抢防守篮板球

当投篮出手后，观察对方进攻动向，屈膝张臂，主动贴近进攻队员，及时转身把对方挡靠在自己背后，抢占有利位置并判断球的落点，迅速调整位置及时起跳，将球控制住并保护好，然后快速地衔接下一个动作。

第三节　篮球运动基本战术

篮球战术是指篮球比赛中队员和队员之间有策略、有组织、有意识地协同运用技术进行攻守对抗的布阵行动，是以篮球技术为基础，在一定的战术指导思想和战术意识支配下的集体攻守方法。其特征表现为目的性和针对性的统一、原则性和机动性的统一、多样性和综合性的统一、个体性和整体性的统一。

一、进攻战术基础配合

进攻战术基础配合是指两三名进攻队员之间为了创造进攻机会，合理利用技术而形成的合作方法。

抢进攻篮板球

抢防守篮板球

传切配合

（一）传切配合

传切配合是两三名进攻队员之间利用传球后的切入技术所组成的简单配合。传切配合包括一传一切和空切。

（二）掩护配合

掩护配合是掩护队员采用合理的动作，用身体挡住同伴防守者的移动路线，使同伴摆脱防守，或者进攻队员利用同伴的身体使自己摆脱防守的一种配合方法。掩护配合包括侧掩护、前掩护和后掩护。

掩护配合

（三）突分配合

突分配合是进攻队员持球突破后，打乱对方防守部署或吸引对方换防时，及时主动地传球给同伴进行配合的一种方法。

突分配合

（四）策应配合

策应配合是指进攻队员背对或侧对球篮接球后，与同伴相互配合形成里应外合局面的一种方法。策应配合分为高位策应和低位策应。

策应配合

二、防守战术基础配合

（一）挤过、穿过、绕过、换防配合

挤过、穿过、绕过、换防配合是破坏掩护配合的积极有效的几种方法。根据进攻队员的位置和技术运用情况，两名防守队员可以合理灵活地采用适当的配合来达到盯住自己对手或者分别盯人的目的。这几种配合的主要区别在于防守移动的路线不同。

（二）关门配合

关门配合是当进攻队员持球突破时，同侧防守队员向被突破同伴靠拢协同防守进攻的一种方法。

关门配合

（三）夹击配合

夹击配合是两名或两名以上防守队员利用有利的区域和时机，封堵持球队员的传球路线，造成其违例或者失误的一种协同配合方法。

夹击配合

三、全队进攻战术

（一）快攻战术

快攻是由守转攻时，进攻队以最快的速度将球推进至前场，争取获得人数上、位置上的优势和主动权，果断合理地进行进攻的一种进攻技术。

1.长传快攻

长传快攻是指队员在后场获得球后，快速把球通过长传的方法传给迅速摆脱防守的同伴，从而进行进攻的一种形式。在准确的长传技术、快速摆脱的跑动能力和强行运球突破技术的基础上，长传快攻的进攻时间短，配合简单，是一种成功率高、威胁性大的快攻形式。

2.短传快攻

短传快攻是指队员在后场获得球后，立即以快速的跑动和短促的传接球将球推进到对方篮下进行进攻的一种形式。短传快攻具有灵活、机动的优点，但容易造成失误，对传接球技术和队员的默契程度要求较高。

3.运球突破快攻

运球突破快攻是指队员在后场获得球后，结合假动作，利用运球突破技术超越防守队员至对方篮下，自己直接进攻或传球给同伴进行进攻的一种形式。这种进攻技术常在个人攻击能力较强、同伴摆脱跑动位置不利时采用。

（二）进攻人盯人防守战术

进攻人盯人防守战术是根据对方防守的防区范围、防守阵型和队员的个人防守能力，结合本队实际，扬长避短，以我为主设计自己打法的一种有组织的全队进攻战术。进攻人盯人防守战术主要包括整体型打法和机动型打法两种模式。

（三）进攻区域联防战术

进攻区域联防战术是针对区域联防的特点、阵型和变化所采用的一种有目的的进攻战术。

四、全队防守战术

（一）防守快攻战术

防守快攻战术是指篮球比赛中由攻转守时所采用的阻止和破坏对方快攻的一种防守战术。

（二）人盯人防守战术

人盯人防守战术是指在篮球比赛中，以盯人为主，兼顾球位，做到人球兼顾，每名防守队员积极盯住自己的进攻对手，并与同伴进行共同协防的全队防守战术。根据防守区域的范围和大小，人盯人防守战术分为半场人盯人防守与全场人盯人防守、扩大人盯人防守与缩小人盯人防守、紧逼人盯人防守与松动人盯人防守。其特点是以盯人为主，分工明确，针对性和机动性强。

（三）区域联防战术

区域联防战术是指篮球比赛中由攻转守时，全队队员迅速退回后场，分工负责防守各自的区域，形成一定的防守阵型，有机联系各个区域并随球进行协同防守的一种全队防守战术。其特点是以区为主，人球兼顾。

第四节 篮球竞赛规则简介

一、比赛场地

比赛场地应是一块平坦、无障碍物的硬质地面。其尺寸是长 28 米、宽 15 米，从界线的内沿丈量。

二、比赛时间、比分相等和决胜期

（1）比赛应由 4 节组成，每节 10 分钟。

（2）在预定的比赛开始时间之前，应有 20 分钟的比赛休息期间。

（3）在第 1 节和第 2 节（上半时）之间，第 3 节和第 4 节（下半时）之间，以及每一决胜期之前，应有 2 分钟的比赛休息期间。

（4）两个半时之间的比赛休息期间应是 15 分钟。

（5）一次比赛休息期间开始于：①预定的比赛开始时间之前 20 分钟；②结束一节或决胜期的比赛计时钟信号响时。

（6）一次比赛休息期间结束于：①第 1 节开始，在跳球抛球中，当球离开主裁判员的手时；②所有其他节和决胜期的开始，当掷球入界队员可处理球时。

（7）如果在第 4 节比赛结束时比分相等，比赛有必要再继续若干个 5 分钟的决胜期来打破平局。

对于主客场总得分制的系列比赛，如果在第 2 场比赛的第 4 节比赛结束时，两队两场比赛得分的总和相等，比赛有必要再继续若干个 5 分钟的决胜期来打破平局。

（8）如果一起犯规发生在比赛休息期间，在下一节或决胜期比赛开始之前应执行最后的罚球。

三、违例

（一）队员出界和球出界

（1）在球出界，以及球触及了除队员以外的其他物体而出界之前，最后触及球或被球触及的队员是使球出界的队员。

（2）如果球出界是由于触及了界线上或界线外的队员或被他所触及，是该队员使球出界。

（3）在争球期间，如果队员移动到界外或他的后场，一次跳球情况发生。

（二）运球

队员第一次运球结束后不得再次运球，除非在两次运球之间由于下述原因他已在场上失去了控制活球：①投篮；②球被对方队员触及；③传球或漏接，然后球触及了另一队员或被另一队员触及。

（三）3秒钟

（1）某队在前场控制活球并且比赛计时钟正在运行时，该队的队员不得在对方队的限制区内停留超过持续的3秒。

（2）队员在下列情况中应被默许：他试图离开限制区；他在限制区内，当他或他的同队队员正在做投篮动作并且球正离开或恰已离开投篮队员的手时；他在限制区内已接近3秒时运球投篮。

（3）为证实队员自身位于限制区外，他必须将双脚置于限制区外的地面上。

四、犯规

（一）侵人犯规

1.定义

侵人犯规是：无论在活球或死球的情况下，攻守双方队员发生的非法身体接触的犯规。

队员不应通过伸展手、臂、肘、肩、髋、腿、膝、脚或将身体弯曲成"不正常的姿势"（超出他的圆柱体）去拉、阻挡、推、撞、绊对方队员，或阻止对方队员行进；也不得放纵任何粗野或猛烈的动作去这样做。

2.罚则

应登记犯规队员一次侵人犯规。

（1）如果对没有做投篮动作的队员发生犯规：由非犯规的队在最靠近违犯的地点掷球入界重新开始比赛。如果犯规的队处于全队犯规处罚状态，则应判给未做投篮动作的队员2次罚球，代替掷球入界。

（2）如果对正在做投篮动作的队员发生犯规，应按下列所述判给投篮队员若干罚球：如果出手投篮成功，应得分并追加一次罚球；如果从2分投篮区域的出手投篮不成功，2次罚球。

（二）技术犯规

1.定义

技术犯规是没有身体接触的犯规，行为种类包括但不限于；

（1）无视裁判员的警告。

（2）与裁判员、技术代表、记录台人员、对方队或允许坐在球队席的人员讨论和/或交流中没有礼貌。

（3）使用很可能冒犯或煽动观众的粗话或手势。

（4）戏弄或嘲讽对方队员。

（5）在对方队员眼睛附近挥手或手保持不动妨碍其视觉。

（6）过分挥肘。

（7）在球穿过球篮之后故意地触及球，阻碍迅速地掷球入界或罚球以延误比赛。

（8）伪造被犯规。

（9）悬吊在篮圈上，致使队员的重量由篮圈支撑，除非扣篮后，队员瞬间抓住篮

圈，或者根据裁判员的判断，他正试图防止自己受伤或另一名队员受伤。

（10）在最后一次的罚球中防守队员干涉得分，应判给进攻队得1分，随后执行登记在该防守队员名下的技术犯规罚则。

2.罚则

如果判罚队员技术犯规，应作为队员的犯规登记在该队员名下，并计入全队犯规中。判罚球队席人员，应登记在主教练名下，并不计入全队犯规次数中。

应判给对方队员1次罚球。

（三）违反体育运动精神的犯规

1.定义

违反体育运动精神的犯规是一起队员身体接触的犯规，并且根据裁判员判定，包含：

（1）与对方发生身体接触并且不在本规则的精神和意图的范畴内努力比赛；

（2）在尽力抢球或在与对方队员尽力争抢中，造成与对方队员过分的严重身体接触；

（3）一起攻防转换中，防守队员为了中断进攻队的进攻，与进攻队员造成不必要的身体接触。该原则在进攻队员开始他的投篮动作之前均适用；

（4）一起对方队员从正朝着对方球篮行进的队员身后或侧面与其造成的非法接触，并且在该行进队员、球和对方球篮之间没有其他队员，该原则在进攻队员开始他的投篮动作之前均适用；

（5）在第4节和每一决胜期比赛计时钟显示2：00分钟或更少，当掷球入界的球在界外并且仍在裁判员手中，或掷球入界队员可处理时，防守队员在比赛场内对进攻队员造成身体接触。

2.罚则

（1）应给犯规队员登记一次违反体育运动精神的犯规。

（2）应判给被犯规的队员执行罚球，以及随后：在该队前场的掷球入界线处掷球入界；在中圈跳球开始第1节。

应按下述原则判给若干罚球：如果对没有做投篮动作的队员发生犯规，2次罚球；如果对正在做投篮动作的队员发生犯规，如果中篮应计得分并追加一次罚球；如果对正在做投篮动作的队员发生犯规，并且球未中篮，2次或3次罚球。

（3）当登记了一名队员2次违反体育运动精神的犯规或2次技术犯规，或一次技术犯规和一次违反体育运动精神的犯规时，应该取消他本场剩余比赛的资格。

第七章

排 球

第一节　排球运动概述

一、排球运动的起源和发展

排球运动起源于美国。1895 年，美国人威廉·摩根创造了一项球类游戏，他将网球网挂在篮球场中间，让人们分别站在球网的两侧，把球击来拍去，击球的次数不限。这就是排球运动的雏形，最初起名为"Mintonette"（意为"小网子"）。为了更好地推广这项运动，1896 年，美国春田学院召开会议，威廉·摩根首次将自己发明的这项运动向与会者做了介绍，特哈尔斯戴博士提议将"Mintonette"改名为"Volleyball"，取"空中飞球"之意。这一提议形象地概括了排球运动的特点，受到了摩根和参会者的一致赞同，这一名称一直沿用至今。

最早的排球比赛是双方各 16 人出场，分成 4 排。随着技术的发展和提高，赛制逐步演变为十二人制、九人制，最后为六人制。排球运动首先在美国军队中开展，随后在世界各国普遍开展起来。美洲各国使用的排球规则大多是直接引用美国的排球规则，进行六人制的比赛。

第二次世界大战结束后，在许多国家的共同努力下，国际排球联合会（简称国际排联）于 1947 年在法国巴黎成立了。从此，排球成为世界性竞技体育运动。

排球运动于 1905 年传入中国。1949 年以前，我国的排球比赛为九人制比赛。中华人民共和国成立后，排球比赛改为六人制，并继承和发展九人制排球的各项技术，特别是快球和快攻战术，成为我国排球技术和战术打法的主要特点。1953 年，中国排球协会成立。1956 年，中国男女排球队首次参加在巴黎举行的男子第 3 届、女子第 2 届世界排球锦标赛，其中男排获得第 9 名，女排获得第 6 名。

1979 年，中国女排获得亚洲女排锦标赛冠军，结束了日本女排蝉联 20 年亚洲冠军的历史。1981—1986 年，中国女排在世界性排球大赛中实现"五连冠"，大大振奋

了中华民族精神，开创了现代排球的新纪元。然而，此后一段时间内，中国男排出现了滑坡，女排也逐渐走向低谷。

为了重新振奋排球精神，1995 年，我国以赛制改革为先导，开始了排球改革。中国女排于 1995 年重夺亚洲女排锦标赛冠军。1997 年，男排夺得了亚洲男排锦标赛冠军，并获得了世界男子排球锦标赛的参赛资格。2004 年雅典奥运会，中国女排获得冠军。2016 年里约奥运会，中国女排再次获得冠军。2019 年女排世界杯，中国女排以 11 战全胜成功卫冕。目前，中国女排运动水平已列世界领先地位。

二、排球运动的锻炼价值

经常参加排球运动，不仅能提高力量、速度、耐力、柔韧、灵敏等身体素质，还能够改善神经系统和血液循环系统的功能。在排球运动中，学生会学习很多控制和调节心理的手段和方法，从而在比赛中面对比分落后时沉着、不气馁，面对领先时不骄不躁，在关键时刻能勇敢自信地把握机会进攻。排球运动能够培养学生相互协作的团队意识，能够锻炼学生不怕苦、不怕累、顽强拼搏的意志品质。

第二节 排球运动基本技术

排球技术是指在排球规则允许的条件下，运动员采用的各种合理的击球动作和其他配合动作的总称。其主要由步法和手法组成，同时与视野活动、躯干活动和意识活动相配合。排球基本技术分为六大项：准备姿势和移动、传球、垫球、发球、扣球、拦网。根据有无球，排球技术可分为无球技术和有球技术。

一、准备姿势和移动

（一）准备姿势

运动员在起动、移动和击球前采用的合理的身体姿势称为准备姿势。它是其他基本技术的基础。准备姿势的质量直接影响移动的及时性和准确性，而移动的质量又直接影响完成技术动作的质量。根据完成各项技术动作的需要，按照身体重心的高低，准备姿势分为稍蹲、半蹲、深（全）蹲三种。（图 7-2-1）

图 7-2-1

准备姿势

移动步法

（二）移 动

移动是指运动员从起动、位移到制动的过程。其目的是快速地占据有利位置，及时接近球，使人与球处于最佳位置。排球运动中通常会用到以下几种移动步法：并步、滑步、跨步、交叉步、跑步、综合步等。

由快速移动转为突然停止状态的过程称为制动。它是移动的结束，也是击球动作的开始。制动的方法一般有一步制动、两步制动。

二、传　球

传　球

在胸部及以上部位用双手（或单手）借助蹬地、伸臂动作，利用全身协调力量及手腕、手指的弹力将球传至一定目标来完成的击球动作称为传球。在现代排球比赛中，二传队员运用传球技术最多，其对传球技术的掌握情况及在比赛中对技术运用的熟练程度在很大程度上影响全队进攻能力。传球技术按传球方向分为正面传球、背向传球、侧向传球；按用途分为顺网正面二传球、调整二传球、背面二传球、侧面二传球、跳起传球、倒地二传球、二传假动作等。下面介绍传球技术中最基本的方法：正面传球技术。

面对出球方向的传球称为正面传球。拇指内侧触球下部或后中下部，两拇指呈一字形或八字形，其余四指相对呈内八字形依次触球，食指全部、中指二三指节触球后上部，无名指和小指控制球的方向。（图 7-2-2）

图 7-2-2

【动作要领】准备姿势采用稍蹲姿势，上体稍抬起，注视来球方向，两臂屈肘近90°抬起，肘关节朝前，两手呈半球状自然张开，放松置于额前上方。当球距额前上方约一球位置时，蹬地、伸膝、伸臂，手指自然张开。手和球即将接触前，手腕和手指前屈迎球。当手和球接触时，依次蹬地、伸膝、伸臂，手指、手腕协调用力将球传出。手触球时，两手自然张开呈半球状，手腕稍后仰。（图 7-2-3）

图 7-2-3

三、垫　球

垫　球

两臂自然伸直相靠，两手相并，虎口向上，使前臂和手腕形成平面，利用蹬地、抬臂和身体的协调用力将来球击出的技术动作称为垫球。垫球是排球的基本技术之一。在比赛中，垫球较多运用于接发球、接扣球、接拦回球、防守和处理各种困难球。垫球按技术动作方法分为正面双手垫球、体侧双手垫球、背向双手垫球、跨步垫球、单

手垫球、低姿垫球、侧倒垫球、前扑垫球、滚动垫球、鱼跃垫球、挡球等；按技术运用分为接发球垫球、接扣球垫球、接拦回球垫球等。下面介绍垫球技术中最基本的方法：正面双手垫球技术。

双手在腹前将球击起的动作方法称正面双手垫球。它是各种垫球技术的基础。垫球手型有三种，目前常用的方法有两种：一种是抱拳法，即两手抱拳互握，两拇指平行放于食指上面，两掌根紧靠，两前臂外旋紧靠，两臂顶肘伸直，手腕下压，使前臂形成一个垫击平面；另一种是叠指法，即两手手指上下重叠，两拇指对齐平行相靠压在食指第二指节上，两掌根靠拢，两臂顶肘伸直，手腕下压。（图7-2-4）

图 7-2-4

在垫球的过程中做到"插、夹、压、提、跟"。

垫球的准备姿势应根据比赛具体情况采用相应的姿势。初学者在垫击一般的轻球时，可采取一般准备姿势：两脚开立，两脚间的距离稍宽于肩，上体稍前倾，两臂微屈，肘置于腹前，注视来球。当球距腹前约一臂距离时，两手互握插到球的下方，夹紧手臂，蹬腿跟腰、顶肘、提肩、压腕，用腕关节以上10厘米左右处的两前臂桡骨内侧所构成的平面迎击来球。（图7-2-5）

图 7-2-5

四、发　球

（以右手发球为例）后排右边的队员自己将球抛起，单手击球，使球从网上两标志杆内进入对方场区的技术动作称为发球。发球是比赛和进攻的开始，是排球技术中唯一不受他人影响的技术动作。若发出的球攻击性强，不仅能直接得分，还能破坏对方的一传及进攻，打乱对方的部署，给对方造成心理上的影响。发球一旦失误，就会失去发球权和得分机会，也会影响本队队员的士气。发球按技术动作方法分为正面下手发球、侧面下手发球、正面上手发球、正面上手发飘球、勾手发飘球、跳发球等。下面主要介绍前三种发球技术。

（一）正面下手发球

发球队员正对球网，手臂由后下方向前摆动，在体前腹部高度击球过网的发球方法称为正面下手发球。

【动作要领】正对球网，两脚前后站立，左脚在前，右脚在后，两膝微屈，上体前倾，左手持球于腹前距身体约一臂之远，然后将球垂直上抛离手高约 20 厘米即可。在抛球的同时，右臂伸直以肩为轴后摆，身体重心适当后移，右臂由后下向前上摆动，身体重心也随之前移，在右肩的前下方腹前高度，用全掌、掌根或虎口击球后下方。

（二）侧面下手发球

发球队员侧对球网，手臂由后经侧面向前下方摆动，在体前右侧腹部高度击球过网的发球方法叫作侧面下手发球。

【动作要领】左肩对网，两脚左右开立，约与肩同宽，两膝微屈，上体稍前倾，重心落在两脚间，左手持球于腹前，然后将球平稳地抛至距身体约一臂之远，离手高约 20 厘米。在抛球的同时，右臂摆至右侧后下方，右脚蹬地，向左稍转体带动右臂向体前上方摆动，在腹前用全掌、掌根或虎口击球的后下方。（图 7-2-6）

图 7-2-6

（三）正面上手发球

【动作要领】正对球网站立，左手将球平稳地垂直抛于右肩前上方，高度适中。抛球的同时，右臂抬起并屈肘后引，肘部与肩平行，五指自然张开，上体稍右，抬头挺胸，展腹，身体重心移动至右脚。击球时，利用右脚蹬地、上体向左转动和迅速收胸收腹的动作，手臂迅速猛烈地向上方挥动，重心随之移至左脚。手臂伸至右肩上方，以全掌击球的后中下部。触球时，手腕应有向前推压的动作，使球向前旋转飞行。动作的关键是弧形挥臂，全掌包球，手腕向前推压。（图 7-2-7）

图 7-2-7

正面下手发球

正面上手发球

五、扣 球

扣球是队员跳起，在空中用一只手臂做弧形挥动，用手将本方场区上空的球从球网上空击入对方场区的技术动作。扣球在比赛中是积极、有效的进攻手段之一，是得分的主要手段。现代排球运动中，扣球威力体现在击球点高、力量大、挥臂速度快、手法多变等方面。一个球队扣球技术水平的高低能反映该队攻击力的强弱。扣球根据动作方法分为正面扣球、勾手扣球、快球、调整扣球、单脚起跳扣球等。

扣 球

六、拦 网

拦网是队员靠近球网，将手伸向球网上沿阻挡对方击球过网的技术动作。拦网是排球比赛中的第一道防线，是反攻的重要环节。拦网可将对方的扣球拦起，在减轻本方防守压力的同时为本方组织反攻创造条件。拦网既能给对方扣球手心理压力，造成对方扣球时出现失误，也能减缓对方扣球的速度，甚至能把对方的扣球直接拦死、拦回，是比赛中得分的重要手段之一。

拦 网

拦网根据参与拦网的人数可分为单人拦网和集体拦网。集体拦网又分为双人拦网和三人拦网。

【动作要领】拦网技术由准备姿势、移动、起跳、空中动作和落地五个动作衔接而成。队员正对球网，采用半蹲准备姿势；两脚左右开立，约与肩宽，距网 30～40 厘米，两膝微屈，两臂在胸前自然屈肘；拦网时，可采用一步、并步、交叉步、跑步等移动步法；起跳时机依二传球的情况和扣球者动作特点而定；起跳时，两手从额前沿球网向上方伸出，两肩上提，两臂平行尽力向上伸直，两手自然张开并接近球；触球时，两手突然紧张，用力屈腕下压，捂盖球的前上方，将球拦下。

第三节 排球运动基本战术

排球战术是运动员在比赛中，根据排球的比赛规则、排球运动的规律、比赛双方的具体情况及临场竞赛的发展变化，合理运用个人技术和集体配合行动所采取的有意识、有组织的行动。排球战术按参与人数分为个人战术和集体战术两大类，按战术的组织形式分为进攻战术和防守战术。

一、阵容配备

阵容配备是参赛队根据比赛的任务、本队战术组织的特点、队员的技术水平和身体情况，有针对性地、合理地安排场上队员的位置及分工，充分调配队员，科学安排队员的过程。阵容配备的基本形式有"四二"配备、"五一"配备等。

二、进攻战术

进攻战术是指在接对方发球、扣球、拦网和垫球后，全队所采取的有目的、有组织的配合进攻行动。进攻战术包括进攻阵型和进攻打法等。

（一）进攻阵型

进攻阵型即进攻时采取的阵型，主要有"中二三"阵型、"边二三"阵型和"插上"阵型三种。

（二）进攻打法

进攻打法是指二传队员与扣球队员之间所组织的各种进攻配合，包括强攻、快攻、两次球进攻等基本打法。每种打法又可与不同战术配合，从而具体运用于"中二三""边二三""插上"等进攻阵型中。

三、防守阵型

防守阵型即防守时采取的阵型，主要有接发球防守阵型、接扣球防守阵型、接拦回球防守阵型、接传垫球防守阵型等。下面主要介绍前两种。

（一）接发球防守阵型

接发球防守阵型根据接发球的人数分为 5 人接球防守阵型、4 人接发球防守阵型、3 人接发球防守阵型等。常用的是 5 人接发球防守阵型和 4 人接发球防守阵型。

5 人接发球防守阵型是 1 名二传队员站在网前或从后排插上准备二传，二传队员不接发球，其余 5 名队员承担一传任务的接发球防守阵型，通常采用"三二"站位，是初学者开始进行比赛的最基本站位阵型。其优点是队员分布均衡，每名队员接发球的范围相对减少，每名队员都有自己的分管区域；缺点是队员之间的交界点相应增多，会出现互抢互让或前后排相互干扰的问题。

（二）接扣球防守阵型

接扣球防守阵型根据参加拦网人数分无人拦网下的防守阵型、单人拦网下的防守阵型、双人拦网下的防守阵型、三人拦网下的防守阵型等。无人拦网下的防守阵型是一种最初级、最简单的防守阵型，适用于初学者或对方进攻无力时采用。根据二传队员站位的不同，站位方法有两种，即"中二三"站位、"边二三"站位。

第四节　排球竞赛规则简介

一、发　球

（一）发球犯规

（1）发球次序错误：队员发球未按照位置表所登记的发球次序发球。

（2）发球区外发球犯规：发球队员击球时或发球起跳时，踏及场区或发球区以外地面。

（3）发球击球时，球未抛起或持球手未撤离。

（4）发球 8 秒犯规：第一裁判员鸣哨允许发球后 8 秒内，发球队员未将球击出。

（二）发球击球后的犯规

（1）球触及发球队队员或球的整体没有从过网区通过球网垂直平面。

（2）界外球犯规包括：球接触地面的部分完全在界线以外；发出的球触及场外物体、天花板或非比赛队员等；发出的球触及标志杆、网绳、网柱或球网标志带以外的部分。

（3）球越过发球掩护：任何一名发球队的队员，以挥臂、跳跃或移动等动作阻挡对方接发球，而且发出的球从他的上方飞过，则构成球越过发球掩护。

二、击球时的犯规

（1）4 次击球：一个队连续击球 4 次。

（2）持球：球被接住和/或抛出，而不是被弹击出。

（3）连击：1 名队员连续击球两次或球连续触及身体不同部位。

（4）借助击球：队员在比赛场地内借助于同伴或任何物体的支持进行击球。

三、队员在球网附近的犯规

（1）过网击球：对方进攻性击球前或击球时，在对方空间触及球或对方队员为过网击球犯规。

（2）过中线：比赛进行中，队员的双脚（单脚）全部越过中线进入对方场区，为过中线犯规。

（3）网下穿越进入对方空间并干扰对方比赛。

（4）触网：比赛进行中，击球行为触及标志杆以内球网部分为触网犯规。

四、拦网犯规

（1）过网拦网：对方进攻性击球前或击球的同时，在对方空间完成拦网为过网拦网犯规。

（2）后排队员拦网：后排队员或自由防守队员完成拦网或参加了完成拦网的集体，为后排队员拦网犯规。

（3）拦发球：拦对方的发球为拦发球犯规。

（4）从标志杆以外伸入对方空间拦网为犯规。

五、进攻性击球的犯规

（1）后排队员进攻性击球犯规：后排队员在前场区完成进攻性击球，并且击球时球的整体高于球网上沿，为后排队员进攻性击球犯规。

（2）在前场区内对高于球网上沿的对方发球完成进攻性击球（如扣发球、吊发球等）为犯规。

六、给予处罚的不良行为

队员对裁判员、对方、同伴或观众的不良行为按程度分为以下三类。

（1）粗鲁行为：违背道德准则和文明举止的行为。

（2）冒犯行为：诽谤或侮辱的言语或形态或任何轻蔑的表示。

（3）侵犯行为：人身攻击、侵犯或威吓行为。

第八章

足 球

第一节 足球运动概述

一、足球运动的起源和发展

足球运动是一项古老而富有魅力的体育运动。蹴鞠，又称踢鞠，是我国古代的一种足球游戏。在战国时，蹴鞠就已成为重要的娱乐方式。2004年，时任国际足球联合会（简称国际足联）主席布拉特宣布，足球起源于中国春秋时期齐国的临淄。

现代足球诞生在英国。1857年，英国成立了世界上第一个足球俱乐部——谢菲尔德足球俱乐部。1863年，英格兰足球总会的成立标志着现代足球运动的正式形成，从此欧洲足球逐渐得到普及。1928年，国际足联召开代表会，一致通过决议，决定从1930年起，每4年举办一次世界足球锦标赛（现称世界杯足球赛），这对世界足球运动的发展和提高起到了积极的推动作用。1930年，第一届世界杯在乌拉圭首都蒙得维的亚中央体育场开幕，开辟了世界足球新纪元。

2004年，中国男足获得亚洲杯亚军。女足于1986年首次参加亚洲杯就获得冠军，自此开创女足亚洲杯七连冠。中国女足迄今为止共晋级世界杯决赛圈8次，参加女足世界杯7次。1996年，在美国亚特兰大奥运会上获得亚军。2022年，中国女足在2022印度女足亚洲杯决赛中3-2击败韩国队，时隔16年再夺女足亚洲杯冠军。

二、足球运动的锻炼价值

经常参加足球运动，可以培养人的意志力、自制力、责任感及勇敢顽强、机智果断、团结协作等品质。参与足球运动，可以增进健康，提高身体素质，特别是能增强心血管系统、呼吸系统等功能。现代足球运动渗透到社会的很多领域，对振奋民族精神、弘扬民族文化和反映国家的综合实力具有重要作用。在市场经济极为活跃的今天，风靡世界的职业化足球也离不开商业化发展。足球产业不仅活跃了市场，增加了国家的财政税收，还促进了足球运动的发展。

第二节　足球运动基本技术

一、踢　球

踢球指运动员有目的地用脚把球击向预定目标的技术。踢球是足球技术中最重要的技术，主要用于传球和射门。

踢球的方法很多，主要有脚内侧踢球、脚背正面踢球、脚背内侧踢球、脚背外侧踢球等。

（一）脚内侧踢球

脚内侧踢球的特点是脚与球的接触面积大，出球准确平稳，且易于掌握，但由于踢球时要求大腿外展且屈膝，故大腿与小腿的摆动受到限制，因此击球的力量相对较小。（图8-2-1）

图8-2-1

1.脚内侧踢定位球

脚内侧踢定位球时，直线助跑，支撑脚踏在球的侧面，脚尖指向出球方向，膝关节微屈。在支撑脚着地时，踢球腿以髋关节为轴由后向前摆动，在前摆过程中屈膝外展，当膝关节的摆动接近球的正上方时，小腿做爆发式摆动，在触球时脚跟前顶，使踢球脚内侧与出球方向约成90°角，脚尖稍翘起，小腿加速前摆，脚掌与地面平行，脚踝用力绷紧，用脚内侧部位踢球的中后部。

2.脚内侧踢空中球

脚内侧踢空中球时，踢球腿大腿抬起，屈膝外展，在踢球前小腿后摆，脚内侧正对出球方向，当小腿的摆动接近垂直面时推击球的中部。

（二）脚背正面踢球

脚背正面踢球时，踢球腿的摆动幅度大，与球的接触面也相对较大，因而踢球力量大，速度快，准确性强。（图8-2-2）

1.脚背正面踢定位球

脚背正面踢定位球时，直线助跑，最后一步稍大些，支撑脚积极着地，在球的侧面10～12厘米处，脚尖正对出球方向，膝关节微屈。踢球腿随跑动向后摆动，膝弯曲，同时踢球腿以髋关节为轴，大腿带动小腿由后向前摆动，当膝关节摆至接近球的正上方时，小腿做爆发式摆动，脚趾扣紧，用脚背正面部位击球的中后部。踢球后，身体和踢球腿随球继续前摆。

图8-2-2

2.脚背正面踢空中球

根据来球的运行轨迹，判断好击球点，身体正对出球方向，向支撑腿一侧倾斜展腹，支撑脚脚尖指向出球方向。踢球脚的大腿抬高接近与地面平行，膝弯曲，然后以大腿带动小腿急速向出球方向挥摆，用脚背正面踢球的中后部。击球后，踢球腿随球前摆着地以维持身体平衡。

脚内侧踢球

脚背正面踢球

（三）脚背内侧踢球

脚背内侧踢球的助跑方式和踢球部位与前面两类踢球方法不同，但动作的技术结构基本相同。（图8-2-3）

1.脚背内侧踢定位球

与踢球方向成45°角助跑，最后一步稍大，支撑腿同侧手臂前摆，支撑脚积极着地踏在球的侧后方，膝关节微屈，脚尖指向出球方向，上体稍向支撑脚一侧倾斜，踢球腿自然后摆。支撑脚着地的同时，踢球腿已完成后摆，并开始以髋关节为轴大腿带动小腿由后向前摆，当大腿摆至与支撑腿接近在一个平面时，小腿做爆发式摆动，同时脚尖外转，脚面绷直，脚趾扣紧，脚尖指向前下方，用脚背内侧部位击球的中后部。踢球后，身体和踢球腿继续随球前摆。

2.脚背内侧踢弧线球

斜线助跑，支撑腿同侧手臂前摆，踢球的中后部。在踢球瞬间，踝关节内扣，脚尖上翘，摆腿的方向不通过球的中心，踢完球后身体向支撑腿方向顺势扭转，使球沿弧线侧旋运行。

图8-2-3

（四）脚背外侧踢球

脚背外侧踢球时，踢球的部位是脚的第三、第四、第五跖骨。踢球时，通过摆腿方向以及脚踝的变化可以踢出各种线路的球，而且踢球的隐蔽性很强。（图8-2-4）

1.脚背外侧踢定位球

助跑、支撑脚站位以及踢球腿摆动均与脚背正面踢定位球技术相同。在踢球瞬间，要求脚尖内转，脚背绷直，脚趾紧扣，用脚背的外侧踢球。踢球后，身体和踢球腿继续随球前摆。

2.脚背外侧踢弧线球

直线助跑，身体稍向支撑脚一侧倾斜，用踢球脚脚背外侧踢球的中后部。踢球的一瞬间脚踝外转、脚尖上翘，摆腿的方向不通过球心，使球沿弧线侧旋运行。

图8-2-4

二、停 球

停球是指接球队员有目的地利用身体的合理部位把运行中的球停下来，控制在自己需要的范围以内，为衔接下一个动作做好准备。停球的方法有很多种，根据停球的部位不同可分为脚内侧停球、脚背正面停球、脚背外侧停球、大腿停球、脚底停球、胸部停球等。

（一）脚内侧停球

脚内侧停球是用脚内侧部位停球的一种技术。脚内侧触球的面积大，停球的稳定性强、效果好，比赛中经常用于停地滚球、反弹球、空中球等。

1.脚内侧停地滚球

缓冲式停球：支撑脚脚尖正对来球，膝关节微屈，停球腿向外转髋、转膝、转踝，脚尖微翘，脚底与地面基本平行，脚内侧正对来球并前迎。当触球时，停球脚迅速后撤，把球停在脚下（图8-2-5）。

脚背内侧踢球

脚背外侧踢球

脚内侧停地
滚球

切挡式停球：停球脚做好停球准备，将脚提高到大于球的半径、小于球的直径的高度，当球滚动到脚下时，向下切压球的一小部分，把球的向前力转化为旋转力，将球停于身前。

2. 脚内侧停反弹球

根据来球的落点，支撑脚踏在落点侧前方，脚尖指向停球的方向，支撑腿膝关节微屈，身体向停球方向倾斜。停球腿屈膝放松，脚尖微翘，脚内侧正对球运行的方向并保证触球的一瞬间与地面成锐角。在球落地即将弹起的一瞬间，大腿带动小腿向停球后球运行的方向摆动，脚内侧推切球的中后部。推切球后球能有稍稍的回旋为最好。

图 8-2-5

（二）脚背正面停空中球

脚背正面停空中球时，身体正对来球，停球腿屈膝提起，用脚背对准来球，在球与脚接触的瞬间，小腿和脚踝放松下撤，缓冲来球力量，使球落在身前。另外一种停法是，停球腿稍抬起，在球接近地面时，用脚背正面触球，随球下撤落地。

（三）脚背外侧停地滚球

身体重心先落在支撑脚上，支撑腿稍屈，同时停球脚提起，膝稍屈，放在支撑脚的侧前方，脚背外侧对准来球的方向。停球脚触球时，轻轻下压，将球停于身前。欲将球停向体侧时，脚尖和髋部需外展，将球停于身旁。

（四）大腿停空中球

面对来球，停球腿的大腿抬起，用大腿中部对准下落的球，肌肉适当放松。大腿在与球接触的瞬间迅速撤引，使球落于便于衔接下一个动作的位置上。

（五）脚底停球

1. 脚底停地滚球

身体正对来球方向，移动前迎，支撑脚站在球的侧面，脚尖正对来球方向，膝关节微屈。同时停球腿提起，膝关节微屈，脚略背屈，使脚底与地面约成45°角，用前脚掌将球停住。也可根据需要，触球的同时将球推向前方或拉向身后。（图 8-2-6）

2. 脚底停反弹球

面对来球，判断好来球落点，及时前移迎球，支撑脚站在落点侧后方，脚尖正对来球方向，球落地瞬间，用前脚掌轻点球的中上部，膝关节微伸，用脚掌将球接到体前。若需要停球转身，则在触球的瞬间继续屈膝，将球回拉，与此同时以支撑脚前脚掌为轴向后转身。

图 8-2-6

（六）胸部停球

由于停球部位较高，易于掌握，因此胸部停球是停高球的一种好方法。但胸部停球不能一次把球停到地面，不便做出快速的技术衔接，一般可利用脚内侧、外脚背和脚底反弹球进行调整。胸部停球包括挺胸式停球和收胸式停球两种方法。

（1）挺胸式停球（图 8-2-7）：面对来球，两脚左右或前后站立，两膝微屈，重心置于支撑面内，上体后仰，下颌微收，两臂自然张开，维持身体平衡。接触球瞬间，两脚蹬地提踵，膝关节伸直，

脚底停地滚球

挺胸式停球

图 8-2-7

用胸部轻托球的下部，使球微微弹起于胸前上方。

（2）收胸式停球：多用于停齐胸高的平直球。面对来球，两脚左右或前后开立，两臂自然张开，挺胸迎球，触球瞬间收胸、收腹、臀部后移，将球接到体前。若需将球停在体侧，则触球瞬间转体，将球停在转体后相应的一侧。

三、运　球

运球是指运动员用身体的某个部位触球，使球跟随运球者一起运动。通过使用不同的运球技术动作达到控制球或突破对方防守的目的。常用的运球技术动作有脚内侧运球、脚背正面运球、脚背外侧运球等。

（一）脚内侧运球

在运球过程中，支撑脚始终在球的侧前方，肩部指向运球方向，运球脚屈膝，脚踝适当紧张，用脚内侧推拨球的中后部，身体重心始终保持在支撑腿上。（图 8-2-8）

脚内侧运球时，身体始终侧对运球方向，因此移动速度较慢。但这种身体姿势对球的保护非常好，因此这种运球在寻找进攻机会或者对方贴身防守、需要护球时运用较多。

图 8-2-8

（二）脚背正面运球

运球时身体保持正常的跑动姿势，上体稍前倾，两手自然放于体侧，步幅适中，运球腿膝关节微屈，提踵，脚尖向下，在髋关节前送的同时，运球腿膝盖移动到球的上方，用脚背正面触球的中后部，推送球前进后运球腿着地支撑。（图 8-2-9）

脚背正面运球时身体处于正常的跑动姿势，可以充分发挥跑动的速度，因而这种技术多用于前方一定距离内没有防守队员时。

图 8-2-9

（三）脚背外侧运球

运球姿势与脚背正面基本相同，触球时脚尖绕矢状轴向内旋转，使脚背外侧正对运球方向，在髋关节前送的同时，运球腿膝盖移动到球的上方，用脚背外侧推拨球的中后部。（图 8-2-10）

脚背外侧运球不但具有脚背正面运球一样的速度，而且可以随时外转拨球改变球的运行方向，具有动作小、隐蔽性强的特点，故在向运球脚一侧变向突破时会起到非常好的效果。这种运球方法还能使球远离防守方，所以护球时也经常使用。

图 8-2-10

四、头顶球

头顶球是指运动员有目的地用前额将球击向预定目标的动作。使用头顶球技术，不但可以进行传球、抢断球、射门，而且可以利用鱼跃顶球扩大运动员的控制范围。现在主要介绍前额正面原地头顶球。

面对来球，两脚左右或前后开立，膝关节微屈，重心置于两脚之间（或后脚上）。顶球前，上体先后仰，两臂自然张开，保持身体平衡，注视来球。当球运行至身体的垂直面时，上体由后向前快速摆动，微收下颌，用前额正面将球顶出，身体随球前摆。（图 8-2-11）

图 8-2-11

收胸式停球

脚内侧运球

脚背正面运球

脚背外侧运球

原地头顶球

五、守门员基本技术动作

（一）准备姿势

两脚左右开立，与肩同宽，两脚脚跟稍提起，重心落在前脚掌上。两脚平行，上体稍前倾，两臂自然屈肘于体前，手指自然张开，目视来球。

（二）接　球

1.接地面球

面对来球，左腿屈膝，右腿跪撑于左脚附近，膝盖稍离地面，距离左脚脚跟一拳左右，两手掌心向上，五指向前，前臂靠拢，前迎触球后将球抱于怀中，同时收腹，上体前压。

2.接平球

针对膝盖以上、胸部以下的平球，接球时，面对来球，两手掌心向上，两手小指靠近，前臂内收，依次用指、腕、前臂触球，收腹，上体前压抱球于胸前。

3.接高空球

面对来球，两臂上伸，五指向上，掌心向前，两拇指靠近，五指自然分开，在手指触球的瞬间，手指、手腕适当用力缓冲来球，顺势转腕屈肘抱球于胸前。

4.扑接球

（1）扑接侧面地滚球：异侧脚用力蹬地，双手快速向侧面伸出，一手置于球后，一手置于球的侧后上方。落地时，以倒地一侧的小腿、大腿、臀、肘外侧依次着地，落地后立即团身。

（2）扑平空球：手型同接高空球，身体在空中充分伸展，接球后以球、肘、肩、上体、臀、腿外侧依次着地并迅速团身。

跳起头顶球

接高空球

扑平空球

第三节　足球运动基本战术

足球战术是比赛中为了战胜对手，根据实际情况所采取的个人和集体配合的手段。比赛实践证明，熟练而巧妙地运用战术是夺取胜利的重要因素。

一、局部进攻战术

足球比赛中，全队的进攻战术都是由若干局部进攻战术组成的。局部进攻战术是指在局部区域中，2名或2名以上队员通过运球、传球、跑位等协同配合，突破对方防守的方法。

（一）"二过一"战术

"二过一"是指2名进攻队员，通过传球配合突破1名防守队员。"二过一"是集体配合的基础，可以在任何场区、任何位置上运用这种战术来摆脱对方的抢截或突破其防线。比赛中经常采用的有传切配合"二过一"、踢墙式"二过一"、回传反切"二过一"、交叉掩护"二过一"等。

（1）传切配合"二过一"：2名进攻队员通过一传和一切配合越过1名防守队员的

配合方法，分为斜传直插"二过一"（图 8-3-1）和直传斜插"二过一"（图 8-3-2）。

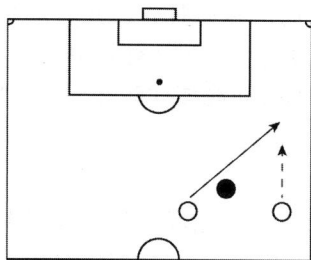 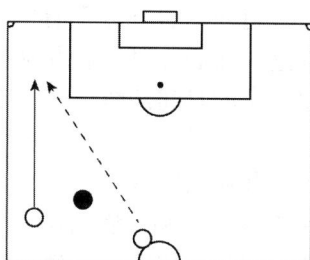

图 8-3-1　　　　　　　　　　　　　图 8-3-2

（2）踢墙式"二过一"：一名进攻队员将球传到同伴脚下后，快速前插接同伴的一脚回传球。（图 8-3-3）

（3）回传反切"二过一"：一名进攻队员先回接同伴的传球，接球后回传给同伴，反身插到防守队员身后接同伴的传球。（图 8-3-4）

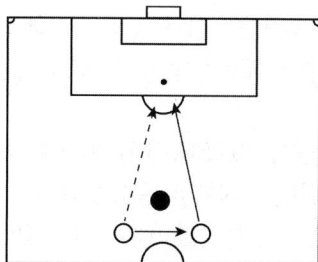 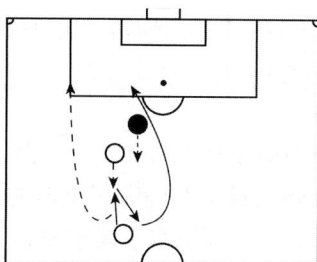

图 8-3-3　　　　　　　　　　　　　图 8-3-4

（4）交叉掩护"二过一"：一名进攻队员在有防守的情况下用远侧脚运球，在和同伴交叉的一瞬间只做假运球动作，继续移动迷惑对手，另一名队员接球加速越过对手。

（二）"三过二"战术

"三过二"战术一般指在局部区域由 3 名进攻队员攻击 2 名防守队员的战术。

（1）传第二空当：当一名进攻队员跑向一个有利的空当并牵制一名防守队员时，这名队员之前所在的区域就出现了空当（第二空当），第二名队员迅速摆脱防守插向第二空当接同伴的传球，并与身旁队员形成"二过一"的局面，以达到突破防守的目的。

（2）连续"二过一"：一名进攻队员与另外两名进攻队员连续做"二过一"配合。

二、全队战术

（一）全队进攻战术

全队进攻战术是指比赛中一方获得球后，队员之间为达到射门的目的而采用的配合方法。与局部进攻战术相比较，全队进攻战术的进攻面比较广，参加进攻的人数比较多。

1.插上进攻

许多球队为了保证第一线的攻击力，常常让处于中后场的前卫、后卫突然插到第一线进攻。插上进攻战术既可在中路运用又可在边路运用，不仅可由前卫插上，还可由中后卫或边后卫插上。

2.转移进攻

攻方在一侧进攻时，守方在有球一侧采取局部紧逼盯人，并力争做到以多防少。当进攻难以在这一侧展开时，攻方应及时地将球转移至另一侧展开进攻。在转移进攻时，守方需要一定的时间调整防守。攻方在赢得时间或抓住防守漏洞时展开进攻，往往效果较好。

3.边路传中和切底回传

边路快速带球传中和切底回传一般由边锋或边卫完成。球在运行中射点比较多，有利于同伴抢点射门。传球过顶时，一般可传内弧线球，这种球守门员不易判断，难以截住，对包抄跟进的射门队员较为有利。

（二）全队防守战术

当本队失去对球的控制时意味着防守的开始，全队应立即转入防守。

1.区域防守

每名防守队员负责防守一定区域，当对方队员进入该区域时就由该区域防守队员负责盯防，对方离开这个区域就不再跟踪盯防。这种防守战术较为节省体力，但是在同一区域出现两名进攻队员时就会比较被动，并且在与邻近位置相交的部分还容易漏人。

2.盯人防守

盯人防守分为全场盯人防守、半场盯人防守，以及球门前30米盯人防守。采用盯人战术时，被盯防的对手跑到哪里就盯防到哪里。其特点是分工明确，容易实行，但体力消耗大，对身体、训练水平要求高，一旦一人被突破就容易带来防守的混乱。

3.混合防守

混合防守是指有的队员进行区域防守，有的队员进行盯人防守；或者在有的区域进行盯人防守，有的区域采取区域防守。例如，进入球门前30米地区采用盯人防守，离开这个地区就采取区域防守。混合防守的具体方法有很多种，具体采用哪一种则应依各队的具体特点和对手的情况而定。

三、比赛阵型

比赛阵型是指比赛中队员的位置排列，是本队攻守力量搭配和职责分工的体现。比赛阵型的选择要根据本队队员的特点和比赛队的特点来决定。阵型是比赛战术的一个组成部分。要使每个场上队员在明确基本位置和主要职责的前提下，充分发挥个人智慧和全队的攻守特点，运用比赛阵型以达到克敌制胜的目的。

根据队员的职责和排列的层次可将队员分为后卫线、前卫线和前锋线。阵型的人数排列原则是从后卫向前锋，守门员不计算在内。

目前，世界上普遍采用的阵型有"4-3-3""4-4-2""3-5-2""4-2-3-1"等。

四、比赛原则

任何事物都有其自身的规律，足球运动也一样。作为对抗性的运动，攻守平衡是每个球队都必须遵循的原则。由于比赛的形势需要，以及一些特定的情况，在一场比赛中对攻和守有所侧重是完全必要的，但决不能偏废一方。

第四节 足球竞赛规则简介

一、比赛时间

正式的国际足球比赛分为上下两个半场，每个半场 45 分钟，中场休息不得超过 15 分钟。

二、队员人数与换人

一场比赛由两队参加，每队最多可有 11 名上场队员，其中 1 名必须为守门员。如果任何一队场上队员人数少于 7 人，则比赛不得开始或继续。

国际足联、各洲际联合会或各国足球协会可决定在其正式赛事中可使用的替补队员人数，但最多不能超过 5 人次替换，涉及顶级联赛球队一队及国家队 A 队的男子、女子赛事最多可进行 3 人次替换。

三、裁判员

一场正式的足球比赛由 4 名裁判员完成裁判工作：1 名主裁判员、2 名助理裁判员和 1 名替补裁判员（第四官员）。

① 主裁判员的职责：有场上最终判决权，决定比赛时间是否延长、比赛是否推迟和中止。② 助理裁判员的职责：示意越位及球出界，协助主裁判员进行判罚，但没有最终判决权。

四、比赛判罚

（1）当球员发生以下行为时，判对方直接任意球：

·如果裁判员认为，一名场上队员草率地、鲁莽地或使用过分力量对对方队员实施如下犯规，则判罚直接任意球：冲撞；跳向；踢或企图踢；推搡；打或企图打（包括用头顶撞）；用脚或其他部位抢截；绊或企图绊。

·如果是有身体接触的犯规，则判罚直接任意球。

·如果场上队员实施如下犯规时，判罚直接任意球：手球犯规（守门员在本方罚球区内除外）；拉扯对方队员；在身体接触的情况下阻碍对方队员移动；对在比赛名单上的人员或比赛官员实施咬人或吐口水；向球、对方队员或比赛官员扔掷物品，或用手中的物品触及球。

（2）当球员发生以下行为时，判对方间接任意球：

如果一名场上队员犯有如下行为时，则判罚间接任意球：以危险方式进行比赛；在没有身体接触的情况下阻碍对方行进；以语言表示不满，使用攻击性、侮辱性或辱骂性的语言和/或行为，或其他口头的违规行为；在守门员发球过程中，阻止守门员从手中发球、踢或准备踢球；故意发起施诡计用头、胸、膝等部位将球传递给守门员以逃避规则相关条款处罚的行为（包括在踢任意球或球门球时），无论守门员是否用手触球；如果该行为由守门员发起，则处罚守门员；犯有规则中没有提及的，又需裁判员停止比赛予以警告或罚令出场的任何其他犯规。

五、红黄牌

足球裁判员在判罚时，根据犯规性质不同可出示两种不同颜色的牌。

（1）对于足球比赛中出现的一些严重犯规，裁判员要出示红牌；恶意的犯规或暴力行为要出示红牌；故意手球、辱骂他人或同一场比赛同一人得到两张黄牌时，也要被出示红牌。

（2）比赛中，有违反体育道德的行为，用语言和行为表示不满的队员就要被出示黄牌。连续犯规、故意延误比赛、擅自进出场地的队员也要被出示黄牌。

六、越　位

（1）越位位置。① 队员处于越位位置本身并不构成犯规。② 队员处于越位位置，如果其：头、躯干或脚的任何部分处在对方半场（不包含中线），且头、躯干或脚的任何部分较球和对方倒数第二名队员更接近于对方球门线。③ 队员不处于越位位置，如果其：与对方倒数第二名队员齐平或与对方最后两名队员齐平。

（2）越位犯规。一名队员在同队队员传球或触球的一瞬间处于越位位置，该队员随后以如下方式参与了实际比赛，才被判罚越位犯规。

① 在同队队员传球或触球后得球或触及球，从而干扰了比赛；② 干扰对方队员，包括：通过明显阻碍对方队员视线，以妨碍对方队员处理球，或影响其处理球的能力，或与对方队员争抢球，或有明显的试图触及近处的来球的举动，且该举动影响了对方球员；做出影响对方队员处理球的能力的明显举动；③ 在如下情况发生后触球或干扰对方队员，从而获得利益：球从球门柱、横梁、比赛官员或对方队员处反弹或折射过来；球从任一对方队员有意救球后而来。

七、暂停比赛

正式足球比赛一般场上不能暂停，只有在极特殊的情况下，如队员受伤或发生意外纠纷才鸣哨暂停。恢复比赛时，一般是将球踢给哨响前的最后控球方。

八、进　球

（1）当球的整体从球门柱之间及横梁下方越过球门线，且进球队未犯规或违规时，即为进球得分。

（2）如果守门员手抛球直接进入对方球门，则由对方踢球门球。

（3）如果裁判员在球的整体还未越过球门线时示意进球，则以坠球恢复比赛。

10. 计胜方法

在比赛中，进球数较多的队为胜者。若两队进球数相等或未进球，则比赛为平局；必须淘汰一支队伍时，按规定进行加时赛，若仍未决出胜负则需进行"点球大战"，直至决出胜负。积分赛时，积分为胜一场积 3 分，平 1 场积 1 分，负 1 场积 0 分，最终以积分多少决定名次。若积分相等，则根据竞赛规程确定的不同名次判定标准来排定名次。

第九章

乒乓球

第一节 乒乓球运动概述

一、乒乓球运动的起源和发展

乒乓球运动属于隔网对抗的技能类体育项目，起源于英国，是从网球运动派生出来的，因此它的英文名字叫"Table Tennis"（意为桌上网球）。后来，因为用球拍击打球时发出"乒"的声音，球落台时发出"乓"的声音，所以这项运动被称为"乒乓球"。

1926年12月，第一届世界乒乓球锦标赛在英国伦敦举行，在此期间召开了第一次国际乒乓球联合会（简称国际乒联）全体代表大会。会议通过了正式成立国际乒联的决议和国际乒联的章程，讨论了乒乓球竞赛规则，推选英国乒乓球协会的负责人蒙塔古为国际乒联的第一任主席。

乒乓球运动的广泛开展促使球拍和球有了很大改进。随着现代工业的发展，胶皮拍、海绵拍、正贴海绵拍和反贴海绵拍、长胶粒球拍、防弧圈海绵胶皮拍及"弹性胶水"等相继出现。1890年，英国运动员吉布从美国带回一些作为玩具的塑料球，用于乒乓球运动。2000年悉尼奥运会之前（包括悉尼奥运会），国际比赛用球的直径为38毫米。2014年7月开始，国际乒联要求在重大国际比赛中都要使用新材料乒乓球，同时国际乒联还给出了两年的过渡期。2017年开始，国际乒联要求比赛一律采用直径40毫米的新材料乒乓球。

在2021年东京奥运会上，中国乒乓球队取得4枚金牌、1枚银牌的好成绩。2021世界乒乓球锦标赛，中国队获得男单、女单、混双、女双四枚金牌，中国男乒实现在世乒赛男单项目上的9连冠。

二、乒乓球运动的锻炼价值

乒乓球运动是一项器材简单，运动量可调节，不分年龄、性别和身体条件的大众体育健身项目。在我国，不但参加乒乓球运动的人数为世界之最，而且乒乓球运动的水平也非常高，可以说乒乓球是名副其实的国球。乒乓球运动不仅能全面锻炼身体，使人体的运动系统、呼吸系统、消化系统等功能得到提高，还能促进人体速度、灵敏、力量、耐力等身体素质的发展，同时也能锻炼和培养人们的勇敢、顽强、机智、果断等良好的品质。经常打乒乓球，能使人的反应更快、思维更敏捷、动作更协调；能调节人的情绪，使人心情愉悦，性格开朗大方；能以球会友，增进友谊；能开发人体大脑智力，提高思维能力，促进智力发展。有资料表明，常打乒乓球还有防治近视的特殊功能，因为眼睛随球的快速移动而不停转动，可以改善眼部的血液循环并使眼肌收缩，起到很好的放松作用，从而缓解眼部的疲劳。乒乓球运动集益智、益体、益心、益乐、益友于一体，是人民群众最喜爱的运动项目之一。

第二节　乒乓球运动基本技术

一、发球与接发球技术

（一）正手平击发球

左脚在前，右脚在后，身体略向右转。左手持球置于身体右侧前方，右臂内旋使拍面角度稍前倾。发球时，左手将球垂直向上抛起，同时右臂向身体右后方引拍。当球下降至稍高于球网时，腰向左转，右手上臂带动前臂向左前上方挥拍（上臂前抬，前臂折叠，手腕内收），击球的中上部。击球后，手臂随势挥拍并迅速还原。（图 9-2-1）

图 9-2-1

正手平击球的回接方法如下。

（1）速度不快的正手平击发球可采用正手攻球、反手推挡、侧身攻、直拍横打等技术进行回接。

（2）如果来球速度较快，并带有一定的上旋，回接时则不宜移动过大，一般不采用侧身回接。此时可采用借力快带、快拨的方法进行还击，切莫采用加力攻的方法回接，以免造成回球出界或下网。

（3）如果采用削球回接，则要向后移动脚步等到来球力量有所减弱时再回接。

（二）反手平击发球

右脚稍前或两脚平行，身体略向左转。左手持球置于身体左侧前方，右手上臂自然靠近身体左侧，前臂外旋使拍面稍前倾（横拍握法不需要外旋）。发球时，左手将球

正手平击发球

反手平击发球

垂直向上抛起，右臂向身体左后方引拍。当球下降至稍高于球网时，腰向右转，以肘关节为轴心，前臂带动手腕迅速向右前上方挥拍，击球的中上部。击球后，手臂随势挥拍并迅速还原。（图 9-2-2）

反手平击球的回接方法与正手平击球的回接方法相同。

图 9-2-2

（三）正手发下旋球（转与不转）

左脚稍前的侧身站位，身体略向右转。左手持球置于身体右侧前方，右臂外旋使拍面后仰。发球时，左手将球垂直向上抛起，同时右臂向身体右后上方引拍，手腕适当外展。当球下降至稍高于球网时，腰部配合前臂和手腕加速向身体左前下方发力，随后迅速还原。（图 9-2-3）

图 9-2-3

正手下旋球的回接方法如下。

（1）对于初学者，回接下旋球的最基本方法就是搓球，要求搓稳、搓低。对于具备一定水平的乒乓球运动员，接下旋球时，一定要积极主动，可使用摆短、劈长、搓挤、晃撇、挑打、拧和拉弧圈球等技术进行回接。

（2）发强烈下旋球一般都用手法相似的不转发球相配合，这就要求接发球者判断准确，在看清来球旋转强度和落点后，敢于上手。如果为求稳而搓接，甚至托球，多半会被对方抢攻。搓接不转球，不会使球产生较大的旋转变化，容易被对方抢攻，造成被动或失分，可使用推、拨、拉的方法回接不转球。

（四）反手发下旋球（转与不转）

两脚平行或右脚稍前，身体略向左转。左手持球置于身体左侧前方，右手上臂自然靠近身体左侧，横拍选手右臂内旋使拍面后仰，直拍选手右臂外旋使拍面后仰。发球时，左手将球垂直向上抛起，右臂向身体左后上方引拍。当球下降至稍高于球网时，

正手发下旋球

反手发下旋球

腰部配合前臂加速向身体右前下方发力，同时横拍选手手腕内收，直拍选手手腕外展，随后迅速还原。（图9-2-4）

反手下旋球的回接方法与正手下旋球的回接方法相同。

图 9-2-4

二、进攻性技术

（一）攻球技术

1.正手攻球

站位离台40厘米，左脚稍前。击球前，身体稍右转，右手持拍向身体的右侧引拍，手臂自然弯曲并做内旋，拍面稍前倾。击球时，上臂带动前臂向左前斜上方挥拍，手腕稍外展，腰配合左转。来球反弹至上升期时，击球的中后上部。击球后，手臂随势挥摆至左额上方并迅速还原。（图9-2-5）

图 9-2-5

2.正手扣杀

左脚稍前，站位的远近视来球的长短而定。击球前，持拍手手臂自然弯曲并内旋使拍面稍前倾，随着腰、髋的转动，手臂后移将球拍引至身体右后方（适当加大引拍距离，便于加速和发力）。当来球跳至高点期（位置合适时可在上升期），上臂带动前臂同时加速向左前下方挥摆，借助腰、髋左转及腿的蹬转发力做甩鞭动作，击球的中上部。击球以撞击为主，略带摩擦，近网球除外。来球不转或带上旋时，球拍位置应略高于来球。击球后，持拍手随势挥摆并迅速还原。（图9-2-6）

图 9-2-6

3. 反手扣杀

右脚稍前，站位的远近视来球的长短而定。击球前，持拍手手臂自然弯曲并外旋使拍面稍前倾，随着腰、髋的向左转动，手臂向左后略上方引，将球拍引至身体左侧前方，引拍应稍高。当来球跳至高点期（位置合适时可在上升期），持拍臂肘关节内收，上臂带动前臂、前臂带动手腕向右前上方做挥摆，借助腰、髋的右转及腿的蹬转发力做甩鞭动作，击球的中上部。击球以撞击为主，略带摩擦，近网球除外。来球不转或带上旋时，球拍位置应略高于来球。击球后，持拍手随势挥摆并迅速还原。（图 9-2-7）

反手扣杀

图 9-2-7

4. 正手杀高球

左脚在前，站位的远近视来球的长短而定。击球前，手臂内旋使拍面前倾，整个手臂随着腰、髋的向右转动而尽量向身体右后方引拍，以增大球拍与来球的距离，最大限度地发挥击球力量。当来球反弹（或下降）至头肩之间高度时，右脚蹬地转换身体重心，腰、髋左转，手臂先由后方向前上方挥摆，身体重心逐渐上升并开始向左脚转移，随后手臂加速向左前下方挥动，腰、髋同时配合发力，拍面前倾击球的中上部。击球后，手臂随势挥摆并迅速还原。（图 9-2-8）

图 9-2-8

（二）弧圈球技术

1.加转弧圈球

左脚稍前，站位离台30～50厘米。击球前，持拍手手臂内旋使拍面稍前倾，腰、髋向右转动，右肩下沉，前臂自然下垂，同时直拍持拍手手腕前屈，横拍持拍手手腕内收，向身体的右后下方引拍，身体重心移至右脚。当球跳至下降前期时，右脚提踵、前脚掌蹬地，通过腰、髋向左转动带动上臂、前臂加速向左前上方挥摆，同时直拍持拍手手腕前伸，横拍持拍手手腕外展，击球的中后上部并加速往左前上方摩擦。击球后，手臂随势挥摆并迅速还原。（图9-2-9）

图9-2-9

2.前冲弧圈球

左脚稍前，站位的远近视来球的长短而定。击球前，持拍手手臂内旋使拍面稍前倾，腰、髋向右转动，同时直拍持拍手手腕前屈，横拍持拍手手腕内收，向身体的右后略下方引拍，身体重心移至右脚。当球跳至上升后期或高点期时，前脚掌蹬地，通过腰、髋向左转，带动上臂、前臂加速向左前上方挥摆，同时直拍持拍手手腕前伸，横拍持拍手手腕外展，击球的中后上部并加速往左前上方摩擦。击球后，手臂随势挥摆并迅速还原。（图9-2-10）

图9-2-10

三、控制性技术

（一）直拍推挡球

1.平挡球

（1）反手挡球。两脚开立近台平站，持拍手前臂与上臂自然弯曲并外旋，拍面接近垂直，前臂与台面几乎平行，将拍引至腹前。当来球跳至上升期时，前臂由腹部稍前伸迎向来球，击球的中后部，随之迅速还原。（图9-2-11）

图 9-2-11

（2）正手挡球。左脚在前，稍侧身近台站位，持拍手前臂与上臂自然弯曲并外旋，拍面角度接近垂直，前臂与台面几乎平行，将球拍由稍高于台面高度向右侧引拍。当来球跳至上升期时，前臂和手腕稍向前迎击并内旋，击球的中后部并稍向前送，随之迅速还原。（图 9-2-12）

图 9-2-12

2. 推挡球

两脚开立平站，离台约 40 厘米。击球前，持拍手稍向后引，上臂和肘关节内收，前臂略外旋，拍面成横状。击球时，前臂向前上方推击，同时手腕外旋，食指压拍，拇指放松使拍面稍前倾，在来球的上升期击球的中后上部。击球后，手臂、手腕随势挥摆并迅速还原。（图 9-2-13）

图 9-2-13

3. 加力推

两脚开立平站，离台约 40 厘米。击球前，前臂抬起，上臂后收，肘关节贴近身体，将球拍引至身体前上方。击球时，手腕外旋，食指压拍，拇指放松使拍面稍前倾，手臂快速前伸，压拍，腰髋向左转配合发力，在球的上升后期或最高点击球的中上部。击球后，手臂、手腕继续向前下方挥动并迅速还原。（图 9-2-14）

加力推

图 9-2-14

4.减力挡

两脚开立平站，离台约40厘米。击球前，手臂外旋，拍面稍前倾，不用向后引拍，前臂只做上提，使球拍略高一些并放至身前。击球时，持拍手略前迎，在来球的上升期触球的中上部，拍触球瞬间手臂和手腕稍向后撤，以缓冲来球的反弹力。击球后，手臂、手腕继续向后随势回收并迅速还原。（图9-2-15）

图 9-2-15

（二）搓　球

1.慢　搓

（1）反手慢搓。左脚稍前，站位近台。击球前，前臂和手腕内旋使球拍后仰，同时将球拍上提至左后上方。击球时，手臂向右前下方挥动，同时手腕外展配合发力，在来球的下降前期用球拍的下半部摩擦球的中下部。击球后，前臂随势前送并迅速还原。（图9-2-16）

图 9-2-16

（2）正手慢搓。右脚稍前，站位近台。击球前，腰、髋略向右转，前臂和手腕外旋使拍面后仰，同时将球拍上提至右上方。击球时，手臂向前下方挥动，同时手腕内旋配合发力，在来球下降前期用球拍的下半部摩擦球的中下部。击球后，前臂随势前送并迅速还原。（图9-2-17）

减力挡

反手慢搓

正手慢搓

图 9-2-17

2.快　搓

（1）反手快搓。左脚稍前，站位近台，身体重心前移靠近来球。击球前，前臂和手腕内旋使球拍角度后仰，将球拍稍向后引至腹前。击球时，借助对方来球的冲击力，前臂、手腕向前下方挥动，在来球的上升期击球的中下部。击球后，随势挥拍动作轨迹尽量短些并迅速还原。（图 9-2-18）

反手快搓

图 9-2-18

（2）正手快搓。右脚稍前，站位近台，身体重心前移靠近来球。击球前，腰、髋略向右转，前臂和手腕外旋使拍面后仰，同时向右上方提起，后引动作稍小。击球时，前臂主动前伸迎球，借助对方来球的冲击力，前臂、手腕适当用力向前下方挥动，在来球的上升期击球的中下部。击球后，随势挥拍动作轨迹尽量短些并迅速还原。（图 9-2-19）

正手快搓

图 9-2-19

3.搓转球与不转球

搓转球与不转球的动作基本同慢搓球动作。搓转球就是指搓球时的作用力线远离球心（但不能过"薄"）；反之，则搓的是不转球。另外，搓转球时，球触拍的位置应在球拍的下端；而搓不转球时，球触拍的位置应在球拍的上端（球拍对球的摩擦距离不同）。

从理论上说，搓不转球时，球拍触球时要碰而不摩擦，但到了高级阶段，要有摩擦的动作，不发力，只是做给对手看，以迷惑对手。

搓球的动作轨迹分为两个部分：一是向斜下运动摩擦球的动作；二是稍向前上抬的随后动作。搓不转球就是利用稍向前上抬的随后动作搓出来的，即碰出不转球。

（三）削　球

1.正手近台削球

近台站位，左脚稍前侧立，离台1米左右。削球时，身体稍向右斜，重心偏向右脚；右手向右侧上方引拍，前臂竖起，同时右臂外旋使拍面后仰，直拍腕伸，横拍腕外展。当来球跳至高点或下降前期，随着腰、髋向左转动，上臂带动前臂向左前下方用力，直拍腕前屈，横拍腕内收，击球的中后下部并向底部摩擦。击球后，手臂随势挥摆并迅速还原。（图9-2-20）

图9-2-20

2.反手近台削球

近台站位，右脚稍前侧立，离台1米左右。削球时，身体稍向左斜，身体重心偏向左脚；右手向左侧上方引拍，同时右臂内旋使拍面稍后仰，直拍腕前屈，横拍腕外展。当来球跳至高点或下降前期，随着腰、髋向右转动，上臂带动前臂向右前下方用力，直拍腕前伸，横拍腕内收，击球的中后下部并向底部摩擦。击球后，手臂随势挥摆并迅速还原。（图9-2-21）

图9-2-21

3.正手远台削球

远台站位，左脚稍前侧立，离台1米以外。削球时，身体稍向右斜，身体重心偏向右脚；右手向右侧上方引拍，前臂提起，同时右臂外旋使拍面稍后仰，直拍腕前伸，横拍腕外展。当来球跳起下降至下降后期，随着腰、髋向左转动，上臂带动前臂向左前斜下方用力，直拍腕前屈，横拍腕内收，击球的中后下部并向底部摩擦。击球后，手臂随势挥摆并迅速还原。（图9-2-22）

图 9-2-22

4.反手远台削球

远台站位，右脚稍前侧立，离台 1 米以外。削球时，身体稍向左斜，身体重心偏向左脚；右手向左侧上方引拍，前臂提起，同时右臂内旋使拍面稍后仰，直拍腕前屈，横拍腕外展。当来球跳起下降至下降后期，随着腰、髋向右转动，上臂带动前臂向右前斜下方用力，直拍腕前伸，横拍腕内收，击球的中后下部并向底部摩擦。击球后，手臂随势挥摆并迅速还原。（图 9-2-23）

图 9-2-23

第三节　乒乓球运动基本战术

一、发球抢攻战术

（一）侧身正手发左侧上（下）旋球后抢攻

通常发左侧上（下）旋球至对方反手位近网、反手底线大角、中路偏反手底线或追身以及正手小三角短球，再配合一板直线急长球。对方侧身轻拉至我方反手，我方可用推挡加力或快压直线，也可侧身攻直线（以速度为主），迫使对方扑救正手位，再伺机发力攻。若对方用反手推、拨或轻挂至我方反手，则可压制其中路追身。若对方直接回至我正手位，则可用正手快带一板斜线到对方正手大角，然后等正手位做连续进攻的准备。

（二）正手发转与不转球后抢攻

通常可发至对方中路或发正手近网短球，配合反手长球。开始以发加转下旋球为

宜，以使对方不敢轻易抢攻，待对方缩手缩脚后，再转为发不转球与加转球配合，令对方无所适从。如果对方接加转球差，则可多发加转球，反之可多发不转球。不转球一般先发短球，或发至对方进攻能力较弱的一面，如果对方接不好，还可尝试发至对方正手位或发长球。如果能发出似出台非出台的球，则效果更佳。

（三）反手发右侧上（下）旋球后抢攻

如果我方的正反手都有一定的进攻能力，不妨掌握反手发右侧上（下）旋球后抢攻战术，以增加变化。可以反手发至对方中路偏正手为主，配合两大角长球。当发球落点偏对方正手位时，对方常会轻拉直线，这时我方可用反手抢攻两大角。如发球落点偏对方反手位，我方还可伺机侧身抢攻。

二、搓攻战术

（一）先搓反手大角再变直线

当对方不擅长反手进攻时，我方可以盯住对方这一弱点，连续用快搓或搓加转长球逼住其反手位大角，当其注意力完全集中在反手位或按捺不住准备侧身抢攻时，突然搓直线到其正手位大角，再伺机抢攻。

（二）交替搓转与不转后抢攻

如果我方对搓球的旋转感觉很好，可以先搓强烈加转下旋球，再配合假动作搓不转球，对方回出机会球时再上手抢攻。但通常来说，只用旋转的变化很难完全控制对方，最好再配合落点的变化。

（三）搓对方薄弱环节后抢攻

对方通常都有一定的搓球能力，但不太可能每个环节的搓球都能应对自如，总会有某些薄弱环节存在，比如近网短球、底线长球或者正手位的搓球。即使单项环节上没有漏洞，组合环节中也会有相对薄弱之处，如短球与长球交替的搓球。可利用搓攻对方薄弱的环节来获得优势。

三、对攻战术

（一）连压反手，伺机抢攻

当对方反手较弱或进攻能力不强时，可用推挡、反手快拨或弧圈球连续压对方反手，伺机压一板中路、大角或加力，迫使对方回球质量不高后，再突然用正手进攻。

（二）压反手变正手

如果对方侧身抢攻的意识和能力很强，这时再连压反手就可能适得其反，应主动采取伺机变正手的方式，既可偷袭对方正手位空当，又可牵制对方的侧身抢攻，一举两得。如果我方的反手进攻能力不如对方，但正手进攻能力较强，可主动变线形成正手对攻；如果我方的反手攻击力明显强于对方，则可在变对方正手位时直接得分或占据明显主动。

（三）调正手压反手

当对方左半台进攻能力较强、压对方反手位不见效果时，或对方正手位进攻能力不强时，或对方的反手位只能近台不擅离台、只有速度缺乏旋转时，可先主动打对方

的正手位，将其调动到正手位后，再打其反手位。

（四）压中路配合压两大角

压中路配合压两大角战术对阵横拍选手或横打使用率高的直拍选手时最有效。压中路时最好能轻重结合，先加力把对方逼退台，再减力把对方诱上台前。当对方正手或反手实力明显偏弱时，可把压中路与压其相对较弱的区域相结合。如果对方擅长侧身抢攻，可将压中路与调正手相结合。

四、接发球战术

（一）接发球抢攻

接发球抢攻是最积极主动的接发球方法，在无遮挡发球规则下，世界各国的优秀选手越来越重视这种战术的重要性。接发球抢攻时，短球可用快点，长球或半出台球可抢攻或抢冲；两面攻的选手则可发挥其两面抢攻的特长。

（二）形成对攻的相持局面

在难以完成高质量的接发球抢攻时，先将球拉（或拨、推）至对方不易反攻处，继而形成相持局面。相持能力强的选手常采用此战术。

（三）以摆短为主，结合劈两大角长球，争取下一板的主动上手或反攻

以摆短为主，结合劈两大角长球主要用于对方发过来的强烈下旋球或下旋短球，以控制对方的直接抢攻、抢拉。运用此战术时，接发球后要尽量主动上手，避免连续搓过多板。对于对方发的侧上旋或不转球，不宜搓接，以免回球过高被对方抢攻。

第四节　乒乓球竞赛规则简介

一、器材与场地

（1）球台：长 2.74 米，宽 1.525 米，距地面高 76 厘米。

（2）球网装置：包括球网、悬网绳、网柱及将它们固定在球台上的夹钳部分。球网高 15.25 厘米。

（3）球：球应为圆球体，直径为 40 毫米，重 2.7 克，颜色为白色或橙色，且无光泽。

（4）球拍：大小、形状和重量不限，但底板应平整、坚硬；底板厚度至少应有 85% 的天然木料；球拍两面不论是否有覆盖物，必须无光泽，且一面为鲜红色，另一面为黑色；用来击球的拍面应用一层颗粒向外的普通颗粒胶覆盖，连同黏合剂，厚度不超过 2 毫米，或用颗粒向内或向外的海绵胶覆盖，连同黏合剂，厚度不超过 4 毫米。

（5）比赛场地：比赛区域应由 75 厘米高的同一深色的挡板围起，比赛空间应为不少于 14 米长、7 米宽、5 米高的长方体。

二、合法发球与合法还击

（1）合法发球：① 发球开始时，球自然地置于不持拍手的手掌上，手掌张开，保持静止。② 发球员须将球几乎垂直地向上抛起，不得使球旋转，并使球在离开不持拍手的手掌之后上升不少于 16 厘米，球下降到被击出前不能碰到任何物体。③ 当球从抛起的最高点下降时，发球员方可击球，使球首先触及本方台区，然后直接触及接发球员的台区。在双打中，球应先后触及发球员和接发球员的右半区。④ 从发球开始到球被击出，球要始终在比赛台面的水平面以上和发球员的端线以外。从接发球方看，球不能被发球员或其双打同伴的身体或他（她）们所穿戴（带）的任何部分挡住。⑤ 运动员发球时，有责任让裁判员或副裁判员确信他（她）的发球符合规则的要求。⑥ 运动员因身体伤病而不能严格遵守合法发球的某些规定时，可由裁判员做出决定免于执行。

（2）合法还击：对方发球或还击后，本方运动员必须击球，使球直接触及对方台区，或触及球网装置后，再触及对方台区。

三、胜负判定

（1）除被判重发球的回合，下列情况运动员得 1 分：① 对方运动员未能正确发球；② 对方运动员未能正确还击；③ 运动员在发球或还击后，对方运动员在击球前，球触及了除球网装置以外的任何东西；④ 对方击球后，球没有触及本方台区而越过本方台区域端线；⑤ 对方阻挡；⑥ 对方故意连续两次击球；⑦对方用不符合规定的拍面击球；⑧ 对方运动员或其穿戴（带）的任何东西使比赛台面移动；⑨ 对方运动员或其穿戴（带）的任何东西触及球网装置；⑩ 对方运动员不持拍手触及比赛台面；⑪ 双打时，对方运动员击球次序错误；⑫ 执行轮换发球法时，接发球方进行了 13 次合法还击，则判接发球方得 1 分。

（2）一局比赛：在一局比赛中，先得 11 分的一方为胜方，10 平后，先多得 2 分的一方为胜方。

（3）一场比赛：一场比赛由奇数局组成。

四、比赛次序和方位

（1）在单打中，首先由发球员合法发球，再由接发球员合法还击，然后两者交替合法还击。双打中，首先由发球员合法发球，再由接发球员合法还击，然后由发球员的同伴合法还击，再由接发球员的同伴合法还击，此后运动员按此次序轮流合法还击。

（2）在获得每 2 分之后，接发球方即成为发球方，依此类推，直到该局比赛结束，或直至双方比分都达到 10 分，或实行轮换发球法，这时，发球和接发球次序仍然不变，但每人只轮发 1 分球。

（3）在双打中，每次换发球时，前面的接发球员应成为发球员，前面的发球员的同伴应成为接发球员。

（4）一局中首先发球的一方，在该场下一局应首先接发球，在双打决胜局中，当一方先得 5 分后，接发球方应交换接发球次序。

（5）一局中，在某一方位比赛的一方，在该场下一局应换到另一方位。在决胜局中，一方先得 5 分时，双方应交换方位。

五、重发球

（1）出现下列情况应判重发球：① 发球员发出的球触及球网装置后成为合法发球或被接发球员或其同伴阻挡；② 接发球员或接发球方未准备好时，球已发出，而且接发球员或接发球方没有企图击球；③ 由于发生了运动员无法控制的干扰，运动员未能成功发球、还击或遵守规则；④ 裁判员或副裁判员暂停比赛。

（2）裁判员或副裁判员可以在下列情况下暂停比赛：① 要纠正发球、接发球次序或方位错误；② 要实行轮换发球法；③ 警告或处罚运动员；④ 比赛环境受到干扰，以致该回合结果有可能受到影响。

第十章

羽毛球

第一节　羽毛球运动概述

一、羽毛球运动的起源和发展

现代羽毛球运动形成于英国。1934年，由加拿大、丹麦、英国、法国、爱尔兰、荷兰等国家发起成立了国际羽毛球联合会（简称国际羽联），总部设在伦敦，第一任主席为乔治·汤姆斯。国际羽联在1948—1949年举办的第一届世界男子羽毛球团体锦标赛的奖杯，即由汤姆斯所赠。1978年2月，由亚非国家组成的世界羽毛球联合会（简称世界羽联）在中国香港成立，同年11月举办了第一届世界羽毛球锦标赛。国际羽联和世界羽联于1981年5月宣布合并，统称为国际羽毛球联合会。2006年，国际羽毛球联合会正式更名为羽毛球世界联合会。

1920年，羽毛球运动开始传入中国。羽毛球运动在1992年巴塞罗那奥运会上被列为正式比赛项目。20世纪70年代，我国羽毛球队已跻身于世界强队之列。20世纪80年代，我国羽毛球运动达到世界先进水平。

在1987年北京世锦赛、2010年巴黎世锦赛、2011年伦敦世锦赛和2012年第30届奥运会中，我国羽毛球选手包揽了全部5个项目的冠军。2015年5月17日，在第14届苏迪曼杯羽毛球决赛中，中国队成功卫冕，实现苏迪曼杯六连冠。在2016年第31届奥运会上，中国羽毛球队获得2枚金牌。在2021年第32届奥运会上，中国羽毛球队获得2枚金牌、4枚银牌的好成绩。

二、羽毛球运动的锻炼价值

参加羽毛球运动，有助于培养竞争意识和进取精神；有助于强身健体，提高机体免疫力，缓解疲劳；有益于加强文化修养，陶冶情操，增添生活乐趣。

第二节 羽毛球运动基本技术

一、握拍技术

有人曾做过这样的比喻：羽毛球的球拍是运动员手臂的延伸。正确的握拍法，对于掌握和提高羽毛球技术，有着极其重要的作用。羽毛球技术中的握拍法是多种多样的，但是基本的握拍法有两种，即正手握拍法和反手握拍法。

（一）正手握拍法

虎口对着拍柄的斜面上，拇指和食指分别贴在拍柄的两个宽面上，食指和中指稍分开，中指、无名指和小指并拢握住拍柄，掌心不要紧贴，拍柄端与近腕部的小鱼际外缘齐平，拍面基本与地面垂直。正手发球、右场区各种击球及左场区头顶击球等，一般都采用这种握法（以右手握拍者为例）。（图10-2-1）

（二）反手握拍法

反手握拍法是在正手握拍的基础上，将拇指伸直用其第一指节内侧顶贴在拍柄内侧的宽面上，食指收回，与拇指同（或略）高，用拇指和食指将球拍稍向外转，中指、无名指、小指紧握拍柄，拍柄端紧靠小指根部。握拍手心与拍柄之间留有空隙，以便能充分利用手腕的力量和拇指的内侧压力击球。（图10-2-2）

图10-2-1   图10-2-2

正手握拍法

反手握拍法

二、发球技术

发球是运动员在发球区用球拍将球由静止状态击出，使之在空中飞行，落到对方接发球区的技术动作。发球作为组织进攻的开始，其质量的好坏直接关系到比赛能否占据优势。

发球可分为正手发球和反手发球两种。若按球在空中飞行的弧线，正手发球又可分为发高远球、平高球、平快球和网前球等。

（一）正手发球

站在靠近中线一侧，离前发球线约1米的位置上。身体左肩侧对球网，左脚在前，脚尖向前，右脚在后，脚尖稍向右侧（两脚大约呈L形），两脚距离约与肩同宽，将身体重心放在右脚上。准备发球时，右手握拍向右后侧举起，肘部微屈，左手拇指、食

指和中指夹住球，举在腹部右前方，然后放开球，挥拍击球。击球时，身体重心由右脚移至左脚。用正手发不同的弧线球时，击球前的准备和前期动作基本相同，只是在击球时及后续动作有所不同。

1. 发高远球

在左手放开球使之下落时，右手转拍由上臂带动前臂，自右后方沿身体向前左上方挥动。当球落到右臂向前下方伸直能够接触到球的一刹那，紧握球拍，利用手腕屈收的力量向前上方发力击球，然后顺势向左上方挥动缓冲。（图10-2-3）

2. 发平高球

发平高球时动作过程大致与发高远球相同，只是在击球的一刹那，前臂加速带动手腕向前上方挥动，拍面向前上方倾斜，以向前用力为主。注意发出球的弧线以对方伸拍击不着球的高度为宜，并应落到对方场区底线。

3. 发平快球

发平快球时，要充分利用前臂带动屈腕的爆发力向前方用力击球。使球直接从对方肩稍上高度越过，落到后场。动作的关键在于出手（击球）动作要快，幅度要小。这种球比平高球的弧线还要低、速度还要快。在面对反应较慢、站位较前、动作幅度较大的对手或是初学者时，效果往往很好。

4. 发网前球

发网前球时，握拍要放松，上臂动作要小，主要靠前臂带动手腕向前切送，而手腕几乎是不动的（注意手腕不能有上挑动作）。球的弧线低平贴网而过，落点离前发球线越近越好。

（二）反手发球

发球站位可在前发球线后的中线附近。面向球网，两脚前后开立（右脚或左脚在前均可），上体稍前倾，身体重心移至前脚上。右手手臂屈肘，用反手握拍，将球拍横举在腰间，拍面在身体左侧腰下。左手拇指与食指捏住球的两三根羽毛，球托朝下，球体或球托在球拍前对准拍面。（图10-2-4）

图10-2-3

图10-2-4

1. 发平高球

发平高球时要突然发力，在前臂带动下，手腕由外展迅速向内收发力。另外，拇指要有主动顶压的发力动作，拍面由下往上送出去。

2. 发平快球

发平快球的动作与发平高球相似，只是出手（击球）动作要快，幅度要小，要充

正手发后场
高远球

正手发平高球

正手发平快球

正手发
网前小球

分利用前臂带动手腕和拇指的爆发力向前方用力击球，使球直接从对方肩稍上的位置越过，落到后场。

3.发网前球

发网前球时，前臂带动手腕朝前横切推送，使球的飞行弧线贴网而过，落点离前发球线越近越好。

三、后场击球技术

（一）高远球

1.正手击高远球

击球前首先要判断来球的方向和落点，侧身后退使球在自己右肩前上方的位置，左肩对网，左脚在前，将身体重心放在右脚上，左臂屈肘并自然高举，右手持拍，手臂自然弯曲，将球拍举在右肩上方，注视来球。击球时，上臂后引，随之肘关节上提使之明显高于肩部，将球拍后引至头后，自然伸腕（拳心朝上），然后后脚蹬地、转体，在腰腹的协调用力下，以肩为轴，上臂带动前臂快速向前上方甩动手腕，在手臂伸直的最高点击球。击球后，持拍手臂顺势往前下方挥动并收拍至体前。与此同时，右脚后撤，左脚向前迈出，身体重心由后脚移到前脚。（图10-2-5）

图10-2-5

正手击高远球

2.头顶击高远球

在自己的左后场区，用正手在头顶中间部位或在左肩上方将来球击到对方底线去的高远球击球，称为头顶击高远球。

击球前的准备姿势和击球动作与正手击高远球基本相同，不同的是头顶击高远球的击球点在左肩上方（因为球是飞向我方左后角的）。

3.过手击高远球

过手击高远球是在身体侧面完成的。向位于边线附近预期的击球点跑动并举起击球手臂，肩轴和右上臂指向击球点；右脚以蹬跨步落地，脚尖向边线转，引拍动作与此同时进行。

过手击高远球的回环运动在体侧进行。击球时，拍头位于击球手臂腕关节的上方，并且在体侧高于头部的位置。直到结束击球后才进行以向中心点跑动为目的的右脚蹬地。

4.反手击高远球

当对方将球击到本方左后场时，用反手将球击回到对方底线的高远球击球法被称为反手击高远球。

首先判断对方来球的方向和落点，迅速将身体转向左后方。步法到位后，右脚前交叉跨到左侧底线，背对网，将身体重心放在右脚上，使球在身体的右肩上方；击球前，由正手握拍迅速换为反手握拍，并持拍于胸前，拍面朝上；击球时，以上臂带动前臂，通过手腕的闪动，自上而下地甩臂将球击出。在最后用力时，要注意拇指的侧压力与甩腕的配合，同时还要利用两腿的蹬地、转体等来协调全身用力。

反手击高远球

（二）平高球

正手、头顶和反手击平高球技术的动作要领与正手、头顶和反手击高远球技术的动作要领相似，不同之处是要求发力击球的时间更短、爆发力更强。另外，击球的瞬间应运用前臂带动手腕充分闪动，同时屈指发力将球向前方击出。

（三）吊　球

1.正手吊直线球和对角线球

正手吊球的击球准备和前期动作与正手高远球相同，击球的关键在于击球点要比高远球稍靠前一些。吊直线球时，击球用力的方向是朝前下方，但是击球的瞬间，前臂突然减速，用手指、手腕和前臂内旋的动作，向下轻轻切击球托的后部或右后部，使球越网后立即下落。吊对角线球时，击球用力的方向是对角线斜下方。

正手吊球

2.头顶吊直线球和对角线球

头顶吊球的击球动作几乎和头顶直线击高远球相似，只是击球的瞬间，前臂突然内旋并往前下方挥拍，手腕外伸后展带动球拍轻点球托的左后部，球沿直线下方或对角线斜下方飞行。

3.反手吊直线球和对角线球

反手吊球击球前的动作与反手击高球动作类似，不同的是击球时拍面的掌握和力量的运用。击球的关键在于击球时手臂要有一个制动的动作，手腕向后甩腕轻击球托的后下部或左后部，使球的飞行方向朝着直线或对角线方向落到对方网前。

（四）杀　球

1.正手杀球

（1）正手杀直线球：准备姿势和动作要领与正手击高球大体相同。脚步到位后（控制击球点在右肩前上方），屈膝降低身体重心，身体后仰挺胸，呈反弓形；接着右上臂往右后上方摆起，前臂自然后摆，手腕后伸，前臂带动球拍由上往后下挥动，这时握拍要松；随后，凌空转体收腹，带动右上臂往右上摆起，肘部领先，前臂全速往前上挥动，带动球拍高速前挥。当击球点在肩的前上方时，前臂内旋，腕前屈微收，闪腕发力杀球。这时手指要突然抓紧拍柄，把手腕的爆发力集中到击球点上。球拍面和击球方向水平面的夹角小于$90°$，球拍正面击球托的后部，使球直线下行。杀球后，前臂随惯性往体前收，在回位过程中将球拍回收至胸前。

正手杀球

（2）正手杀对角线球：准备姿势和动作要领与正手杀直线球大体相同，不同点是

起跳后身体向左前方转动用力，协助手臂向对角方向击球。

2.头顶杀球

头顶杀球的动作要领和准备姿势与头顶击高远球大体相同，不同点是挥拍击球时要集中全力向直线或对角线方向下压，球拍面和击球方向水平面的夹角小于90°。

3.反手杀球

准备姿势和动作要领与反拍击高球大体相同，不同点是击球前的挥拍用力要大，击球瞬间球拍面与杀球方向的水平面夹角小于90°。

头顶杀球

四、前场击球技术

（一）放　球

1.正手放球

当球向右前场区飞来时，侧身向球的方向移动，最后一步右脚向前跨成弓步，这时小腿要主动前摆，使大腿与小腿的夹角要大于90°（有利于保护膝关节和下一步的回位）；同时，上身前倾，左臂张开，向前伸臂递拍。触球时，球拍正面朝上垫在球托的底部，用手腕控制球拍向前上方轻轻一托，使球刚好越网而过。（图10-2-6）

正手放网前球

2.反手放球

当球向左前场飞来时，采用反手放网前球方法。其方法与正手放网前球相似，不同的是先向左前场转体，向球的方向跨步，并及时转换成反手握拍，用反手击球。（图10-2-7）

反手放网前球

图 10-2-6　　　　　　　　　图 10-2-7

（二）搓　球

1.正手搓球

侧身对右边网前，正手握拍。球拍随着前臂伸向右前上方成斜举。当球拍举至最高点时，前臂向外旋转，手腕由后伸至稍内收闪动，在握拍手的手指的捻动发力下，搓击来球的右下底部，使球旋转翻滚过网。

正手搓球

2.反手搓球

击球前前臂稍往上举，手腕前屈，手背约与网同高，而拍面低于网顶，反拍面迎球。搓球时，主要靠前臂的前伸外旋和手腕由内收至外展的合力，搓击球的右侧后底部，使球侧旋滚动过网。

反手搓球

（三）挑　球

1.正手挑球

正手握拍举在胸前。右脚向右前跨出一大步，左脚在后，侧身向右，将身体重心放在右脚上。同时右臂向后摆，自然伸腕，使球拍后引；以肘关节为轴，屈臂内旋，并握紧球拍，用食指和手腕的力量，将球从前上方击出。（图 10-2-8）

图 10-2-8

2.反手挑球

反手握拍举在胸前。右脚向左前方跨出一大步，将身体重心放在右脚上。同时右肩向网，屈肘引拍至左肩旁，以肘关节为轴，握拍经体前由下往上，用拇指第一指节压住拍柄的宽面，用力将球向前上方击出。（图 10-2-9）

图 10-2-9

（四）推　球

1.正手推球

站在右网前，球拍向右侧前上举。在肘关节微屈回收时，前臂稍外旋，手腕稍向后侧，球拍也随之往右下后摆，拍面正对来球。小指和无名指稍松开，使拍柄稍离开小鱼际肌，拇指和食指向外捻动拍柄，使拍面更为后仰。推球时，身体稍往前移，右前臂往前伸并带内旋，手腕和手指控制拍面角度，手腕由后伸至伸直，并闪腕，食指向前压，小指和无名指突然握紧拍柄并急速向前挥动推球，同时拍面由后仰变成稍前倾，推击球托的后部，使球平行飞向对方后场。

2.反手推球

站在左网前，反手握拍，前臂往前上方伸举。球拍稍向左胸前收引，在肘关节微屈、手腕外展时，变成反手推球的握拍法，松握球拍，反拍面迎球。当前臂前伸并外旋，手腕由外展到伸直闪腕，中指、无名指和小指突然握紧拍柄，拇指顶压，往前方挥拍时，拍面由后仰变成稍前倾，推击球托的后部，使球平行飞向对方后场。

正手推球

反手推对角
线球

（五）勾对角球

1. 正手勾对角球

球拍随前臂往右前斜上举。在前臂前伸时稍外旋，手腕微后伸，握拍手将拍柄稍向外捻动，使拇指贴在拍柄的宽面上，食指的第二指关节贴在拍柄背面的宽面上，拍柄不触掌心。球拍随着向右前侧挥动，拍面朝向对方右网前。击球时，前臂稍内旋并往左拉收，手腕由稍后伸至内收闪腕，轻轻挥拍拨击球托的右侧下部，使球向对方右网前掠过网后坠落。

2. 反手勾对角球

站在左网前，反手握拍，球拍随前臂平举，前伸在来球的左下侧。击球时，球拍随肘关节下沉，用反拍面面对来球，同时前臂外旋带动手腕和手指发力，轻轻挥拍拨击球托的左侧下部，使球向对方左网前掠过网后坠落。

（六）扑 球

1. 正手扑球

右脚蹬步上网，身体右侧前倾，右手举球拍于右肩上方。击球时，利用手腕由后伸到前屈收腕的力量，食指向前压，小指和无名指突然握紧拍柄，带动球拍向下扑击来球。若球离网顶较近，则靠手腕从右前向左前"滑动"击球。击球后，右脚屈膝缓冲着地。

正手扑球

2. 反手扑球

右脚跨至左前再蹬步上网，身体向右侧前倾，反手握拍举于左前上方。击球时，前臂伸直外旋带动手腕内收至外展，拇指顶压，加速挥拍扑球。若来球靠近网顶，则手腕可外展由左向右拉切击球，注意不要触网。击球后，右脚屈膝缓冲着地。

反手扑球

五、步 法

羽毛球运动中有"三分技术，七分步法"的说法。步法是羽毛球运动的灵魂，快速准确的步法能使运动员在比赛中游刃有余。羽毛球的步法可分为三类：① 上网步法；② 后退步法；③ 中场左右横动步法。每一次完整的步法均包括起动、移动、制动和回动四个环节，这些步法运用到并步、垫步、交叉步、蹬步、跨步、腾跳步等，组成在场上移动的方法。起动是由相对静止的站位状态向来球方向移动的发力过程，关键在于球员的判断和反应。移动一般是由中心位置到击球位置的移动过程。制动是移动到位后克制移动的惯性，保持身体平稳的环节，以便协助完成击球动作。回动是在完成击球后尽快回到中心位置，做好迎击下一个来球的准备。

第三节　羽毛球运动基本战术

一、单打基本战术

（一）发　球

发球不受对方干扰，只要在规则允许的范围内，发球者可以以任何方式发球到对方接球区的任何一点。采用变化多端的发球战术，常常能起到先发制人、取得主动的作用，因此，发球在羽毛球比赛中具有重要作用。

在采用发球战术时，不能只看自己的球和球拍，还应用余光注视对方的情况，发现对方的薄弱环节。发各种球的准备姿势和动作要相同，这样会给对方的判断带来困难，使其处于消极等待的状态。发球后应立即把球拍举至胸前，根据情况调整自己的位置，两脚开立，身体重心居中，但一定注意重心不要太固定。发球后要紧盯对方，观察对方的变化，积极准备还击。

（二）接发球

虽然接发球处于被动、等待的状态，但是受到规则的限制，发球不能给接发球者带来太大的威胁。发球者发球只能发到对角线的接发球区内，而接发球者只需防守半个区域，但还击却可到对方整个场区。因此，接发球者若能处理好这一拍，便可取得主动。

（三）逼反手

对大多数的羽毛球运动员而言，后场的反手击球总是或多或少地弱于正手击球，进攻性相对不强，球路也较简单，有的运动员还不具备在后场用反手把球打到对方底线的技术，因此，对于对方的反手要毫不放松地加以攻击。

（四）平高球压底线

用快速、准确的平高球打到对方后场两角，在对方不能拦截的前提下尽量降低球的飞行弧线，把对方紧压在底线，当对方回击半场高球时，就可扣杀进攻。使用平高球压底线时，如配合劈吊和劈杀可增加平高球的战术效果。一般情况下，平高球的落点和吊、杀的落点拉得越开效果越好。

（五）拉吊结合杀球

拉吊结合杀球战术是把球准确地打到对方场区的四个角上，使对方每次击球都要在场上来回奔跑。使用这种战术时，对不同特点的对手要采用不同的拉吊方法。对后退步法慢的对手可以多打前后场；对盲目跑动、满场飞的对手可使用重复球和假动作；对灵活性差的对手应多打对角线，尽量使对手多转身；对后场反手差的对手仍通过拉开后攻反手；对体力不好的对手可用多拍拉吊来消耗其体力。

若能熟练地使用平高球、劈吊和网前搓、推、勾技术，快速拉开对手，伺机突击扣杀，则这一战术会收到更好的效果。

（六）吊、杀上网

先在后场以轻杀、点杀、劈杀配合吊球把球下压，落点要选择在场地两边，使对方被动回球。在对方还击网前球时，要迅速上网以贴网搓球，或勾对角，或快速平推创造半场扣杀机会；若对方在网前挑高球，则可在其后退的过程中把球直接杀到他的身上。

（七）过渡球

首先要明确过渡球是为了摆脱被动局面，为下一拍的反攻积极地创造条件。如何才能变被动为主动是比赛中的重要一环。被动时要做到：① 争取时间调整好自己的位置和控制住身体重心。从网前或后场底线击出高远球是在被动时常用的手段。当处于不停的跑动追球的状态时，或身体重心失去控制时，都可以击出高远球，以赢得时间，恢复身体重心，调整自己的位置。② 利用球路变化打乱对方的进攻步骤。在接杀球或接吊球时，要把球还击到远离对方的地方，以破坏对方吊、杀上网的连续快速进攻。如果对方吊、杀后盲目上网，而自己的位置较好时，则可把球还击到对方底线。

（八）防守反攻

防守反攻战术用于对付盲目进攻而体力较差的对手。先以高球诱使对方进攻，在对方只顾进攻而疏于防守时，即可进攻；或者在对方体力下降、速度减慢时再发动进攻。这种以逸待劳、后发制人的战术有时效果很好。

二、双打基本战术

由于双打比单打每方增加 1 名队员，场地宽度增加 92 厘米，接发球区比单打缩短 76 厘米，因此，双打从发球开始就会形成短兵相接的局面。因为进攻和防守都有所加强，所以更加要求运动员技术全面、能攻善守、反应灵敏，特别是对发球、接发球、平抽、挡、封网、扑、连续扣杀、接杀挑高球及防守反击等诸多技术要求更高。打好双打的关键在于两名队员配合默契，相互信任，打法上攻守衔接及站位轮转协调一致。

（一）发　球

由于双打的后发球线比单打短，在双打中若发高远球，接发球方可以大力扣杀，直接争取主动，同时又较少有后顾之忧，因此站位往往压在靠近前发球线处，可以对发球者造成很大的心理上和技术上的威胁。发球的质量、路线的配合、弧线的制造、落点的变化对整个双打比赛的胜负的意义都极其重大。

（二）接发球

接发球虽然受发球方的牵制，但是由于规则对发球做了击球点不能过腰、球拍上沿须明显低于手、挥动动作必须连续向前（不许做假动作）、不能迟迟不发球等诸多限制，因此在接发球时如果判断准确，起动快、还击及时，就能在对方发球质量稍差时杀、扑得手或取得主动。接发球失误或还击不利，会使自己陷入被动。

（三）攻　人

攻人战术是双打中一种常用的战术，以人为攻击目标。对付两名不同技术水平的对手时，一般采用这种战术。对付两名实力相当的对手也可采用这一战术。它集中进攻于对方一名队员，常能起到"集中优势兵力打歼灭战"的作用。在另一名队员过来协助时，又会暴露出空当，可在其仓促接应、立足不稳时偷袭得分。

（四）攻中路

1.守方左右站位时把球打在两人的中间

把球打在两人的中间可以造成守方两人抢接一球或同时让球，彼此难于协调；限制对手，在接杀球时挑大角度高球调动攻方；有利于攻方的封网。由于打对方中路，对方回球的角度变小，网前队员封网的难度也就变小了。

2.守方前后站位时把球下压或轻推到边线半场处

把球下压或轻推到边线半场处的战术多半是在接发网前球和守中反攻抢网时运用。这种来球守方前场队员通常拦截不到，后场队员又只能以下手击球放网或挑高球，这时后场两角便会露出很大空当，因而有机可乘。

（五）攻后场

攻后场战术常用来对付后场扣杀能力较差的对手，把对方弱者调动到后场时也可使用。此战术多采用平高球、平推球、挑底线，把对方一人紧逼在底线，使其在底线两角移动击球，在其还击出半场高球或网前高球时即可大力扣杀，取得该球的胜利或主动。如果在逼底线两角时对方同伴要后退支援，则可攻击网前空当或打后退者的追身球。

（六）后攻前封

后场队员积极大力扣杀创造机会，在对方接杀放网、挑高球或准备反击抽球时，前场队员以扑、搓、勾、推控制网前，或拦截吊、杀封住前半场。双方相互配合，使整个进攻连贯而又有节奏变化，让对方防不胜防。

（七）防 守

1.调整站位

为了摆脱被动，伺机转入反攻，首先要调整好防守时的站位。如果对方网前挑高球，那么击球者应该直线后退，另一名队员应根据同伴移动的情况补到空当位。双打防守时的站位调整，通常是一名队员在跑动击球时，另一名队员根据同伴的移动情况填补空当。

2.防守球路

（1）攻方杀球者和封网队员在半边场前后一条直线上时，接杀球应打到另半边前场或后场。

（2）攻方杀球者和封网者在前后对角位上时，接杀球可还击到杀球者的网前或封网者的后场。

（3）攻方杀球者杀对角后，另一名队员想要退到后场去助攻时，接杀球可以还击到网前中路或直线网前。

（4）把攻方杀来的直线球挑对角，杀来的对角球挑直线以调动杀球者。

防守的方法还有许多，目的都是破坏攻方的进攻节奏和削弱进攻的势头，在攻方进攻势头减弱时即可平抽或蹲挡。若攻方站位混乱出现空当，则守方即可抓住战机转守为攻，取得主动。

第四节 羽毛球竞赛规则简介

一、单 打

（1）发球区和接发球区。一局中，发球员的分数为0或双数时，双方运动员均应在各自的右发球区发球或接发球；一局中，发球员的分数为单数时，双方运动员均应在各自的左发球区发球或接发球。

（2）击球顺序和位置。一回合中，球应由发球员和接发球员交替从各自场区的任何位置击出，直至成"死球"为止。

（3）得分和发球。发球员胜一回合则得一分，随后发球员再从另一发球区发球；接发球员胜一回合则得一分，随后接发球员成为新发球员。

二、双 打

（1）发球区和接发球区。一局中，发球方的分数为0或双数时，发球方均应从右发球区发球。一局中，发球方的分数为单数时，发球方均应从左发球区发球。接发球方按其上次发球时的位置站位。接发球员应是站在发球员斜对角发球区的运动员。发球方每得一分，原发球员则变换发球区再发球。

（2）击球顺序和位置。每一回合发球被回击后，由发球方的任何一人和接球方的任何一人，交替在各自场区的任何位置击球，如此往返直至"死球"。

（3）得分和发球。发球方胜一回合则得一分，随后发球员继续发球。接发球方胜一回合则得一分，随后接发球方成为新发球方。

（4）发球顺序。每局比赛的发球权必须如下传递：先由首先发球员从右发球区发球；其次由首先接发球员的同伴从左发球区发球；然后是首先发球员的同伴；接着是首先接发球员；再接着是首先发球员，依此传递。

运动员在比赛中不应有发球、接发球顺序错误或在一局比赛中连续两次接发球（发球区错误的情况除外）。

（5）发球区错误。以下情况为发球区错误：发球或接发球顺序错误；在错误的发球区发球或接发球。如果发现发球区错误，应在"死球"后予以纠正，已得比分有效。

三、发 球

（1）一旦发球员和接发球员做好准备，任何一方不得延误开始发球。

（2）发球员球拍头的向后摆动一旦停止，任何对发球开始的迟延都是延误。

（3）发球员和接发球员，应站在斜对角的发球区界线以内，脚不得触及发球区和接发球区的界线。

（4）从发球开始，至发球结束，发球员和接发球员的两脚都必须有一部分与场地的地面接触，不得移动。

（5）发球员的球拍，应首先击中球托。

（6）发球员的球拍击中球的瞬间，整个球应低于距场地地面高度1.15米。

（7）自发球开始，发球员挥拍必须连贯向前，直至将球发出。

（8）发出的球应向上飞行过网，如果未被拦截，球应落在规定的接发球区内（即落在界线上或界线内）。

（9）发球员发球时，应击中球。

一旦运动员站好位置准备发球，发球员的球拍头开始向前挥动，即为发球开始。一旦发球开始，发球员的球拍击中或未能击中球，均为发球结束。发球员应在接发球员准备好后才能发球，如果接发球员已试图接发球，即视为已做好准备。双打比赛发球时，发球员和接发球员的同伴应在各自的场区内。其站位不限，但不得阻挡对方发球员或接发球员的视线。

四、违　例

以下情况均属违例。

（1）不合法发球。

（2）球发出后：停在网顶；过网后挂在网上；被接发球员的同伴击中。

（3）比赛进行中，球：落在场地界线外（即未落在界线上或界线内）；未从网上越过；触及天花板或四周墙壁；触及运动员的身体或衣服；触及场地外其他物体或人；被击时停滞在球拍上，紧接着被拖带抛出；被同一运动员两次挥拍连续两次击中，但一次击球动作中球被拍框和拍弦面击中不属"违例"；被同方两名运动员连续击中；触及运动员球拍，而未飞向对方场区。

（4）比赛进行中，运动员：球拍、身体或衣服，触及球网或球网的支撑物；球拍或身体从网上侵入对方场区（击球时，球拍与球的接触点在击球者网这一方，而后球拍随球过网的情况除外）；球拍或身体，从网下侵入对方场区，导致妨碍对方或分散对方的注意力；妨碍对方，即阻挡对方随球过网的合法击球；故意分散对方注意力的任何举动，如喊叫、做手势等。

第十一章

网 球

第一节 网球运动概述

一、网球运动的起源和发展

古代网球运动可追溯到 12—13 世纪的法国，它是人们玩耍的一种"掌中游戏"。现代网球运动起源于英国。1873 年，英国人温菲尔德在掌握了古代网球游戏之后，把它从宫廷搬到了室外，使网球运动走进了寻常百姓家。

1877 年，英国在温布尔登举办了第一届草地网球锦标赛，以亨利·琼为首的裁判委员会草拟的比赛规则是现代网球比赛规则的基础，其中的盘制、局制和换位法一直沿用至今。

网球运动走向普及和形成高潮是在美国。二十世纪 40 年代，先后有 4000 多万人参加了网球运动，普及率非常高。

1913 年，世界网球的最高组织——国际网球联合会（简称国际网联）成立，总部设在英国伦敦。1896—1924 年，网球都是奥运会的比赛项目。此后，国际网联因运动员参赛资格问题与国际奥委会存在分歧，网球项目退出奥运会，直到 1988 年汉城（今首尔）奥运会，网球才被重新列为奥运会项目。

中国网球著名运动员有李娜、郑洁、张帅、王蔷、郑赛赛、王雅繁等。中国网球选手经过不断努力和顽强拼搏，逐渐走到世界排名的前列。其中，李娜是 2011 年法国网球公开赛、2014 年澳大利亚网球公开赛女子单打冠军，是亚洲第一位大满贯女子单打冠军。2018 年雅加达亚运会，徐一璠/杨钊煊夺得冠军，这是中国队时隔 12 年再夺亚运会女双冠军，也是历史上第三次登顶。

二、网球运动的锻炼价值

网球运动是一项高雅、文明的运动，它能培养学生优雅的气质、文明的举止和良好的精神风范。

网球运动是一项综合运动，它不仅能全面提高学生的身体素质，如速度、力量、耐力、协调、灵敏等，还能强化学生的心理素质，如反应、判断、平衡、控制和意志等。

网球运动是一种社交活动，它能培养学生的社会交往与沟通能力，全面提升学生的社会适应能力，开拓学生的人际交往空间，使其更好地融入社会，实现自身价值。

网球运动是一项全身运动。经常参加网球运动有利于矫正身体姿势，对处在身体发育过程中的学生的形体有良好的塑造作用，使他们的身体协调发展，形成健美的体形。

第二节　网球运动基本技术

一、握拍法

网球基本握拍法大致分为四类：东方式、大陆式、半西方式和西方式。我们在此只向大家介绍东方式握拍法。

（一）正手握拍法

用左手握住拍颈，使拍面与地面垂直，拍柄底部正对身体。右手掌张开，放在拍面上，然后慢慢地向拍柄底部滑动，掌根到达拍柄底部后，五指自然分开，像握手一样握住拍柄。此时由拇指与食指形成的 V 字形虎口对准拍柄把手的右上斜面。（图 11-2-1）

（二）反手握拍法

在正手握拍法的基础上，使手向左转动（或把球拍向右转动），使拇指与食指形成的 V 字形对准拍柄的左上斜面。（图 11-2-2）

图11-2-1　　　　　图11-2-2

二、正手击球

（一）准备姿势

面对球网，两脚自然开立，与肩同宽（或略大于肩宽），膝关节微屈，重心稍向前，左手轻握拍柄，拍头朝上（约与地面成 45° 夹角）指向对方，注意对方来球，做好击球的准备。

东方式正手握拍法

正手击球

（二）转体引拍

当判断来球需要用正拍回击时，向右转肩、转髋带动球拍向后引拍，引拍要迅速，球拍拍头指向底线后端的挡网，拍头朝上，略高于手腕；同时移动两肩，左脚上前，左肩对着球网，并用左手指着前方的来球。

（三）挥拍击球

击球时应转动身体，用力蹬腿，以肩关节为轴，手腕固定，挥动上臂带动前臂，沿着来球的路线挥击回去，当遇到高球或低球时，要将球拍后引到比击球点略低一点的位置等待来球。

（四）随挥跟进

球拍触球后，使拍面平行于球网的时间尽量长一些，挥拍沿着球的飞行方向前送，重心前移，身体转向球网，拍头随着惯性挥至左肩上方，左手扶着拍颈；随挥跟进结束，随后应立即还原至准备姿势。（图11-2-3）

图11-2-3

三、单手反手击球

（一）准备姿势

单手反手击球的准备姿势与正手击球相同。

（二）转体引拍

当判断来球朝反手方向飞来时，左手应迅速帮助右手转换成反手握拍，向左转肩、转髋带动球拍向左后方引拍；向后引拍时，肘关节自然弯曲，拍头水平放置，指向后方挡网，右脚向左前方上步（重心在右脚）。准备打反手球时的后摆动作应比正手的后摆动作早，整个动作要求连贯、协调。

（三）挥拍击球

球拍由后向前上方挥出，前挥时，手臂仍然保持弯曲，直至随挥结束后才相对伸直；击球点在右脚左侧前方，击球时，球拍与右脚应在同一条直线上，击球高度在腰部上下；球拍接触球时，手腕要绷紧，拍面与地面保持垂直。

（四）随挥跟进

击球后球拍继续沿着球的飞行方向向前上方推送，重心前移，挥拍至右肩上方结束，身体转向球网，随后还原成准备姿势。（图11-2-4）

反手击球

图11-2-4

四、发 球

网球发球技术是一项非常重要的技术。发球在网球的各项技术中是唯一可以由自己所掌控的技术（不受对方影响，并可直接得分）。发球的好坏直接关系到1分的得失，因此必须要掌握良好的发球技术。

（一）握拍法

发球一般采用东方式反手握拍，这种握拍法可以发出不同旋转角度的球。

（二）准备姿势

侧身站立在端线外中场标记旁，左肩对着发球的区域，两脚开立，约与肩同宽。左手持球并轻托球拍置于腰部，拍头指向前方。呼吸均匀，注意力集中。

（三）抛球与引拍

抛球与向后引拍是同步进行的。持球手五指轻轻托住球，掌心向上。球拍先向下再向后引拍，持球手指着上方的来球，紧接着球拍从身后向头上方做大弧度地摆动，转体、屈膝、转肩。抛球动作要平稳、协调。

（四）击 球

球拍继续向上摆起，身体向前方转动，肘关节微屈并放松，这时上臂领先于前臂，前臂领先于球拍，形成一个弧线，为随后的鞭打动作积蓄能量。继续向前挥臂，手腕带动前臂有一个内旋的鞭打动作，球拍速度瞬时达到最快并与球撞击。

（五）随挥动作

球拍将球击出后，继续沿着前上方挥动，做完随挥动作，扣腕、收拍于身体左侧下方，重心前移，身体自然地跟进，保持动态平衡。（图 11-2-5）

发 球

图11-2-5

五、接发球

网球的接发球和发球是相互影响、相互制约的。在比赛过程中有大约50%的得分是从接发球开始的。随着当今发球技术的不断提高,接发球的重要性也越来越受到人们的重视。

（一）接发球的位置

通常在接第一发球时位置在离底线稍远的地方,接第二发球时位置根据对手第二发球的习惯可接近底线或站在场内。要根据发球者不同的站位来调整自己的位置,如果发球者比较靠近中点,接球者也要比较靠近中间;如果发球者比较靠近边线,接球者相应也要靠近边线。

（二）正手、反手接发球的基本动作

一般的正手、反手接发球时,向后引拍的动作要短促,应保证击球点在身体的前方,重心迅速前移,击球动作连贯,收拍协调。

（三）接发球的回球路线

接发球的回球路线原则上是回对角斜线球。如果对手采取发球上网战术,则多采用直线穿越、小斜线或打追身方式接发球。

（四）集中注意力

从对方抛球开始,注意力就要集中在球的运动和对方挥拍的动作、力量的大小上;球在空中飞行时就要预判球的大概落点、方位、速度等,提前移动到相应的区域,做好引拍的准备。

（五）避免全力击打

在接发球时,首先是要保证回球的质量,尽量避免全力击打,使球"活着",这样才有机会与对手周旋下去。如果接发选择大力击球则要看清楚时机。

六、截击球

网前截击又称挡网,是指球在空中未落地之前,采取推挡过网的一种击球方式。

其特点是缩短球的飞行距离和时间，扩大击球的角度，加快回球的速度。它是网球比赛中重要的得分手段。

（一）握 拍

正手、反手截击均可采用大陆式握拍，因为这种握拍正手、反手都可以使用，而且在快速的近网截击中无须频繁地交换握拍，从而从容面对每一个来球。

（二）引 拍

无论正手截击还是反手截击，引拍动作一定要以转肩为主。引拍后球拍置于胸前，肘关节微屈，左右手呈"手铐"状，膝关节微屈，拍头高于手腕，眼睛紧盯着来球。

（三）挥 拍

向前挥拍时，要随着正手截击出左脚、反手截击出右脚；同时重心前移，带动右肩顺势向前挥击。向前挥击时要保证右肩的紧张用力并往前推送，目的是利用身体的力量向前碰击来球。

（四）击 球

对来球做好预判后，应尽可能地赶在身体前方击中来球，击球点约在身体斜前方45°处。正手截击球时，应以手腕领先于身体击球，即手腕在击球时处在身体的最前面，使球拍和手呈 V 字形。

（五）随挥动作

击球过程是一个短促有力的撞击过程，球拍触球后沿击球的方向往前送出 30 厘米左右即可停止。

正手截击球动作见图 11-2-6，反手截击球动作见图 11-2-7。

正手截击球

图 11-2-6

反手截击球

图 11-2-7

七、高压球

高压球是指在头上方用扣压的动作完成击球的一种方法。在网球比赛中，当你来到网前击球时，对手可能会用挑高球来调动你，如果你掌握了高压球技术，就能很从容地面对挑高球，给对手以重重的打击，摧毁对手的信心。高压球可分为凌空高压球、落地高压球、前场高压球、后场高压球等，其动作与发球相似。

（一）握 拍

高压球都是大陆式握拍（虎口对着拍柄上的左棱线）。

（二）准备姿势

上网或在上网途中要随时做好击球的准备，准备动作与正手、反手击球准备动作基本相同。

（三）后摆引拍

以准备姿势为基础，在脚步开始调整的同时，转体、侧身对着来球，并以最快的速度将球拍引至肩上。

（1）指向来球：在移动的同时左手应指向空中下降的来球，这不仅有助于找准击球点的位置，还可以维持身体的平衡。

（2）反背弓动作：后摆引拍时除了伴随转体、侧身动作以外，还应有适度的屈膝及反背弓动作以备发力之需。高压球不单纯依靠手臂和手腕来发力，还要靠腰腹、腿部以及整个身体的协调来发力。

（四）挥拍击球

预判好击球点并移动到位后，以双脚为支撑点向击球点方向蹬地、转体、收腹，继而挥拍击球。发力次序和感觉与发球相似（就好比高压球是移动中的发球）。

（五）随挥动作

高压球的随挥动作与发球动作类似，击球过后顺势将球拍收于持拍手异侧的腿侧即可。这在击球点比较合适（如在身体的前上方）的情况下比较容易做出来。如果击球点很靠后或很偏，不适合正常发力，那么随挥动作就有可能被强行的扣腕或旋腕动作所代替，这要求击球者具有良好的腰腹力量和手腕的控制能力，初学者遇到这样的情况时应该量力而行，若勉强为之，则容易受伤。

高压球

八、挑高球

挑高球在网球基本技术中占着比较重要的位置，是对付网前进攻所采用的一种防御手段。高质量的挑高球不仅可以化被动为主动，还可以直接得分，所以挑高球技术可以分为防守性挑高球和进攻性挑高球两种。

（一）握 拍

因为绝大多数的挑高球都是在底线附近完成的，所以它的握拍法与底线正手、反手击球时一样。

（二）准备姿势

挑高球准备姿势与击打落地球时的基本姿势相同。

挑高球

（三）后摆引拍

挑高球引拍时，拍面拉开至很低的位置等待来球，并保持流畅、慢速的动作，随着身体重心向前、向上的移动，膝关节也跟着缓慢地伸直。

（四）球拍触球

球拍触球时，拍面打开，手腕绷紧固定。

（五）随挥动作

随挥动作在一个由低至高的路线上向前向上跟进，触球后手腕做"雨刷器"式运动，收拍于异侧肩膀附近，身体在整个击球的过程中一直保持着动态的平衡。

九、削 球

削球可分为正手削球和反手削球，在网球比赛中反手削球应用得比较多，因此这里着重介绍反手削球。掌握了反手削球技术，对扩大击球范围、提高击球稳定性以及增加攻击手段都很有好处。

（一）握 拍

正反手削球均采用大陆式握拍。

（二）后摆引拍

引拍动作比反手截击引拍动作稍大，拍面稍打开。绝对不能用手腕带动球拍，而是利用转体、转肩把球拍带到左肩旁边。注意转肩时右肩尽量不要接触到下颌。

（三）球拍触球

在击球时，拍面与球形成一定角度，击球点在身体的左侧前方，重心随着击球方向向前移动。

（四）随挥动作

击到球后，球拍随球向前向下跟进，动作结束于体前。

十、放小球

放小球也叫放短球，是指把球打到对方场区比较靠近网的位置，这样就可以调动对手，争取场面上的主动。

（一）握 拍

正手、反手放小球都可采用东方式或大陆式握拍法。

（二）准备姿势

站立姿势与正常击打落地球时的姿势相同，这样可以迷惑对手。

（三）后摆引拍

引拍动作与正手、反手引拍动作基本相同。

（四）球拍触球

球拍触球时，拍面打开，球拍与来球球面的中下部接触，手腕相对放松，使球产生一定的旋转。

（五）随挥动作

击到球后，球拍随球击出的方向做一个简短的随挥，动作约在腰部高度结束。

第三节 网球运动基本战术

一、打法类型

（一）防守型

防守型打法要求选手具备出色的移动技术和良好的体能，因为这种打法在比赛中需要击打的回合很多，比赛的时间也会很长。对于防守型选手，稳定的击球、准确的穿越球和良好的挑高球都是关键技术。防守型选手喜欢留在底线之后，在慢速的球场，特别是红土场通常会有比较好的成绩。

（二）攻击型

攻击型选手的站位一般在底线上或稍前，便于出现浅球时发起进攻。他们的握拍方式倾向于西方式和双手反手握拍，带有强烈上旋的斜线球是攻击型底线选手打法风格的基础，直线的穿越球也是拿手好戏。

（三）全场型

全场型选手体魄健硕，并且有非常出色的脚步移动能力。他们是击球方面的专家，喜欢采取积极主动的方式，能够轻松地从防守转入进攻。使用各种各样的方式击球是全场型选手的常态。

二、初级战术类型

根据统计，比赛中的失分有 85% 是失误造成的。最好的策略是让对手陷于困境，并迫使对手采用高风险的击球方式。选手应主动选择那些会令自己处于有利位置的击球方式。战术是每位选手的竞技能力得以在比赛中全面发挥的关键，这就需要选手制定自己的战术方案。如单打比赛常见的战术有中场浅球随球上网、发球上网、接发球上网、底线相持放小球等。在双打的比赛中，战术变化更多，如双上网、一网前一底线、双底线、发球局澳式站位等。

三、单打战术

在单打比赛中，如果双方的水平相近，那么能够灵活运用战术的一方将会取得场上的主动，甚至是比赛的胜利，所以说战术在单打比赛中有着举足轻重的地位。单打战术有三种类型：底线型、上网型和全能型。

（一）底线型

底线型战术打法以底线抽球的深度、旋转、角度、速度来调动和牵制对方，从而寻找制胜的机会。良好的预判、快速灵活的移动以及稳定的正反手击球技术是比赛获

胜的关键。当今职业网坛 70% 以上的球员都属于底线型打法，以能攻善守的纳达尔（西班牙职业网球运动员）为典型代表。

（二）上网型

上网型战术打法用发球上网或随球上网为自己创造上网的机会，再通过截击、高压球、放小球等技术来扰乱对方的节奏，从而获取比赛的胜利。发球上网是上网型选手在发球局中的主要战术，这种打法的选手以桑普拉斯（美国前职业网球运动员）为典型代表，他强大的发球往往能直接得分，至少也能通过快速的发球来破坏对方的接发球质量，从而为自身上网创造条件。这种类型的选手必须具备良好而稳定的发球、截击、高压球技术。

（三）全能型

全能型战术打法的特点是既能发球上网、随球上网，在网前和中场附近能和对手从容地展开厮杀，又能在底线通过抽球来控制局面。这类选手战术多变，可根据场上不同的对手、不同的情况来制定不同的战术，以费德勒（瑞士职业网球运动员）为杰出代表。

四、双打战术

默契的配合是双打战术的重中之重，也是双打取胜的关键。双打比赛在职业比赛中的地位明显不如单打比赛，这从比赛的奖金分配就可以看得出来，但是双打在业余网球比赛或是网球休闲健身中深得众多业余网球选手喜爱，因为双打比赛的运动量不是很大，参与的人数也多，既能锻炼身体、愉悦身心，又能广交朋友、拓宽眼界。当今双打比赛中的战术主要有发球局战术和接发球局战术。

（一）发球局战术

1.发球上网战术

发球上网战术要求第一发球的质量要高（包括球的旋转、力量、角度、深度等），并且能够不断变化落点，让对手琢磨不透，然后根据回接球的路线来到网前比较有利的位置，从而给对手以致命的一击。如果第一发球的质量无法做得很好，也要通过第二发球的旋转和落点来为上网创造条件。

2.发球上网抢网战术

运用发球上网抢网战术，网前的同伴要事先与发球的同伴沟通好抢与不抢或是发什么落点、怎样旋转。此战术可以扰乱接发球方的回球质量，为发球上网得分或网前得分创造机会。

3.一底线一网前战术

在双打比赛中，如果对方接发球质量很高，可采取一底线一网前战术。底线同伴要为网前同伴制造机会抢网得分；网前同伴要时刻注意对方破网，防守好自己的片区。

（二）接发球局战术

1.接发球抢网战术

在双打比赛中，接发球抢网战术经常被运用，但这需要接发球同伴与网前同伴默契配合才能完成，比如网前同伴抢网了，后方的同伴就要做好补空位的准备，为网前

同伴创造机会。

2.接发球双上网战术

接发球双上网战术要求接发球同伴事先与网前同伴商量好，让网前同伴做好心理准备。要求接发球质量高。如果回接球很差而草率地上网，那必定会使自己陷入被动。因此接发球质量高才能为双上网创造条件。

3.接发球双底线战术

在双打比赛中，如果对方发球很有威胁，网前也非常活跃，为了避其锋芒，可采用接发球双底线战术。两人退至底线附近，发球方的网前就会顿时没了目标、不知所措。此战术要求提高接发球质量，看准时机破网，还要时刻注意对方放小球。

第四节 网球竞赛规则简介

一、计分方法

网球比赛计分的最小单位是分，然后是局，最后是盘。

（一）胜1局

在比赛中，球员每胜1球即得1分，记分15，胜第2分记分30，胜第3分记分40，先胜4分者为胜1局。如遇双方各得3分时，则为平分。平分后，某一方先得1分，为该球员占先。占先后再得1分，才算胜1局。如一方占先后，对方又得1分，则仍为平分。依此类推，直到一方在平分后净胜2分才为胜该局。

（二）胜1盘

一方先胜6局为胜1盘。但遇双方各胜5局时，一方必须净胜2局才为胜1盘，也就是7：5。如果双方的局数打到6：6时，就要以决胜局（俗称"抢七"）定胜负。

（三）胜1场

四大满贯比赛除男子单打采用五盘三胜制外，男子双打、女子单打、女子双打、混合双打均采用三盘两胜制。

二、基本竞赛规则

（一）发球前

发球前发球员应先站在底线后中点和边线的假定延长线之间的区域里，然后用手将球向空中任何方向抛起（仅能用一只手的运动员，可用球拍将球抛起），在球接触地面以前用球拍击球。

（二）发球时

发球员在整个发球动作中，不得通过行走或跑动改变原先站位。发出的球应从网上越过，落在对角的对方发球区内或其周围的线上。

（三）发球员的位置

每局开始时，发球员应先从右区底线后发球，得或失1分后，再换到左区发球。发球位置错误一旦被发现，就应立即纠正，但比分仍然有效。

（四）发球无效

发球触网后仍落在对方发球区内；球发出后，无论好坏，接球员没有做好准备时则发球无效，判重新发球。

（五）发球失误

未击中球；发出的球在落地前触及固定物（球网、中心带和网边白布除外）；违反站位的规定。第一次发球失误不失分，应在原发球位置进行第二次发球；第二次发球失误就失1分，称为"双误"。

（六）交换发球

第一局比赛结束交换发球以后，每局比赛结束均依次交换发球，直至比赛结束。

（七）交换场地

双方应在每盘的单数局结束后，以及每盘结束双方局数之和为单数时交换场地。

（八）失　分

发生下列任何一种情况，均判失分：

（1）在球第二次着地前，未能还击过网；

（2）还击的球触及对方场区界线以外的地面、固定物或其他的物件；

（3）还击空中球失败；

（4）故意用球拍触球超过1次；

（5）运动员的身体、球拍在活球期间触网；

（6）过网击球或抛拍击球；

（7）除握在手中的球拍外，运动员的身体或穿戴的物件触球。

（九）压线球

压线球算界内球。

（十）双打比赛发球次序

每盘第一局开始时，由发球方决定由何人首先发球，对方则同样地在第二局开始时，决定由何人首先发球。第三局和第四局由第一局和第二局未发球的队员发球。该盘比赛以下各局均按此次序轮转发球。

（十一）双打比赛接球次序

双方在第一局、第二局中，分别决定由何人先接发球，第三局、第四局由前两局中未接发球的队员接发球，该盘比赛以下各局均按此次序接发球。

（十二）双打还击

发球后，双方可以并只能由任何1名队员还击。

第十二章

民族传统体育与技击运动

===== 第一节　武　术 =====

一、初级长拳（第三路）

（一）长拳概述

长拳是在查拳、华拳、花拳、洪拳、炮拳、少林拳等传统拳术的基础上，根据其风格特点，综合整理创编而成，而后逐渐发展起来的一种影响广泛的拳术，其主要特点是动作舒展大方、姿势雄壮、精神勇往、力法快长。长拳在动作上讲究动迅静定、快速灵活、刚劲勇猛、节奏鲜明；在技击上讲究放长击远，出拳要拧腰送肩，以发挥"一寸长一寸强"的优势。长拳运动既均衡又全面，能够有效地提高人体的柔韧、力量、耐力、灵敏等身体素质。

（二）初级长拳（第三路）动作名称

预备动作	1. 虚步亮掌	2. 并步对拳		
第一段	1. 弓步冲拳	2. 弹腿冲拳	3. 马步冲拳	4. 弓步冲拳
	5. 弹腿冲拳	6. 大跃步前穿	7. 弓步击掌	8. 马步架掌
第二段	1. 虚步栽拳	2. 提膝穿掌	3. 仆步穿掌	4. 虚步挑掌
	5. 马步击掌	6. 叉步双摆掌	7. 弓步击掌	8. 转身踢腿马步盘肘
第三段	1. 歇步抡砸拳	2. 仆步亮掌	3. 弓步劈拳	4. 换跳步弓步冲拳
	5. 马步冲拳	6. 弓步下冲拳	7. 叉步亮掌侧踹腿	
	8. 虚步挑拳			
第四段	1. 弓步顶肘	2. 转身左拍脚	3. 右拍脚	4. 腾空飞脚
	5. 歇步下冲拳	6. 仆步抡劈拳	7. 提膝挑掌	8. 提膝劈掌弓步冲拳
结束动作	1. 虚步亮掌	2. 并步对拳		
还　原				

（三）初级长拳（第三路）动作图解

预备动作

头要端正，下颌微收，挺胸、沉腰、收腹。（图12-1-1）

1. 虚步亮掌

【要点】成虚步时，重心落于右腿上，右大腿与地面平行；左腿微屈，脚尖点地。（图12-1-2）

图12-1-1 　　　　　　　　　　　图12-1-2

2. 并步对拳

【要点】并步后挺胸、沉腰；对拳、并步、转头要同时完成。（图12-1-3）

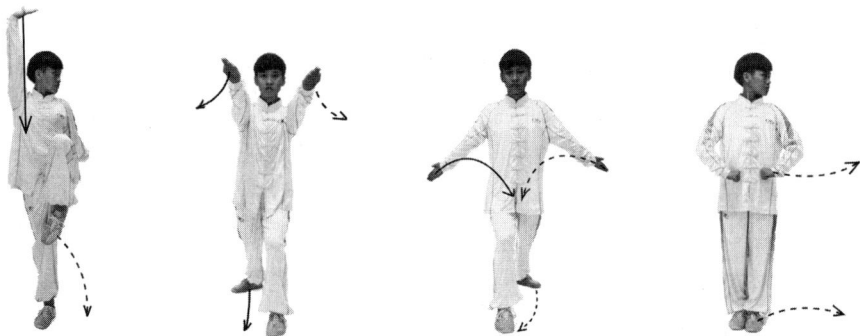

图12-1-3

第一段

1. 弓步冲拳

【要点】成弓步时，右腿充分蹬直，脚跟不要离地；冲拳时，尽量转腰送肩。（图12-1-4）

2. 弹腿冲拳

【要点】弹出的腿要有爆发力，力达脚尖；弹腿和冲拳要协调，同时完成。（图12-1-5）

3. 马步冲拳

【要点】成马步时，大腿要呈水平，两腿平行，脚跟外蹬，挺胸、沉腰。（图12-1-6）

图 12-1-4　　　　　　　　　图 12-1-5　　　　　　　　图 12-1-6

4. 弓步冲拳

【要点】与本段的弓步冲拳相同，只是左右相反。（图 12-1-7）

5. 弹腿冲拳

【要点】与本段的弹腿冲拳相同，只是左右相反。（图 12-1-8）

图 12-1-7　　　　　　　　　　　　　图 12-1-8

6. 大跃步前穿

【要点】跃步要远，落地要轻，整个动作要协调、连贯完成。（图 12-1-9）

图 12-1-9

7. 弓步击掌

【要点】右拳变掌后，掌和手指向上，目视右掌。（图 12-1-10）

8. 马步架掌

【要点】抖腕、甩头要同时进行。马步的要求同马步冲拳。（图 12-1-11）

图 12-1-10　　　　　　　　　　　图 12-1-11

第二段

1. 虚步栽拳

【要点】落步、架拳、栽拳、转头要同时进行。（图 12-1-12）

2. 提膝穿掌

【要点】支撑腿与右臂充分伸直。（图 12-1-13）

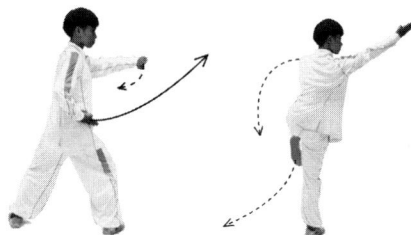

图 12-1-12　　　　　　　　　　　图 12-1-13

3. 仆步穿掌

【要点】右腿全蹲。（图 12-1-14）

4. 虚步挑掌

【要点】上步要协调，虚步要稳。（图 12-1-15）

图 12-1-14　　　　　　　　　　　图 12-1-15

5. 马步击掌

【要点】右掌搂手时，先使臂内旋、腕伸直，手掌向下、向外转；接着臂外旋，掌心经下向上翻转，同时抓握成拳。收拳和击掌动作要同时进行。（图 12-1-16）

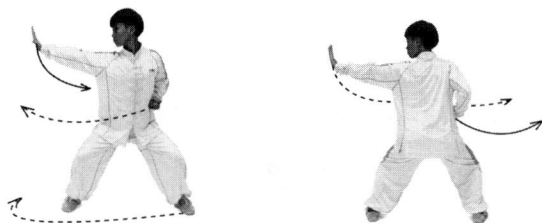

图 12-1-16

6. 叉步双摆掌

【要点】两臂要画立圆，幅度要大，摆掌与后叉步配合一致。（图 12-1-17）

7. 弓步击掌

【要点】退步和推掌要协调一致；推掌发力前，左腿要蹬住地面。（图 12-1-18）

图 12-1-17

图 12-1-18

8. 转身踢腿马步盘肘

【要点】两臂抡动时画立圆，动作连贯；盘肘要快速有力，右臂前送。（图 12-1-19）

图 12-1-19

第三段

1. 歇步抡砸拳

【要点】抡臂动作要连贯完成，画立圆；歇步要两腿交叉前蹲，左腿的大小腿靠紧，臀部贴于左小腿后侧，左腿膝关节在右小腿外侧，脚跟提起；右脚脚尖外撇，前脚掌着地。（图 12-1-20）

图 12-1-20

2. 仆步亮掌

【要点】落步下蹲时，先成右仆步，然后迅速过渡成左仆步；成仆步时，左腿充分伸直，脚尖内扣，右腿前蹲，两脚掌前部着地；上体挺胸沉腰，稍左转。（图12-1-21）

图 12-1-21

3. 弓步劈拳

【要点】左右脚上步稍带弧形。（图12-1-22）

图 12-1-22

4. 换跳步弓步冲拳

【要点】换跳步动作要连贯、协调；震脚时，腿要弯曲，全脚掌着地；左脚离地不要过高。（图12-1-23）

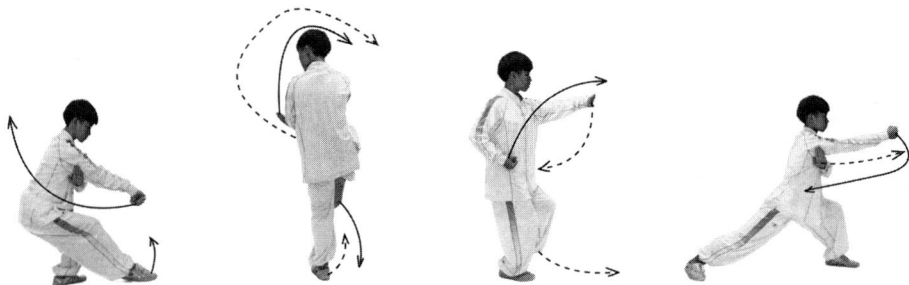

图 12-1-23

5. 马步冲拳

【要点】左拳眼向上，右拳心向上。（图12-1-24）

6. 弓步下冲拳

【要点】左掌心向上，右拳眼向上。（图12-1-25）

7. 叉步亮掌侧踹腿

【要点】叉步时，上体稍向右倾斜，腿、臂的动作要一致；侧踹高度不能低于腰，着力点在脚跟。（图12-1-26）

图 12-1-24　　　　图 12-1-25　　　　　　　图 12-1-26

8. 虚步挑拳

【要点】挑拳发力与脚尖点地同时完成。（图 12-1-27）

图 12-1-27

第四段

1. 弓步顶肘

【要点】交换步时不要过高，但要快；两臂抢摆时画圆弧。（图 12-1-28）

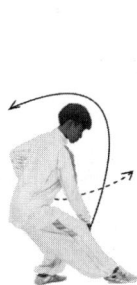    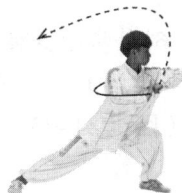

图 12-1-28

2. 转身左拍脚

【要点】右掌拍脚时，手掌稍横过来，拍脚要准而响亮。（图 12-1-29）

3. 右拍脚

【要点】与本段的转身左拍脚相同。（图 12-1-30）

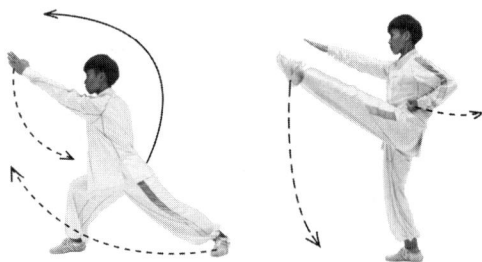

图12-1-29　　　　　　　　　　　　图12-1-30

4. 腾空飞脚

【要点】蹬地要向上，不要太向前冲；左膝尽量上提；击响要在腾空时完成，此时，右臂伸直呈水平。（图 12-1-31）

5. 歇步下冲拳

【要点】身体右转约90°，两腿全蹲成歇步；右掌抓握、外旋变拳收至腰侧，左拳由腰侧向前下方冲出，拳心向下；目视左拳。（图 12-1-32）

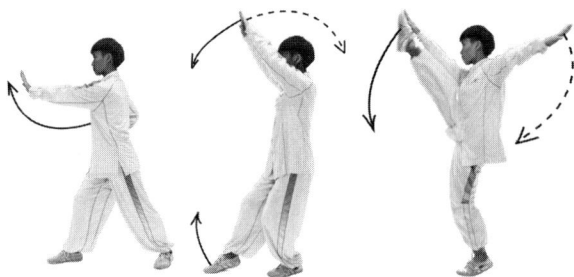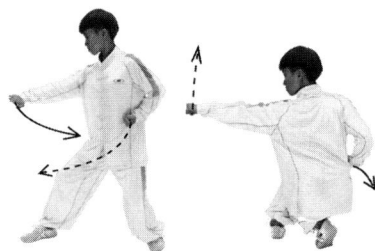

图 12-1-31　　　　　　　　　　　　图 12-1-32

6. 仆步抡劈拳

【要点】抡臂时要画立圆，右拳由上向下抡劈，拳眼向上，左拳后上举，目视右拳。（图 12-1-33）

图 12-1-33

7. 提膝挑掌

【要点】抡臂时要画立圆。（图 12-1-34）

8. 提膝劈掌弓步冲拳

【要点】搂手时要画弧。（图 12-1-35）

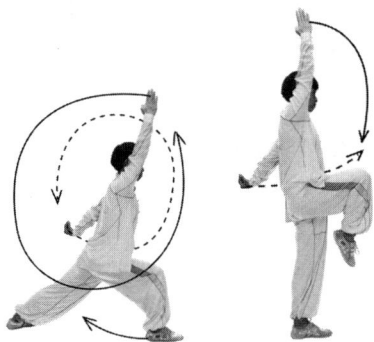

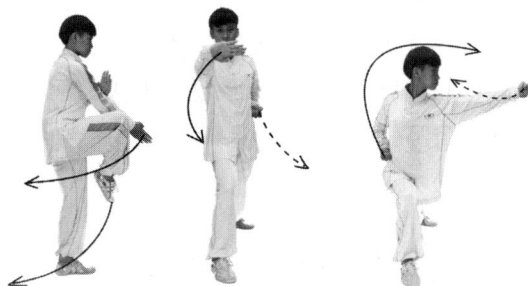

图 12-1-34　　　　　　　　　　　　　　　图 12-1-35

结束动作

1. 虚步亮掌

【要点】亮掌和转头协调一致。（图 12-1-36）

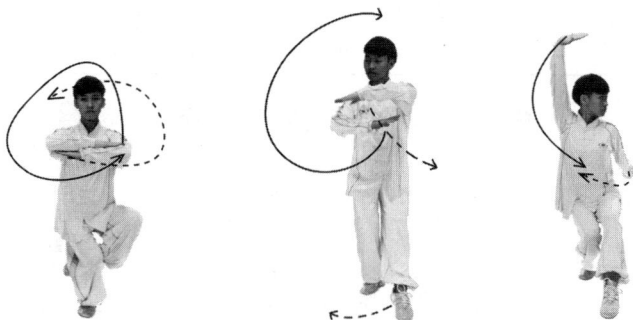

图 12-1-36

2. 并步对拳

【要点】拳心向下，拳面相对。（图 12-1-37）

还　　原

【要点】两手成掌，两臂自然下垂；目视正前方。（图 12-1-38）

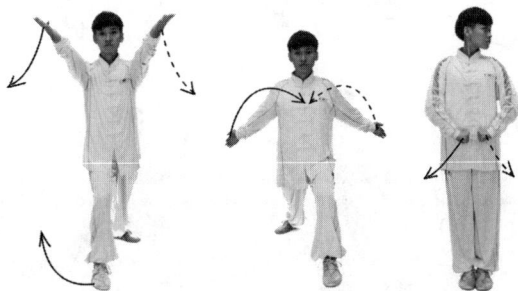

图 12-1-37　　　　　　　　　　　　　　图 12-1-38

八式太极拳

二、八式太极拳

　　八式太极拳又称一段拳，是中国武术段位制初段位技术规定套路的一段太极拳，即初段位中的一段考评套路，共有 10 式（含起势、收势），全部采用杨式大架太极拳，

吸取了杨式大架太极拳中最主要、最基础的 8 个单式动作。八式太极拳内容精练、重点突出，易学易记，均匀缓慢，连绵不断，可用于修身养性。

（一）八式太极拳动作名称

1. 起　势　　　　　2. 卷肱势　　　　　3. 搂膝拗步

4. 野马分鬃　　　　5. 云　手　　　　　6. 金鸡独立

7. 蹬　脚　　　　　8. 揽雀尾　　　　　9. 十字手

10. 收　势

（二）八式太极拳动作图解

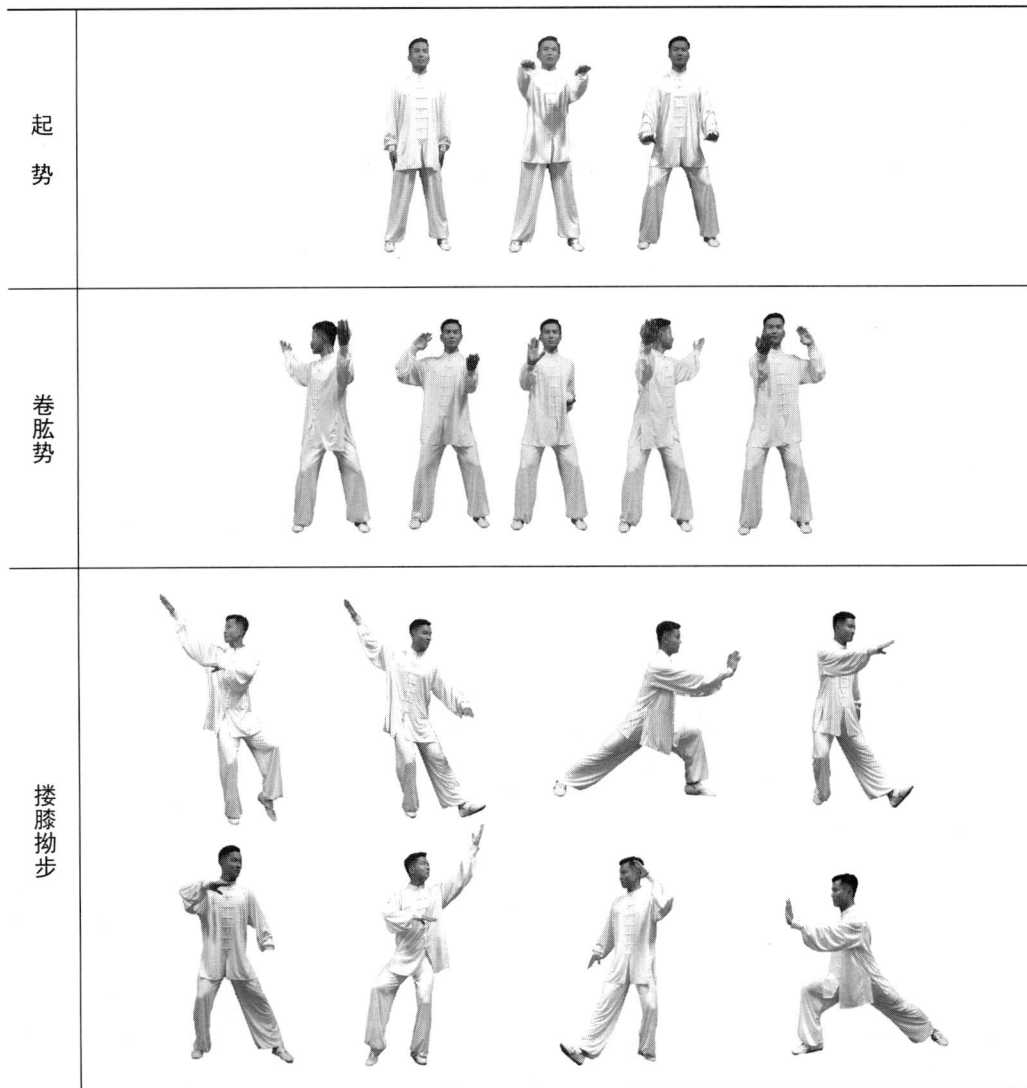

起势	
卷肱势	
搂膝拗步	

野马分鬃	
云手	
金鸡独立	
蹬脚	

揽雀尾

十字手

收势

三、初级刀术

（一）初级刀术概述

初级刀术原名刀术练习，是国家体育总局为了满足广大群众锻炼的需要而整理审编的器械初级套路，其特点是内容丰富、结构紧凑、动作舒展、刀法多变、气势剽悍。初级刀术分为四段，总共 32 式（预备式与结束动作除外）。该套路内容丰富，其中有缠头裹脑刀、劈刀、砍刀、跳刀、刺刀、挂刀、撩刀、按刀、斩刀和扫刀等刀法，有弓步、马步等步法；还有拧、仰、俯、转、翻和闪等身法。反复练习初级刀术，不仅可以促进练习者柔韧、速度、耐力和力量等身体素质的全面发展，还可以为练习者进一步提高刀术水平进而全面掌握武术技能奠定基础。

（二）初级刀术动作图解

预备式

【要点】分解动作必须连贯起来做，不要中断；成虚步时，必须虚实分清；要挺胸沉腰；上半步、进一步和并步的动作，必须和两臂从后向额前上方绕环的动作协调一致。（图 12-1-39 ～图 12-1-46）

图 12-1-39　　　图 12-1-40　　　图 12-1-41　　　图 12-1-42

图 12-1-43　　　图 12-1-44　　　图 12-1-45　　　图 12-1-46

第一段

1. 弓步缠头

【要点】缠头时，刀背必须贴着脊背绕行；扫刀时，刀身必须平行，迅速有力。（图 12-1-47、图 12-1-48）

2. 虚步藏刀

【要点】分解动作必须连贯起来做；扫刀要平，绕刀要使刀背贴靠脊背。（图12-1-49～图12-1-52）

图 12-1-47　　　　　图 12-1-48　　　　　图 12-1-49

图 12-1-50　　　图 12-1-51　　　图 12-1-52

3. 弓步前刺

【要点】刀尖与右手、右肩要平行，上身略向前探。（图12-1-53）

4. 并步上挑

【要点】要挺胸、直背，两腿伸直，左臂伸平，右肘微屈。（图12-1-54）

5. 左抡劈

【要点】抡劈动作必须连贯、有力，与步法配合一致。（图12-1-55～图12-1-58）

图 12-1-53　　　图 12-1-54　　图 12-1-55　　　图 12-1-56　　　图 12-1-57　　　图 12-1-58

6. 右抡劈

【要点】抡劈动作必须连贯、有力，与步法配合一致。（图12-1-59～图12-1-62）

7. 弓步撩刀

【要点】撩刀必须与步法协调一致。（图12-1-63～图12-1-65）

图 12-1-59 　　　　　图 12-1-60 　　　　　图 12-1-61

图 12-1-62 　　　 图 12-1-63 　　　 图 12-1-64 　　　 图 12-1-65

8. 弓步藏刀

【要点】扫刀必须迅速；藏刀时，右大腿要坐平，右手持刀使刀身贴近右腿，刀尖藏于膝旁；左腿挺直，两脚脚跟和脚外侧均不可离地。（图 12-1-66 ～图 12-1-68）

图 12-1-66 　　　　　　图 12-1-67 　　　　　　图 12-1-68

第二段

1. 提膝缠头

【要点】直立腿膝部必须挺直，提膝腿膝部尽量高提，脚底贴近裆前；上身正直，右臂稍离胸前，不要紧贴于胸。（图 12-1-69 ～图 12-1-71）

2. 弓步平斩

【要点】斩击时刀身要平，刀尖与腕部、肩部要平行。（图 12-1-72）

3. 仆步带刀

【要点】翻刀、后带动作必须连贯。成仆步时，脚外侧和脚跟均不可离地，上身稍向左侧倾斜。（图 12-1-73）

图 12-1-69　　　图 12-1-70　　　图 12-1-71　　　　图 12-1-72　　　　　图 12-1-73

4. 歇步下砍

【要点】上述分解动作，必须连贯起来做；下砍时，刀的着力点是刀身的后段。（图 12-1-74～图 12-1-76）

5. 左劈刀

【要点】转身、绕背、下劈的动作必须迅速、连贯。（图 12-1-77～图 12-1-81）

6. 右劈刀

【要点】劈刀必须快速有力。（图 12-1-82～图 12-1-84）

图12-1-74　　　图12-1-75　　　图12-1-76　　　图12-1-77　　　图12-1-78　　　图12-1-79

图 12-1-80　　　图 12-1-81　　　图 12-1-82　　　图 12-1-83　　　　图 12-1-84

7. 歇步按刀

【要点】插步、歇步、绕刀、按刀的动作必须快速连贯。（图 12-1-85～图 12-1-87）

8. 马步平劈

【要点】转身、劈刀要快；成马步时，两脚脚尖要内扣，大腿要坐平。（图 12-1-88、图 12-1-89）

图 12-1-85　　　　图 12-1-86　　　　图 12-1-87　　　　图 12-1-88　　　　图 12-1-89

第三段

1. 弓步撩刀

【要点】上步与撩刀必须同时进行。（图 12-1-90、图 12-1-91）

2. 插步反撩

【要点】分解动作必须连贯；插步反撩时，上身略向前俯。（图 12-1-92、图 12-1-93）

图 12-1-90　　　　　　图 12-1-91　　　　　　图 12-1-92　　　　　　图 12-1-93

3. 转身挂劈

【要点】挂刀时，必须反屈腕，防止刀尖扎地；挂刀和劈刀的动作要连贯起来；提膝独立要站稳。（图 12-1-94 ～图 12-1-97）

   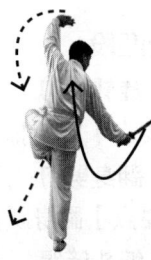

图 12-1-94　　　　图 12-1-95　　　　图 12-1-96　　　　图 12-1-97

4. 仆步下砍

【要点】下砍时，刀的着力点是刀身后段。（图 12-1-98、图 12-1-99）

5. 架刀前刺

【要点】进步架刀、提膝转身、弓步前刺的动作必须迅速连贯；转身时注意刀尖的方向一直指向同一目标。（图 12-1-100 ～图 12-1-102）

6. 左斜劈

【要点】提膝独立要稳，斜劈要快速有力。（图 12-1-103 ～图 12-1-105）

7. 右斜劈

【要点】同左斜劈，只是方向相反。（图 12-1-106、图 12-1-107）

8. 虚步藏刀

【要点】绕刀时，必须使刀背贴靠脊背绕行；藏刀时，右手腕部必须上翘，使刀尖尽量向上，不要使刀尖下垂。（图 12-1-108 ～图 12-1-110）

图 12-1-98

图 12-1-99

图 12-1-100

图 12-1-101

图 12-1-102

图 12-1-103

图 12-1-104

图 12-1-105

图 12-1-106

图 12-1-107

图 12-1-108

图 12-1-109

图 12-1-110

第四段

1. 旋转扫刀

【要点】旋转扫刀必须快速，刀身要平且低。（图 12-1-111 ～图 12-1-115）

2. 翻身劈刀

【要点】翻身跃步要远不要高，劈刀要抡圆。（图 12-1-116 ～图 12-1-118）

3. 缠头箭踢

【要点】缠头和箭踢的动作必须先后协调；缠头要快速，箭踢要有力，膝部要伸直。（图 12-1-119、图 12-1-120）

4. 仆步按刀

【要点】向右后方劈刀要快速有力，纵跳和向右后转身要借助劈刀的惯性；做仆步时，左脚脚尖内扣，两脚外侧和脚跟均不可离地掀起，上身略向左前方探倾。（图 12-1-121 ～图 12-1-123）

图 12-1-111

图 12-1-112

图 12-1-113

图 12-1-114

图 12-1-115

图 12-1-116

图 12-1-117

图 12-1-118

图 12-1-119

图 12-1-120

图 12-1-121

图 12-1-122

图 12-1-123

5. 缠头蹬腿

【要点】缠头时必须使刀背绕裹左膝后顺脊背绕行，动作要迅速，蹬腿要快，并与缠头动作连贯一致。（图 12-1-124 ～图 12-1-128）

6. 虚步藏刀

【要点】跃步、转身、落步的动作必须与刀的平扫、绕背动作协调一致。（图 12-1-129 ～图 12-1-133）

7. 弓步缠头

【要点】缠头时必须使刀背贴靠脊背绕行，扫刀要迅速。（图 12-1-134、图 12-1-135）

8. 并步抱刀

【要点】并步与接刀的动作要协调一致。（图 12-1-136 ～图 12-1-138）

图 12-1-124

图 12-1-125

图 12-1-126

图 12-1-127

图 12-1-128

图 12-1-129

图 12-1-130

图 12-1-131

图 12-1-132

图 12-1-133

图 12-1-134

图 12-1-135

图 12-1-136

图 12-1-137

图 12-1-138

结束动作

【要点】退步、撤步和绕掌的动作要连贯迅速。（图 12-1-139 ～图 12-1-141）

图 12-1-139

图 12-1-140

图 12-1-141

第二节 健身气功

一、八段锦

（一）八段锦概述

八段锦由八节动作组成，简便易学，深受人们喜爱。古人将其比喻成"锦"（精美的丝织品），意为美而华贵，体现其动作舒展优美。八段锦是中国古代导引术中的一个重要组成部分，是一套针对特定脏腑、病症而设计的练功功法。功法中伸展、前俯、后仰、摇摆等动作，分别作用于人体的三焦、心肺、脾胃、肾腰等部位和器官，可以预防心火、五劳七伤等疾病，并有滑利关节、发达肌肉、增长气力、强壮筋骨、帮助消化和调整神经系统的功能。

八段锦之所以对人体有良好的作用，是因为它的动作会对某一脏器起到一定的针对性作用，这种作用又是综合性、全身性的，并非"头痛医头、脚痛医脚"。把八段锦各节动作综合起来练习，可起到调脾胃、理三焦、去心火、固肾腰的作用。

（二）八段锦动作图解

预备动作

（1）两脚并步站立；两臂自然垂于体侧；身体中正，目视前方。（图12-2-1）

（2）松腰沉髋，身体重心移至右腿；左脚向左侧开步，脚尖朝前，约与肩同宽；目视前方。（图12-2-2）

（3）两臂内旋，两手掌分别向两侧摆起，约与髋同高，掌心向后；目视前方。（图12-2-3）

（4）上一动作不停。两腿膝关节稍屈；同时，两臂外旋，向前合抱于腹前呈圆弧形，与脐同高，掌心向内，两手掌指间距约为10厘米；目视前方。（图12-2-4）

八段锦

图 12-2-1

图 12-2-2

图 12-2-3

图 12-2-4

1. 两手托天理三焦

（1）接上式。两臂外旋微下落，两手掌五指分开在腹前交叉，掌心向上；目视前方。（图12-2-5）

（2）上一动作不停。两腿徐缓挺膝伸直；同时，两手掌上托至胸前，随后两臂内旋向上托起，掌心向上；抬头，目视两手掌。（图12-2-6）

（3）上一动作不停。两臂继续上托，肘关节伸直；同时，下颌内收，动作略停；目视前方。（图12-2-7）

（4）身体重心缓缓下降；两腿膝关节微屈；同时，十指慢慢分开，两臂分别向身体两侧下落，两手掌捧于腹前，掌心向上；目视前方。（图12-2-8）

本式托举、下落为1遍，共做6遍。

图12-2-5   图12-2-6   图12-2-7   图12-2-8

2. 左右开弓似射雕

（1）接上式。身体重心右移；左脚向左侧开步站立，两腿膝关节自然伸直；同时，两手掌向上交叉于胸前，左掌在外，两手掌心向内；目视前方。（图12-2-9）

（2）上一动作不停。两腿徐缓屈膝半蹲成马步；同时，右掌屈指成"爪"，向右拉至肩前；左掌成八字掌，左臂外旋，向左侧推出，与肩同高，坐腕，掌心向左，犹如拉弓射箭之势；动作略停；目视左掌方向。（图12-2-10）

（3）身体重心右移；同时，右手五指伸开成掌，向上、向右画弧，与肩同高，指尖朝上，掌心斜向前；左手指伸开成掌，掌心斜向后；目视右掌。（图12-2-11）

（4）上一动作不停。重心继续右移；左脚回收成并步站立；同时，两手掌分别由两侧下落，捧于腹前，指尖相对，掌心向上；目视前方。（图12-2-12）

动作（5）～（8）同动作（1）～（4），只是左右相反。（图12-2-13～图12-2-16）

本式一左一右为1遍，共做3遍。做第三遍最后一个动作时，身体重心继续左移；右脚回收成开步站立，与肩同宽，膝关节微屈；同时，两手掌分别由两侧下落，捧于腹前，指尖相对，掌心向上；目视前方。（图12-2-17）

图12-2-9   图12-2-10   图12-2-11   图12-2-12   图12-2-13

图 12-2-14　　　　　图 12-2-15　　　　　图 12-2-16　　　　　图 12-2-17

3. 调理脾胃须单举

（1）接上式。两腿徐缓挺膝伸直；同时左掌上托，左臂外旋上穿经面前，随即内旋上举至头左上方，肘关节微屈，力达掌根，掌心向上，掌指向右；同时，右掌微上托，随即右臂内旋下按至右髋旁，肘关节微屈，力达掌根，掌心向下，掌指向前，动作略停；目视前方。（图 12-2-18）

（2）松腰沉髋，身体重心缓缓下降；两腿膝关节微屈；同时，左臂屈肘外旋，左掌经面前落于腹前，掌心向上；右臂外旋，右掌向上捧于腹前，两手掌指尖相对，相距约 10 厘米，掌心向上；目视前方。（图 12-2-19）

（3）同动作（1）、（2），只是左右相反。（图 12-2-20、图 12-2-21）

本式一左一右为 1 遍，共做 3 遍。做第三遍最后一个动作时，两腿膝关节微屈；同时，右臂屈肘，右掌下按于右髋旁，掌心向下，掌指向前；目视前方。（图 12-2-22）

图 12-2-18　　　　图 12-2-19　　　　图 12-2-20　　　　图 12-2-21　　　　图 12-2-22

4. 五劳七伤往后瞧

（1）接上式。两腿徐缓挺膝伸直；同时，两臂伸直，掌心向后，指尖向下，目视前方（图 12-2-23）；然后上一动作不停，两臂充分外旋，掌心向外；头向左后转，动作略停；目视左斜后方。（图 12-2-24）

（2）松腰沉髋，身体重心缓缓下降；两腿膝关节微屈；同时，两臂内旋按于髋旁，掌心向下，指尖向前；目视前方。（图 12-2-25）

（3）同动作（1），只是左右相反。（图 12-2-26、图 12-2-27）

（4）同动作（2）。（图 12-2-28）

本式一左一右为 1 遍，共做 3 遍。做第三遍最后一个动作时，两膝关节微屈，同时，两手掌捧于腹前，指尖相对，掌心向上，目视前方。（图 12-2-29）

图 12-2-23　　图 12-2-24　　图 12-2-25　　图 12-2-26　　图 12-2-27　图 12-2-28　图 12-2-29

5. 摇头摆尾去心火

（1）接上式。身体重心左移；右脚向右开步站立，两腿膝关节自然伸直；同时，两手掌上托与胸同高时，两臂内旋，两手掌继续上托至头上方，肘关节微屈，掌心向上，指尖相对；目视前方。（图 12-2-30）

（2）上一动作不停。两腿徐缓屈膝半蹲成马步；同时，两臂向两侧下落，两手掌扶于膝关节上方，肘关节微屈，小指侧向前；目视前方。（图 12-2-31）

（3）身体重心向上稍升起，而后右移；上体先向右倾，随之俯身；目视右脚。（图 12-2-32）

（4）上一动作不停。身体重心左移；同时，上体由右向前、向左旋转；目视左脚。（图 12-2-33）

（5）身体重心右移，成马步，同时，头向后摇，上体起立，随之下颌微收；目视前方。（图 12-2-34）

图 12-2-30　　　　图 12-2-31　　　　图 12-2-32　　　　图 12-2-33　　　　图 12-2-34

动作（6）～（8）同动作（3）～（5），只是左右相反。（图 12-2-35～图 12-2-37）

本式一左一右为 1 遍，共做 3 遍。做完 3 遍后，身体重心左移，右脚回收成开步站立，与肩同宽；同时，两手掌向外经两侧上举，掌心相对；目视前方（图 12-2-38）。随后松腰沉髋，身体重心缓缓下降。两腿膝关节微屈；同时屈肘，两手掌经面前下按腹前，掌心向下，指尖相对；目视前方。（图 12-2-39）

图 12-2-35　　　　图 12-2-36　　　　图 12-2-37　　　　图 12-2-38　　图 12-2-39

6. 两手攀足固肾腰

（1）接上式。两腿挺膝伸直站立；同时，两手掌指尖向前，两臂向前、向上举起，肘关节伸直，掌心向前；目视前方。（图 12-2-40）

（2）两臂外旋至掌心相对，屈肘，两手掌下按于胸前，掌心向下，指尖相对；目视前方。（图 12-2-41）

（3）上一动作不停。两臂外旋，两手掌心向上，随之两手掌掌指顺腋下向后插；目视前方。（图 12-2-42）

（4）两手掌心向内沿脊柱两侧向下摩运至臀部；随之上体前俯，两手掌继续沿腿后向下摩运，经脚两侧置于脚面；抬头，动作略停；目视前下方。（图 12-2-43）

（5）两手掌沿地面前伸，随之上体起立，两臂伸直上举，掌心向前；目视前方。（图 12-2-44）

本式一上一下为 1 遍，共做 6 遍。做完 6 遍后，松腰沉髋，重心缓缓下降；两腿膝关节微屈；同时，两手掌向前下按至腹前，掌心向下，指尖向前；目视前方。（图 12-2-45）

图 12-2-40　图 12-2-41　　图 12-2-42　　　图 12-2-43　　　图 12-2-44　　图 12-2-45

7. 攒拳怒目增气力

（1）接上式。身体重心右移，左脚向左开步；两腿徐缓屈膝半蹲成马步；同时，两手掌握固，抱于腰侧，拳眼朝上；目视前方。（图 12-2-46）

（2）左拳缓慢用力向前冲出，与肩同高，拳眼朝上；瞪目，目视左拳冲出方向。（图 12-2-47）

（3）左臂内旋，左拳变掌，虎口朝下；目视左掌（图 12-2-48）；左臂外旋，肘关节微屈；同时，左掌向左缠绕，变掌心向上后握固；目视左拳。（图 12-2-49）

（4）屈肘，回收左拳至腰侧，拳眼朝上；目视前方。（图 12-2-50）

图 12-2-46　　图 12-2-47　　　图 12-2-48　　　图 12-2-49　　图 12-2-50

动作（5）～（7）同动作（1）～（3），只是左右相反。（图 12-2-51～图 12-2-54）

本式一左一右为 1 遍，共做 3 遍。做完 3 遍后，身体重心右移，左脚回收成并步站立；同时，两拳变掌，自然垂于体侧；目视前方。（图 12-2-55）

| 图 12-2-51 | 图 12-2-52 | 图 12-2-53 | 图 12-2-54 | 图 12-2-55 |

8. 背后七颠百病消

（1）接上式。两脚脚跟提起；头上顶，动作略停；目视前方。（图 12-2-56）

（2）两脚脚跟下落，轻震地面；目视前方。（图 12-2-57）

本式一起一落为 1 遍，共做 7 遍。

收　势

（1）接上式。两臂内旋，向两侧摆起，与髋同高，两手掌心向后；目视前方。（图 12-2-58）

（2）两臂屈肘，两手掌相叠置于丹田处（男性左手在内，女性右手在内）；目视前方。（图 12-2-59）

（3）两臂自然下落，两手掌轻贴于腿外侧；目视前方。（图 12-2-60）

| 图 12-2-56 | 图 12-2-57 | 图 12-2-58 | 图 12-2-59 | 图 12-2-60 |

二、易筋经

（一）易筋经概述

易筋经是一种内外兼练的保健养生功法，据传为梁武帝时期印度高僧达摩所创。但多数学者认为，易筋经是在明朝天启四年，由紫凝道人集医、释、道流行的养生导引术以及汉代东方朔的洗髓伐毛健身法，并在宋代八段锦的健身理论等基础上创编而成的。另外，清初手抄本有海岱游人于大元中统元年所作之序。综合各家观点，我们初步判定易筋经在宋元以前少林寺众僧之中即有流传，自明清以来逐步流向民间，广为人知，在流传的过程中又演变出不同的易筋经流派。

易筋经注重内外兼修，强调动静结合。动者外动以易筋强骨，静者内静以攻心纳意，集内外兼修之长，静中求动（气）、动中求静（意），精练勤思，有防治疾病、延年益寿的效果。

学练易筋经，除了姿势要正确之外，还必须掌握以下要点。

（1）伸展。练习每式时要尽量伸展，《论语》载："子之燕居，申申如也，夭夭如

也。"俗语说："睡不厌屈，觉不厌伸。"这说明人在清醒状态下身心舒展是古人的养生妙法。

（2）缓慢。动作慢是缓解紧张和充分伸展的关键。

（3）柔和。《黄帝内经》讲："骨正筋柔，气血以流。"练习养生功多以修炼气脉为主，姿势正确、心平气和、肌肉放松是经络通顺、气血畅达的关键。

（4）安静。练功时神态安详宁静。静止时固然安静，但内在有无限生机，使气血更好地运动。动时要神态安详、意静心清。

（5）呼吸。初练功时要缓缓地自然呼吸，有一定功夫后，逐渐进入"吐唯细细，纳唯绵绵"的呼吸。

（二）易筋经动作图解

1. 拱手环抱

（1）两脚并步直立，身体端正，两臂自然下垂，两膝保持直而滑利不僵的状态，两眼平视前方。（图 12-2-61）

（2）左脚向左分开，与肩同宽；两臂向前、向上画弧，屈肘内收，两手距胸约为 20 厘米，掌心向里，指尖相对，手对膻中穴。平心静气，神态安详，呼吸自然。（图 12-2-62）

【要点】宽胸实腹，气沉丹田，脊背舒展，沉肩垂肘，上虚下实。

【作用】定心涤虑，排除杂念。神态安静祥和，外静而内有无限生机，气血调和，这样可消除内心焦虑，稳定情绪，心平气和，心肾相交，阴阳平衡，精神内守，遍体舒畅。

2. 两臂横担

（1）两手缓缓前伸至两臂伸直，与肩同宽，掌心向上。

（2）两臂向身体两侧分开成侧平举，两臂平直，掌心向上，两手稍高于肩，有向两侧伸展之意；肩关节有意识地向下松沉，舒胸；两眼平视前方，眼神延伸极远；百会虚领上顶，躯干有向上伸展之意；松腰，臀部自然向下松垂，两脚有向地心伸展之意。（图 12-2-63）

【要点】以腰为轴，其他部位劲力内收，展中寓合，合中寓展。

【作用】舒胸理气，健肺纳气。展臂舒体，矫正腰背畸形，伸肱理气，贯注百脉。此式有助改善心肺功能，对一些心肺疾病的康复有一定辅助作用。

3. 掌托天门

（1）两臂屈肘，两手掌心向内、向耳旁合拢。

（2）提踵，同时两手反掌上托，举至头顶前上方，掌心斜向上，两手指尖相对，两臂展直，有向上伸展意；也可轻闭两眼"仰面观天"，似遥望天之极处。配合吸气。（图 12-2-64）

（3）两手向身体两侧下落，掌心逐渐翻转向下，两脚脚跟随之缓缓下落。配合呼气。

【要点】身体和上肢动作舒松，但松而不懈，要有内劲；提踵时，两膝伸直内夹，可以提高动作的稳定性。

易筋经

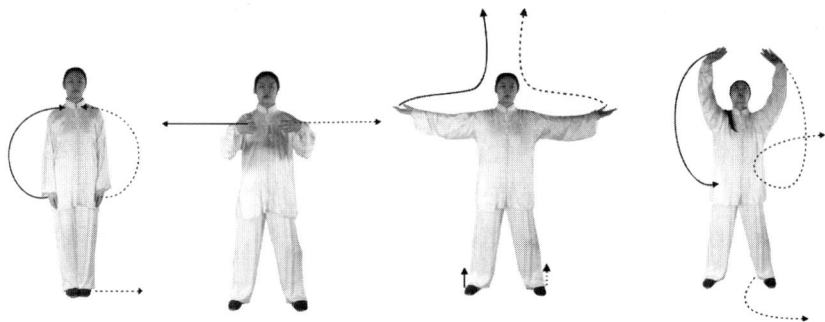

图 12-2-61 　　　图 12-2-62 　　　　图 12-2-63 　　　　图 12-2-64

【作用】缓解腰痛和肩臂痛。两臂上举，伸长肢体和脊柱，有调理三焦的作用。通过调理三焦，激发五脏六腑之气，起到预防内脏诸病的作用，对心肺疾病、脾胃虚弱及妇科病等疾病的治疗有一定辅助作用。

4. 摘星换斗

（1）重心移向右腿，左脚提起，两手上提至腰侧，配合吸气；上体左转，左脚向左前方跨出，屈膝半蹲，成左弓步；同时，右手向后，掌背附于腰后命门穴处，左手向左前方伸出，高与头平，掌心向上，意念延及天边；目视左手。配合呼气。（图 12-2-65）

（2）重心后移，上体右转，右腿屈膝，左腿伸直，脚尖上翘；同时，左手随转体向右平摆；眼随左手。配合吸气。（图 12-2-66）

（3）上体左转，左脚稍收回，脚尖着地，成左虚步；同时，左手随体右摆，变勾手举于头前上方，屈肘拧臂，勾尖对眉中成摘星状；目视勾手并延伸极远。配合呼气。（图 12-2-67）

图 12-2-65 　　　　　图 12-2-66 　　　　　图 12-2-67

（4）左脚收回，右脚向右前方伸出，成右弓步；左勾手变掌下落至背后，右手向右前上方伸出，做右式，动作同（1）～（3），只是左右相反。

（5）两手下落于体侧，右脚收回，并步直立。

【要点】整个动作的变化均用腰来带动，体现协调柔和；屈臂勾手内旋，应做到尽力。

【作用】主要作用于中焦，肢体伸展宜柔宜缓，上体转动幅度要大，交替牵拉，使肝、胆、脾、胃等脏器受到柔和的自我按摩，促进胃肠蠕动，增强消化功能，故有调理脾胃、预防胃脘胀痛及排浊留清的作用，并通过肢体运动，辅助治疗颈、肩、腰诸关节的疼痛，提高下肢肌肉力量。

5. 倒拽九牛尾

（1）左脚向左横跨一步，相距约三脚宽；两臂由体侧上举至头两侧，两臂伸直，两手掌心相对，指尖向上。配合吸气。（图 12-2-68）

（2）两腿屈膝下蹲，成马步；两手掌变拳，由头上向体前下落至两腿之间，两臂伸直，拳背相对。配合呼气。（图 12-2-69）

（3）两拳由下向上提至胸前，拳心向下，配合吸气。再由胸前向两侧撑开，两拳逐渐变掌，坐腕、展指，掌心向两侧，指尖向上，两臂撑直，有向两侧推撑之意。配合呼气。（图 12-2-70）

（4）身体重心移向右腿，左脚脚尖外展约 90°，之后身体重心再向左腿移动，成左弓步；同时两手掌逐渐变拳，左手向下、向腹前、再向上画弧摆至脸前，拳心对脸，上臂与前臂成直角，右手经向头部右侧向上、向前、再向身体右侧后摆动，拳心向后，右臂内旋充分后摆；目视左拳。两拳有前拉后拽之意。配合自然呼吸。（图 12-2-71）

（5）上体前俯至胸部靠近大腿，弓步姿势不变，左拳与脸的距离不变，右拳与身体的距离不变。配合呼气。（图 12-2-72）

（6）上体后仰，左拳与脸的距离不变，右拳与身体的距离不变，眼看左拳。配合吸气。（图 12-2-73）

图 12-2-68　图 12-2-69　　　图 12-2-70　　　图 12-2-71　　　图 12-2-72　　　图 12-2-73

（7）上体伸直右转，再做右式，动作同（1）～（6），只是左右相反。

（8）重心移向左腿，右脚内扣，左脚收回，并步直立；两臂由侧平举下落至体侧，成直立式。

【要点】成弓步做上体前俯后仰，力注前臂。前俯时，意念拳握九牛尾，由身后向前倒拽；后仰时，意念拳握马缰，拉动八匹马，以体现内劲用意。

【作用】通过用意念引导牵拉动作的模仿，可增进两膀气力，防治肩、背、腰、腿酸痛。两眼观拳，注精凝神，对眼进行张弛锻炼，可以改善眼部的血液循环。

6. 出爪亮翅

（1）两手掌变拳，上提至胸两侧，拳心向上。配合吸气。（图 12-2-74）

（2）提踵，同时两拳变掌缓缓向前推出，随前推掌心逐渐翻转向下，至终点时，坐腕、展指、掌心向前，两手高与肩平，同肩宽，两臂伸直；两眼平视指端，眼神延伸极远。配合深长呼气。（图 12-2-75 正、图 12-2-75 侧）

（3）落踵，两臂外旋，握拳收回至胸前，再下落于体侧，成直立式。

【要点】推掌亮翅时，脚趾抓地，力由下而上，并腿伸膝，两肋用力，力达指端，同时鼻息要调匀，咬牙怒目，内外相合。

【作用】主要运动四肢，可疏泄肝气，舒畅气机；能培养肾气、增强肺气，有利于气血运行，对老年性肺气肿、肺源性心脏病的治疗有辅助作用。另有增强全身筋骨和肌肉的作用，可灵活肩、肘、腕、指等关节。

图 12-2-74　　　　　　图 12-2-75 正　　　　　　图 12-2-75 侧

7. 九鬼拔马刀

（1）左脚向左横跨一步，两脚平行开立，与肩同宽；两手向腹前交叉，左手在前，由体前上举至头前上方，两臂伸直。配合吸气。（图 12-2-76）

（2）两手由头上，向身体两侧下落至体侧。配合呼气。

（3）左手由体侧向前上举至头上，之后左臂屈肘，左手落至头后，食指点按风池穴，右手背至腰后，掌背向内，附于命门穴。配合吸气。（图 12-2-77 正、图 12-2-77 背）

（4）身体充分向右拧转，眼向后看（图 12-2-78）。身体转正，之后再充分向左拧转，眼向后看（图 12-2-79）。同时配合缓缓地深长呼吸。

（5）身体转正（图 12-2-80），重复以上动作，只是左右相反。

     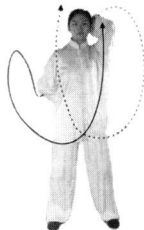

图 12-2-76　　图 12-2-77 正　　图 12-2-77 背　　图 12-2-78　　图 12-2-79　　图 12-2-80

（6）身体转正，之后两臂成侧平举，再下落至体侧，左脚收回，成直立式。

【要点】上体左右拧转，保持中轴正直，两臂前举后收要充分。

【作用】主要锻炼腰、腹、胸、背等部位肌肉，并通过对脊柱等关节的拧转，增强脊柱及肋骨各关节的活动能力，促进胸壁的柔软性及弹性，对防治老年性肺气肿有很好的辅助效果。头颈部的拧转运动，能加强颈部肌肉的伸缩能力，改善头部的血液循环，有助于解除中枢神经系统的疲劳，对防治颈椎病、高血压和增强眼肌有一定辅助效果。全身极力拧转能改善静脉血的回流。

8. 三盘落地

（1）左脚向左横跨一步，两脚平行开立，相距约三脚宽；两臂由身体两侧向体前上举，两臂伸直，与肩同高同宽，掌心向上。配合吸气。（图 12-2-81）

（2）两手掌心翻转向下，下落至两膝外侧，两手拇指朝里相对；同时屈膝下蹲，成马步。配合呼气。（图 12-2-82）

（3）两腿缓缓伸直；同时两手掌心翻转向上托起至两肩前侧（两臂夹角约成90°）。配合吸气。（图 12-2-83）

（4）两腿屈膝深蹲；同时两手掌心翻转向下按至两大腿外侧，指尖指向左右两侧。配合呼气。（图 12-2-84）

（5）两腿缓缓伸直；同时两手掌心翻转上托至两肩侧（两臂呈一字形）。配合吸气。（图 12-2-85）

（6）两腿屈膝下蹲，成马步；同时两手掌心翻转向下落至两膝外侧，两手拇指朝里相对。配合呼气。（图 12-2-86）

【要点】两手向上，如托千斤；两手下落，如按水中浮球，意贯内力。

【作用】可以活动肩、膝等关节，配合深蹲练习，能增强腿部力量，促进大腿和腹腔静脉血的回流，特别对盆腔的淤血消除有较好的辅助作用。

图 12-2-81　图 12-2-82　　　图 12-2-83　　　图 12-2-84　　　图 12-2-85　　　图 12-2-86

9. 青龙探爪

（1）两腿缓缓伸直；同时两手掌变拳收至腰前侧，拳面抵住章门穴，拳心向上，右拳变掌举至头上，掌心向左，右臂靠近头部。配合吸气。（图 12-2-87）

（2）向左侧弯腰，右腰充分伸展，面部向前，右臂靠近头部，充分伸直，右手掌心向下。配合呼气。（图 12-2-88）

（3）向左转体至面部向下，上体充分向左前俯，右手充分向左探伸，眼看右手。配合吸气。

（4）屈膝下蹲，两大腿与地面平行，同时身体逐渐转正，右臂随转体由身体左侧经两小腿前画弧至右腿外侧，掌心向上。配合呼气。（图 12-2-89）

（5）两腿缓缓伸直，再做右式，动作同（1）～（4），只是左右相反。

（6）两腿缓缓伸直，同时两手收至腰间握拳；左脚收回，并步直立。（图 12-2-90）

【要点】手臂充分侧伸，上体由侧屈转为向前，由吸气转为呼气协调配合，以气带动，方能使动作连贯圆活。

【作用】对腰、腿软组织劳损，转腰不便，脊柱侧弯，腿及肩臂酸痛、麻木及屈伸不利有辅助治疗作用。通过侧弯腰及拧腰前探对肋间肌进行拉伸，胸廓相对增大，使肺通气量加大，肺泡张力增强，从而可对老年性肺气肿的治疗起到辅助作用。通过对章门穴的按压，可达到协调五脏气机、调理脾胃的作用。

图 12-2-87　　　　图 12-2-88　　　　图 12-2-89　　　　图 12-2-90

10. 卧虎扑食

（1）向左转体约90°，左脚向左迈出一大步，成左弓步；两手由腰侧做向前扑伸的动作，手高与肩平，同肩宽，掌心向前，坐腕，两手成虎爪状。配合呼气。（图 12-2-91）

（2）上体前俯至胸部贴大腿，两手掌心向下贴地，继续呼气。之后，抬头眼看前方，瞪眼。配合吸气。（图 12-2-92）

（3）上体抬起，直立，身体重心充分向右腿移动，右腿屈膝，左腿蹬直；同时两手沿左腿两侧，经腰侧，提至胸前，两手成虎爪状。同时配以深吸气。（图 12-2-93）

（4）右腿蹬地，身体重心前移，成左弓步；同时两手向前做扑伸动作，两臂伸直，两手成虎爪状。配合深呼气，也可发声，以声催力。（图 12-2-94）

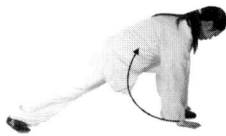

图 12-2-91　　　　图 12-2-92　　　　图 12-2-93　　　　图 12-2-94

（5）两臂外旋，掌心向上，握拳收至腰侧；身体重心移至左腿，右脚收至左脚内侧，再向右转体约180°，右脚向右迈出一大步，成右弓步，做右式时动作同（1）～（4），只是左右相反。

（6）两臂外旋，两手掌心翻转向上，两手掌变拳，之后收至腰两侧。身体转正，左脚收至右脚内侧，两脚并拢，同时两手下落，两臂自然下垂于体侧，成直立式。

【要点】向前扑伸，注意发力顺序，起于根，顺于中，达于梢，腿腰臂三节贯通，力达虎爪。

【作用】此式神威并重，势不可挡，有强腰壮肾、健骨生髓之效。

11. 打躬式

（1）左脚向左横跨一步，两脚平行开立，屈膝下蹲，成马步；同时两臂由体侧上举至头上，两手掌心相对，之后两手掌下落，屈肘抱于脑后，掌心紧按两耳，两肘向两侧打开，与身体在一个平面上。（图 12-2-95）

（2）上体前俯，胸贴近大腿，低头，两腿由屈变伸，充分伸直；两肘内合，两手以

食指、中指、无名指交替在脑后轻弹数次，做"鸣天鼓"。配合自然呼吸。（图 12-2-96）

（3）身体直立，两腿屈蹲，成马步；两手抱于脑后，动作同（1）。

【要点】上体正直时，两肘打开；上体前俯时，两肘用力夹抱后脑，咬牙，舌抵上腭，鼻息调匀。

【作用】躬身轻击脑后，可促使血液充分流注于脑，改善脑部血液循环，有醒脑、明目的效果，并能缓解脊背紧张，使其柔韧有力。

 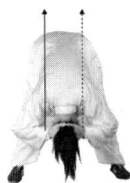

图 12-2-95　　　　图 12-2-96

2. 掉尾式

（1）接上式。两腿缓缓伸直，同时两手向头上撑起，掌心向上，指尖相对，两臂充分伸直，靠近头部。配合吸气。（图 12-2-97）

（2）上体左转约 90°，再前俯，两膝伸直，两手靠近左脚外侧，两手掌心贴地，两手指尖相对。配合呼气，再抬头。（图 12-2-98）

（3）上体直立，身体转正。配合吸气。上体右转约 90°，再前俯，两膝伸直，两手靠近右脚外侧，两手掌心贴地，两手指尖相对。配合呼气，然后抬头。（图 12-2-99）

图 12-2-97　　　　　　图 12-2-98　　　　　　图 12-2-99

（4）上体直立，身体转正，两手仍在头上撑起，掌心向上，指尖相对，两臂充分伸直靠近头部。配合吸气。（图 12-2-100）

（5）上体后仰，约与地面平行，同时两手由头上向肩两侧分开，掌心向上，指尖向两侧。继续吸气。（图 12-2-101）

（6）上体回正，两臂由体侧向前摆至两肩前，两手掌心向上，两臂充分伸直，抬头，眼向前看。之后身体前俯，两手内旋，掌心向下，指尖相对，下按至两脚内侧，两手贴地，胸部靠近大腿。配合呼气。（图 12-2-102）

（7）上体直立，同时两臂前平举，两手掌心翻转向上，配合吸气（图 12-2-103）。之后两手掌心翻转向下，俯掌下按收至身体两侧；左脚收至右脚内侧，两脚并拢，成直立式。配合呼气。（图 12-2-104）

【要点】上体向左、右、前、后四个方位俯仰运动，两膝必须伸直，充分伸展，拔长相关肌群和韧带，运动幅度因人而异，由小至大，循序渐进。

【作用】可以抻筋拔骨、转骨拧筋、扭转脊柱及全身各个关节，充分活动全身及最大限度地活动脊柱，对脊柱及脊柱周围的神经丛有良好的刺激作用。长期锻炼，有一定的抗衰老作用，故有"动诸关节，以求难老"之说。

图12-2-100　　　　图12-2-101　　　　图12-2-102　　　图12-2-103　图12-2-104

第三节　舞龙、舞狮

一、舞　龙

舞龙运动是由龙珠、龙头、龙身、龙尾共10名队员借助舞龙器材，在音乐的烘托下共同完成动作的集体性项目。它要求10名队员在音乐的伴奏中团结一致、齐心协力、相互配合，珠引龙走、龙跟珠行、节节相随、快慢有序，组成龙的各种形态（图12-3-1）。自龙珠至龙尾10名队员依次称为0～9号队员。现代舞龙的动作主要可分为五类："8"字舞龙类动作、游龙类动作、穿腾类动作、滚翻类动作和组图造型类动作。以下介绍前四类动作。

图12-3-1

（一）"8"字舞龙类动作

"8"字舞龙类动作是指运动员将龙体在人体左右两侧交替做"8"字形环绕的舞龙动作，可快可慢，可原地，可行进，也可利用人体组成多种姿态、多种方法做"8"字形舞动。"8"字舞龙类动作是舞龙学习中的重点和难点。

【要求】龙体运动轨迹要圆顺，人体造型姿态要优美，舞龙要突出速度和力量；每个动作左右舞龙各不少于4次。

1. 原地"8"字舞龙

全体队员八字步成直排站立，龙体在队员两侧做"8"字舞龙4次以上。

2. 跪步舞龙

全体队员八字步成直排站立，龙体在队员两侧做"8"字舞龙1次后，降低重心，

单膝着地成跪步，龙体不停地在队员两侧做"8"字舞龙4次以上。

3."8"字舞龙磨转

全体队员成直排站立，龙头面对龙体做"8"字舞龙动作。以第5节为中心，顺（逆）时针磨转一周，同时完成6～8次"8"字舞龙动作。

【要求】龙形圆顺，轴转流畅、连贯。

4.靠背舞龙

全体队员八字步成直排站立，3号、5号、7号、9号队员向后转身，分别与2号、4号、6号、8号队员背对背呈人字形斜靠状，龙体在队员两侧快速做"8"字舞龙6次以上。

【要求】转换时无停顿。

（二）游龙类动作

游龙类动作是指运动员较大幅度地奔跑游走，通过龙体快慢有致、高低左右的起伏行进，展现婉转回旋、左右盘翻、屈伸绵延等动态特征。

【要求】龙体遵循着圆线、曲线、弧线的规律运动，队员协调地随龙体起伏行进。

1.单侧起伏小圆场

龙珠引龙体逆时针方向走小圆场，同时龙体在队员右侧快速大幅度上下起伏。

【要求】队员互相靠近，身体重心随龙形变化而变化，龙体上下起伏流畅，不可前后牵扯，也不可出现龙体塌肚现象。

2.快速矮步跑圆场越障碍

龙珠引龙体逆时针方向快速矮步跑小圆场，同时龙体做小幅度起伏；龙珠右侧平端，珠杆做反方向运动，龙头带领各节跳越龙珠障碍。

【要求】队员越过龙珠时身体重心恰好在最高位置，龙体也要在最高位置；越过龙珠时不要碰踩龙珠，越过龙珠后要继续匀速前进，不要停顿。

3.快速跑斜圆场

龙头起伏一次后正向跑斜圆场。

（1）龙头要内扣咬住龙尾，为保持龙形饱满，各节要尽量将龙杆向外撑开。

（2）成一个斜圆。要达到此目的，首先要把握好最低点和最高点。在最低点，每把龙杆都要放到最低，同时身体重心也要降到最低；在最高点，每把都要两手持龙杆举至最高点，同时脚尖跷起，身体重心升至最高点。其次，在最高点和最低点之间的转化要做到匀速均衡，每把龙杆在两点之间的转化始终处在上升和下降的运动过程中，决不可出现"拖龙"现象。

4.S形游龙

龙珠引龙体快速成S形行进，改变方向3次以上。

【要求】龙体圆顺，避免出现龙体塌肚现象。

（三）穿腾类动作

穿腾类动作是指龙体运动路线成纵横交叉形式，龙珠、龙头、龙节依次在龙身下穿过，称为穿越；龙珠、龙头、龙节依次在龙身上越过，称为腾越。

【要求】穿越和腾越时，龙形饱满，速度均匀，运动轨迹流畅，穿腾动作轻松利索，不碰踩龙体、不拖地、不停顿。

1. 穿龙尾

龙珠引龙体逆时针方向跑圆场成圆后，带领龙体穿越第8节龙身行进。

【要求】在穿越的过程中，9号队员要向内朝龙头靠拢，不可向外打开。

2. 穿龙尾跳龙头

正向起伏小圆场，龙头在最低点内扣，起伏一次后穿龙尾（有个小停顿），同时全体队员向内靠拢依次穿龙尾。在穿过龙尾后换把转向，矮步端龙，第3节、第5节、第7节和第9节依次跳过龙珠和龙头。

【要求】跳过龙头和龙珠的时候，不要碰踩龙杆。

3. 龙穿身

在龙头到达第6节之前，第6节引龙体左右跑动，保持龙形活跃；在龙头穿越之后，第6节顺龙势下滑龙杆，第7节、第8节和第9节换把，矮步依次从第6节前穿过。

【要求】在龙头穿越的过程中，龙体要保持活动，不要出现"死龙"现象。

4. 龙脱衣

"8"字舞龙时突然静止，组成曲线造型，然后双数队员向右，单数队员向左成两排站立，在龙珠的带领下，龙头从两排龙身下依次穿过结成疙瘩。当8号、9号队员穿过时，由龙珠引龙体原路折回穿过龙身，自然解开龙身疙瘩。

【要求】穿越过程中前后队员要排成一条直线，龙头要把握好折回时机。

5. 快腾进

龙珠左转弯穿越第4节龙身，6号、7号、8号、9号队员分别腾越第1节、第2节、第3节、第4节龙身，反复3次以上。

【要求】龙体一环扣一环，始终保持一个半环。

6. 慢腾进

龙头穿过第5节后端直线行进接慢腾进。龙珠引龙体矮步端龙行进，龙珠左转弯举珠腾越第4节龙身，龙头腾越第5节龙身随珠而行，2号、3号、4号队员分别交叉越过第6节、第7节、第8节龙身。龙珠右转弯引龙体反复重复以上腾越动作。

【要求】速度要慢，龙形要饱满。

（四）翻滚类动作

翻滚类动作是指龙体做立圆或斜圆状运动，展现龙的腾越、缠绞的动势。龙体做立圆或斜圆状连续运动，当龙身运动到舞龙者脚下时，舞龙者迅速向上腾起依次跳过龙身，称跳龙动作；龙体同时或依次做360°翻转，运动员利用滚翻、手翻方法越过龙身，称翻滚动作。

【要求】滚翻动作必须在不影响龙体速度、幅度、美感的前提下完成，难度较大，技术要求也较高，龙体运动轨迹要流畅，龙形要圆顺，运用翻滚技巧动作要准确规范。

1. 快速逆向跳龙行进

龙头带领龙节，在龙珠的引导下，举龙快速行进，逆时针方向连续舞两次立圆行进。各龙节迅速依次跳跃龙身随龙头行进。

【要求】队员在跳龙时要举龙杆至最高点。

2. 大立圆螺旋行进

龙头在内侧，队员身体重心随龙体起伏，顺时针方向舞大立圆3次，使龙体连续

螺旋翻转行进。

【要求】龙形旋转立圆一致，队员腾越龙身轻松利索，不碰踩龙体，不拖地。

3. 360°斜圆盘跳龙

全体队员成直排站立，做"8"字舞龙2次后，龙头面对龙节逆时针方向舞斜圆；当龙身舞到脚下时，各节队员迅速从龙身上依次跳过。如此重复3次以上，使龙体连续斜盘翻转。

【要求】队员在跳跃龙身时一定要依次完成，不要碰踩龙体，不要同时跳跃，越过龙体后要将龙杆向后一节队员脚下扫送。

4. 360°螺旋跳龙

龙头面对龙节顺时针方向舞立圆；当龙身舞到脚下时，各节队员迅速从龙身上依次跳过，如此重复4次以上，使龙体连续螺旋翻转。（图12-3-2）

【要求】龙形要饱满，不拖地，螺旋要圆顺；队员跳跃时不可碰踩龙体。

5. 快速螺旋磨转

龙头面对龙节顺时针方向舞立圆；当龙身

图 12-3-2

舞到脚下时，各节队员迅速从龙身上依次跳过，如此重复6次以上，同时以5号队员为轴心，龙体逆时针方向，成磨盘状边舞边转一周。

【要求】龙形要饱满，不拖地，螺旋要圆顺。队员跳跃时不可碰踩龙体；磨转时，前后队员仍要保持直线站立。

6. 大横"8"字花慢行进

龙珠引龙体左右上下起伏缓慢行进，整条龙体组成明显的大横"8"字花图案，重复4次以上，做到慢而不断，柔中有刚。

【要求】首尾相连呈一个完整"8"字形，横"8"字两边圆大小一致。在移动过程中要始终保持"8"字图案不变。

7. 龙头高翘造型

跳过龙尾后龙头矮步单侧起伏向龙尾靠拢，然后龙头起身内扣，原地拧把外转龙头转动一周盘龙。第2节、第3节、第4节高擎龙身迅速靠拢龙头，组成一盘龙。第4节队员两腿前后开立微屈，第5节、第6节队员全蹲与第4节所成的一条直线与由第7节、第8节、第9节所成的一条直线成30°～40°的角。同时，第7节、第8节、第9节队员俯身屈腿做波浪形运动。

【要求】龙头高翘，首尾相望。队员身体要尽可能地隐藏于龙体之后。

二、舞 狮

舞狮运动利用人体多种姿态和狮头、狮尾双人配合，在动态行进和静态造型变化中将力度、幅度、速度、耐力等糅于舞狮技巧中，完成各种高难度动作，或动或静，表现狮子的勇猛彪悍、顽皮活泼等习性。

舞狮动作按其难易程度分为A级难度动作、B级难度动作和C级难度动作。A级难

度动作是指舞狮动作中的基础动作和技术较为简单的技巧动作；B级难度动作是指在A级动作上有所发展，有所提高，具有一定难度的技巧动作；C级难度动作是指必须具有较高的专项身体素质和专项技能才能完成的高难度舞狮技巧动作、组合动作，具有较高的锻炼价值和审美价值。

下面介绍舞狮（南狮）竞赛套路练习。

（一）手型和手法

1. 狮头握法及动作

（1）狮棒握法及动作。右手掌摊开，手心朝里，虎口朝上，拇指同其余四指卷握在横木中间。狮子的神态除通过身法、步法的表达之外，主要依靠眼型的变化来表达。狮子眼睛的睁、闭和眨眼所表现的眼法，都是通过主握横木的右手手指拉动连接狮子眼睑的绳子杠杆装置得以实现的。（图12-3-3）

（2）狮舌握法。

单手正握法：以右手为主握（如狮棒握法），左手前臂托横木，五指张开，手心向下，以拇指托狮舌，其余四指在狮舌上方，手背朝上，握狮舌中间或一侧部位（图12-3-4）。

单手反握法：以右手为主握，左手握法与单手正握法相反，即左手五指张开，手心朝上，拇指与其余四指分握狮舌上下面。

双手正握法：两手从横木下穿过，用前臂托住两侧横木，握法与单手正握法相同，握于狮舌两侧头角处。

双手反握法：双手反握法与单手反握法相反（即两手心向上），握的部位相同，以肩为主要着力点托住狮头。

（3）狮口的开合动作。狮口的开合主要通过狮舌的上下摆动来完成。开口式多用在舞中架狮和下架狮时，可根据狮的神态来确定开口的大小、角度及狮舌活动的程度；合口式一般用于舞高架狮时或狮神态的洗、擦、提动作。

2. 狮尾握法及动作

腰带的抓握是狮尾握法及动作完成的前提和基础。狮尾握法主要包括单手握和双手握两种，其相应的狮尾动作有摆尾和掀被。

（1）单手握及动作。单手握是狮尾队员用一只手（通常为右手）抓握狮头队员同侧胯处的腰带。单手握通常在狮头不起跳的时候使用，另一只手可结合抖臂做摆尾的动作。（图12-3-5）

图 12-3-3

图 12-3-4

图 12-3-5

（2）双手握及动作。双手握是狮尾队员用两手分别抓握狮头同侧胯处的腰带。双手握既可在狮头起跳，如在做上单腿、上双腿、高举等有腾起动作的时候使用，也可用于不起狮头的状态，如配合膝关节的屈伸，两手肘关节做外展掀狮动作来体现狮子气息的变化。

（3）抓握腰带。狮尾队员两手虎口朝前上方，拇指与其他四指从狮头队员两侧胯处抓握腰带。狮尾队员可以利用除拇指以外的其他四指从上往下把狮头队员的狮裤一部分卷到手心，以增强抓握时的舒适性和稳定性。

（二）步型和步法

步型是指舞狮运动中根据不同的狮子形态，两腿按一定要求所展示出的一种静止姿势，即两腿呈现的式样或类型；步法指舞狮运动中脚步移动的方式，展示脚步移动方向、幅度大小、速度快慢等时空过程。

按照两腿与两脚的空间不同，可将步型分为左右开步式、前后错步式、交叉式、并立式和独立式五种。

1. 左右开步式

（1）两移步。从基本步站立姿势开始，上体不动，左右脚交替移步约一脚掌。

（2）大四平步。两脚左右开立宽于肩，两腿弯曲，两大腿与地面成水平，上体正直，收腹挺胸。

（3）铲步（仆步）。以左铲步为例，右腿弯曲，全蹲，重心在右腿，左腿向右侧前伸直，脚掌往里扣；右铲步与左铲步动作相同，方向相反。

（4）跃步。从基本步站立姿势开始，下蹲用力蹬地，向左（右）上方跃起，落地后还原。

2. 前后错步式

（1）行礼步。从基本步站立姿势开始，以左行礼步为例，两脚用力蹬地向上跃起，在中线落地，重心在右腿，左腿成左虚步；右行礼步与左行礼步动作相同，只是方向相反。

（2）弓步。右腿弯曲，大腿与地面成水平，上体正对前方，成前弓后箭步。

（3）跪步。从基本步站立姿势开始，以右跪步为例，左腿弯曲约90°，右大腿弯曲小于90°，右膝关节和右脚趾向地，上体稍前倾，重心在右脚；左跪步与右跪步动作相同，只是方向相反。

（4）虚步。以右虚步为例，左腿弯曲，重心在左腿，右腿微屈，脚尖前点；左虚步与右虚步动作相同，只是方向相反。

（5）小跑步。从基本步站立姿势开始，一脚脚跟提起，另一脚前脚掌着地，左右脚交替小跑前移。

（6）跳步（小跳步）。两腿用力蹬地，向前方跳起，腾空的同时稍向左（右）转，两脚落地成侧向马步。

3. 交叉式

（1）麒麟步。从基本站立姿势开始，以右麒麟步为例，重心移至左腿，右腿经左腿前向左一步，左右腿交叉，两腿弯曲，重心在两腿之间。左麒麟步与右麒麟步动作相同，只是方向相反。

（2）插步。从基本步站立姿势开始，以右插步为例，重心移至左脚，右脚提起经左腿后向左腿的左后方插步，左右腿成交叉状；左插步与右插步动作相同，只是方向相反。

4. 并立式

开合步：从基本步站立姿势开始，两脚蹬地，两腿向左右分开宽于肩，上体始终保持基本姿势。

5. 独立式

（1）吊步。以左吊步为例，在左虚步的基础上，提起左腿，支撑腿微屈，左大腿在体前与地面成水平，膝关节放松，小腿自然下垂，脚尖绷直；右吊步与左吊步动作相同，只是方向相反。

（2）探步。以左探步为例，从左虚步开始，左腿提起，左大腿与地面成水平，以右膝关节为轴，小腿前伸，脚尖前点；右探步与左探步动作相同，只是方向相反。

（3）金鸡独立步。以右金鸡独立步为例，左腿提起，大腿与地面成水平，大小腿弯曲小于90°角，脚尖绷直，右腿直立，上体稍前倾；左金鸡独立步与右金鸡独立步动作相同，只是方向相反。

（三）身型与身法

身型即体型，身法是身型的各种展示方法。狮子的形态展示和神态表现主要是通过扮演狮子的运动员的身型和身法来实现的。较单一的身型身法构成了舞狮动作中的基础动作和简单的技巧动作。

1. 腾　起

（1）动作说明。狮头队员下蹲用力蹬桩面，向上跃起，狮尾队员在狮头队员跃起的同时把狮头队员举起，然后落下还原。

（2）动作要点。狮头队员垂直向上跃起，狮尾队员顺势伸直手臂并夹紧。

2. 高　举

（1）动作说明：狮头队员下蹲用力蹬桩面，向上跃起，狮尾队员在狮头队员跃起的同时把狮头队员举起，狮头队员在狮尾队员头顶保持提膝收腹、身体微后仰的稳定姿势数秒或更长时间。

（2）动作要点：当狮尾队员将狮头队员举起时，狮尾队员两手手臂内旋用力夹紧，以增强动作的稳定性和持久性。狮头队员用力蹬地，垂直起跳，身体后仰并收腿，滞于空中，不要挺肚子，不要仰头。

3. 坐　头

（1）动作说明：狮头队员下蹲用力蹬桩面，向上跃起，狮尾队员在狮头队员跃起的同时把狮头队员举起，并轻放于头上，狮头队员左膝高抬，左腿弯曲约90°，脚尖绷直；右腿下垂，脚尖绷直。

（2）动作要点：狮头队员坐于狮尾队员头上，左脚提起，右脚紧贴狮尾胸部，躯干自然挺直。

4. 单桩坐头

（1）动作说明：单桩坐头方法同坐头，只是狮头队员、狮尾队员各占一根桩柱。

（2）动作要点：要点同坐头。

5. 钳　腰

（1）动作说明：狮头队员下蹲用力蹬桩面，向上跃起，狮尾队员在狮头队员跃起的同时，两手把狮头队员后移至体前，狮尾队员成半蹲，狮头队员大腿紧夹狮尾队员腰部，左右脚相扣。（图12-3-6）

（2）动作要点：当狮头队员向上跃起时，狮尾队员迅速半蹲，将狮头队员拉至体前；狮头队员两脚扣于狮尾队员后腰，迅速夹紧，收腹抬头。

图 12-3-6

6. 上单腿

（1）动作说明：狮头队员下蹲用力蹬桩面，向上跃起，狮尾队员在狮头队员跃起的同时，右脚移至狮头队员右脚桩面，成弓步，狮头队员下落，右脚（脚尖外展）站于狮尾队员右大腿上，左大腿与地面成水平，小腿自然下垂。（图12-3-7）

（2）动作要点：狮头队员下落时，小腿可稍微弯曲，缓冲下落时的力量，同时左脚提起，放松脚踝。狮尾队员两手用力夹紧狮头队员腰部，用力托住狮头队员，使其缓慢下落。

图 12-3-7

7. 上双腿

（1）动作说明：狮头队员下蹲用力蹬桩面，向上跃起，狮尾队员在狮头跃起的同时，两手把狮头队员稍后移，狮头队员下落，两脚（两脚脚尖内扣）站在狮尾队员的左右大腿上。（图12-3-8）

（2）动作要点：狮头队员垂直起跳，站腿瞬间，两腿微屈，站稳后，两腿再伸直；狮尾队员夹紧狮头队员腰部，用托力使其缓慢下落，下蹲屈膝缓冲狮头队员落脚力量。

图 12-3-8

第四节　散　打

一、散打运动概述

散打运动作为一项颇具中华民族风格的体育运动，是由两人按照一定规则，运用中国武术中的踢、打、摔和防守方法进行一对一徒手对抗的竞技体育运动项目。

散打运动的比赛对抗激烈、斗智斗勇，具有极高的竞技性和观赏性。更重要的是，在观赏散打比赛的过程中，我们能够体会到它的文化价值与精神韵味。青少年练习散打能够发展其力量、耐力、柔韧性、灵敏性等素质，能够培养其勇敢、顽强、果断的作风和坚韧不拔的拼搏精神，所以散打被认为是一种实效性极高的竞技体育运动项目。

二、散打的基本技术

（一）抗击打练习

1. 肩、臂、背的靠撞练习

（1）单人练习：可对着沙袋、木桩、墙等物体进行身体各部位的靠撞练习。

（2）双人练习：可臂对臂、肩对肩、胸对胸、背对背等进行靠撞练习。

2. 拍打练习

拍打练习主要是采用一定器具对身体各部位进行拍打，增强身体各部位抗击打能力的练习。

（二）跌扑滚翻练习

跌扑滚翻练习可改善身体内脏器官的承受能力，能起到自我保护的作用，提高身体的协调、灵敏、力量等素质。其主要内容有前滚翻、后滚翻、栽碑、后倒、扑虎、抢背、鲤鱼打挺等。

（三）实战姿势

两脚前后开立，稍宽于肩；两脚脚尖微内扣，后脚脚跟稍离地；两膝微屈，身体重心落在两腿之间；两臂弯曲，左臂屈肘约成90°角，肘尖下垂，左拳置于体前，高与鼻平，拳眼朝斜上；右臂屈肘小于90°角，右拳置于右肋前，略高于下颌，上臂内侧紧贴右侧肋部，肘自然下垂。胸、背保持自然，下颌微收，两眼平视前方。左脚在前称正架，右脚在前称反架。（图12-4-1）

（四）基本步法

散打基本步法如下。

（1）前进步：实战姿势站立（以下均同），前脚先向前进半步，后脚紧接着跟进半步。（图12-4-2）

（2）后退步：后脚先向后退半步，前脚紧接着向后回收半步。（图12-4-3）

（3）上步：后脚向前上一步，左右拳前后交换成右脚在前的反架实战姿势，两眼平视前方。（图12-4-4）

（4）撤步：左脚向后撤一步，成右脚在前、左脚在后，左脚脚跟离地，右脚脚尖外展，重心偏右脚。（图12-4-5）

（5）垫步：后脚蹬地向前脚内侧并拢，同时前腿屈膝提起。（图12-4-6）

（6）插步：重心前移，同时后脚经前脚后面前插，两脚成交叉状，随之前脚向前上步。（图12-4-7）

  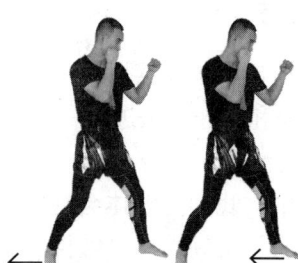 

图12-4-1　　　　图12-4-2　　　　　　图12-4-3　　　　　　图12-4-4

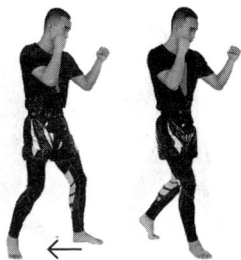

图 12-4-5　　　　　　　　　图 12-4-6　　　　　　　　图 12-4-7

（7）闪步：左闪步时左脚向左侧移半步，右脚随之向左滑步，同时身体向右转动约 90°（图 12-4-8）。右闪步与左闪步相同，只是方向相反。

（8）纵步：有单腿纵步和双腿纵步两种。

单腿纵步：前腿屈膝上提，后腿连续蹬地向前移动。（图 12-4-9）

双腿纵步：两脚同时蹬地，使身体向上或向前、向后、向左、向右跳跃移动。（图 12-4-10）

（9）环绕步：右（左）脚蹬地，左（右）脚向左（右）斜前（后）方滑移，着地后右（左）脚也向左（右）斜前（后）方滑移。（图 12-4-11、图 12-4-12）

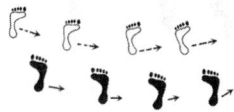

图 12-4-8　　图 12-4-9　　图 12-4-10　　　　图 12-4-11　　　　　　图 12-4-12

（五）基本拳法

散打基本拳法如下。

（1）冲拳。① 左冲拳：实战姿势站立，左脚蹬地，上体微右转；同时左拳内旋，直线向前冲出，力达拳面，右拳收至下颌处（图 12-4-13）。② 右冲拳：右脚蹬地，并以前脚掌向内转，转腰送肩，上体左转；同时右拳内旋，直线向前冲出，力达拳面，左拳收至右肩前（图 12-4-14）。

（2）掼拳。① 左掼拳：上体微右转，同时左臂内旋，抬肘至水平，使左拳向外、向前、向内平面弧形横击，臂微屈，拳心朝下，力达拳面（图 12-4-15）。② 右掼拳：右脚蹬地，上体左转，同时右臂内旋，抬肘至水平，使右拳向外、向前、向内平面弧形横击，拳心朝下，力达拳面（图 12-4-16）。

（3）抄拳。① 左抄拳：上体先向左转，重心微下沉；随之左膝及上体瞬间挺伸，并向右转体；同时左臂外旋，左拳由下向前上方勾起，拳心朝里，力达拳面（图 12-4-17）。② 右抄拳：右脚蹬地，扣膝合胯，腰稍左转。同时右臂外旋，右拳由下向前上方勾起，拳心朝里，力达拳面（图 12-4-18）。

拳　法

图 12-4-13　　图 12-4-14　　图 12-4-15　　图 12-4-16　　图 12-4-17　　图 12-4-18

（六）基本腿法

1. 蹬 腿

（1）左蹬腿：右腿直立或微屈支撑，左腿屈膝前抬，脚尖勾起，当膝关节高于髋关节时，膝关节快速蹬伸，力达脚跟；亦可送髋，脚掌下压，力达前脚掌。（图 12-4-19）

（2）右蹬腿：重心前移，左腿直立或微屈支撑，右腿屈膝向前抬起，勾脚，膝关节快速蹬伸，力达脚跟；亦可送髋，脚掌下压，力达前脚掌。（图 12-4-20）

图 12-4-19

图 12-4-20

2. 侧踹腿

（1）左侧踹腿：重心右移，右腿直立或微屈支撑；同时左腿屈膝抬起与髋同高，小腿外翻，脚尖勾起，展髋、挺膝向前踹出，上体微侧倾，力达脚底。（图 12-4-21）

（2）右侧踹腿：身体左转约180°，重心移至左腿，左腿直立或微屈支撑；同时右腿屈膝抬起与髋同高，小腿外翻，脚尖勾起，展髋、挺膝向前踹出，上体微侧倾，力达脚底。（图 12-4-22）

图 12-4-21

图 12-4-22

3. 鞭 腿

（1）左鞭腿：重心后移，右腿直立或微屈支撑，上体稍右转并侧倾，右脚脚跟内转；同时，左腿屈膝内扣、绷脚背向左侧提起，随即伸髋、挺膝，向前鞭甩小腿，脚

面绷平，小脚趾外侧朝上，力达脚背。（图 12-4-23）

（2）右鞭腿：重心移至左腿，上体向左转，左脚脚跟内转；同时，右腿扣膝、绷脚背向右侧摆起，随即右腿经外向斜上、向里、向前鞭甩小腿，脚面绷平，小脚趾外侧朝上，力达脚背。（图 12-4-24）

4. 勾踢腿

左腿稍屈支撑，上体左转；同时，右脚脚尖勾紧，大腿带动小腿以踝关节与脚背接合部为力点，向前弧形勾踢，左脚脚底内侧贴地面擦行，右手向右斜下拨搂对方颈部。（图 12-4-25）

图 12-4-23　　　　　　　　图 12-4-24　　　　　　　　图 12-4-25

（七）基本摔法

（1）抱腿前顶：实战姿势，上左步，身体下潜，两手抱住对手的两腿用力回拉；同时用左肩前顶对手的大腿或腹部，将对手摔倒。（图 12-4-26）

（2）夹颈过背：右臂夹住对手颈部，右侧髋部贴紧对手小腹，两腿屈膝；随即两腿蹬直，向下弓腰、低头，将对手背起后摔倒。（图 12-4-27）

摔　法

图 12-4-26　　　　　　　　　　　图 12-4-27

（3）夹颈打腿：左手夹住对手颈部，同时右脚变步与左脚平行；随即向右转体，用左小腿向后横打对手左小腿外侧，将对手摔倒。（图 12-4-28）

（4）抱单别腿摔：抱住对手左腿后，用左腿别住对手右腿膝窝，用胸肩贴住对手左腿向前下靠压。（图 12-4-29）

图 12-4-28　　　　　　　　　　　图 12-4-29

（5）接腿勾踢：左手抄抱住对手右腿，右手向对手颈部下压，右脚勾踢对手左脚；同时上体右转，右手回拉，将对手摔倒。（图12-4-30）

（6）接腿上托：两手抓住对手的脚后跟，屈臂上抬，两手迅速上托并向前上方推送，使对手向后倒地。（图12-4-31）

图12-4-30 图12-4-31

防守技法

（八）基本防守技法

（1）后闪：重心后移，上体略后仰闪躲。（图12-4-32）

（2）侧闪：两膝微屈，俯身，上体向左侧或右侧闪躲。（图12-4-33）

（3）下躲闪：两腿屈膝下蹲，同时缩头、含胸、收下颌，弧形向下躲闪，眼看对手。

（4）拍挡：左手以掌心为力点向里横向拍挡。（图12-4-34）

图12-4-32 图12-4-33 图12-4-34

（5）外格：左前臂边内旋边向左斜举，以内臂部位为力点向外格挡。（图12-4-35）

（6）拍压：左拳变掌，以掌心或掌根为力点由上向前下方拍压。（图12-4-36）

（7）勾挂：左臂以肘关节为轴，由上向下、向外伸肘下挂于身体左侧；随即前臂内旋，以前臂和勾手勾挂住对手的来腿。（图12-4-37）

图12-4-35 图12-4-36 图12-4-37

（8）前抄抱：左手由上向下、向右上屈肘画弧，掌心向上，以前臂里侧部位为接触点，向上抄抱对手的来腿；同时，右臂贴腹夹紧，以掌心为接触点向前推抱。（图12-4-38）

图 12-4-38

（9）侧抄抱：身体左转，右肩前领；左手由下向左上伸肘，左臂屈肘置于胸前，前臂内旋，手心向外；两肘关节相对靠近，以两前臂和掌心为接触点，同时合抱来腿。

（10）阻挡：两脚蹬地，重心稍前移，以肩部和手心阻挡对手直线形拳法的进攻，以臂部阻挡对手直线形腿法的进攻。

第五节　女子防身术

一、女子防身基础知识

（一）防身要点

1. 临危不惧

面对歹徒，精神状态是首要的。俗话说："做贼心虚。"犯罪分子就是想速战速决达到犯罪目的，这就要求我们无论面对徒手还是手持凶器的歹徒，都应沉着冷静，毫无惧色，利用智慧争取时间，或逃脱，或求得帮助，或给歹徒以重击。

2. 以巧取胜

由于女子各方面身体素质一般不如男子，平时很少参加体育锻炼的人身体素质可能稍差，因此面对歹徒，不应做无用的挣扎与力量上的拼斗，而要用缓兵之计，以巧取胜，如假意给歹徒拿东西，用沙土迷其双眼，或用有强烈刺激感的液体喷其面部，然后趁机逃脱。

3 击打要害

在与歹徒进行搏斗时，一定要牢记击打对手的要害部位，争取一招制敌。如果击打得手，不但有可能使自己逃脱侵袭，而且有可能使歹徒疼痛难忍，甚至休克而就擒。

（二）防身原则

使用女子防身术的原则，就是在与歹徒格斗时，应掌握一般的规律和常识。其中，不仅有踢、打、摔、拿等方法，同时也包括战略、战术、心理学等诸方面的知识。归纳起来有以下五条原则。

1. 缓

遇到突如其来的侵袭，首先别慌乱，要稳住阵脚，尽量拖延时间，找机会逃脱或寻求他人的帮助。

2. 快

在与歹徒格斗时，因为力量的原因不能硬碰硬，在稳住歹徒后，趁其不备时快速出手，制服歹徒或给其以重击，然后逃脱。

3. 准

在与歹徒格斗时，因为歹徒不可能给你很多的机会，所以出手一定要准，要瞄准对方要害。

4. 狠

在与歹徒搏斗时，要做到心狠、手狠；武术讲究心意在先，手上要下多大力量，取决于心中要下多大力量。

5. 喊

在与歹徒搏斗时，别忘了边打边喊，这样有可能被过路人听见从而获得帮助；喊声也会增加自己的胆量和信心，令歹徒更加慌张，从而便于自己的解脱。

（二）男性要害部位简介

1. 裆 部

人的肛门和会阴穴（位于肛门与外生殖器之间）受到插戳、踢打等攻击，会非常难受，但人一般不会丧失战斗力。裆部之所以被称为男性要害部位，主要是因为睾丸位于裆部。一旦睾丸受损伤，往往发生阴囊血肿，使人剧痛难忍，轻者倒地不起、恶心呕吐，重者神经性休克。歹徒的裆部应当是女子防身攻击的主要目标。由于这一部位不堪一击，因此你可以轻易地完成致命一击，转危为安。

2. 双 眼

双眼也是防护薄弱、容易受到损伤的部位。攻击眼睛也不需要太大的力量，但是需要出手准确，眼睛受到击打会感到痛苦难当。

3. 咽 喉

咽喉里有食道、气管、静脉、膈神经和迷走神经分支。咽喉一旦受到击打，呼吸、血流受阻，神经反射作用出现，轻则说不出话，难受异常，重则昏迷、窒息。咽喉这一要害部位面积较大。从颈部正前方两锁骨内侧、胸骨柄上缘的凹陷处，一直往上到喉结周围，都可称咽喉。

4. 颈 侧

颈部两侧有颈动脉，受到有力击打会导致脑部供氧不足，严重者昏厥甚至死亡。

5. 腋 下

腋下是人体又一薄弱部位。这一部位有丰富的神经，又有人体重要内脏器官——肺。人体背部、胸部的防护，在这里恰巧形成交接空缺。腋下受到打击，轻则疼痛、憋闷、难受；重则吐血、窒息。

因为裆部、眼睛、咽喉、颈侧、腋下是不需要太大力量即能攻击奏效的部位，所以这五个部位是女子防身攻击歹徒的重点选择部位，一定要牢记。

二、女子防身基本技术

女子防身术的基本技术是运用手、脚、四肢和躯干等部位，单独或配合做出一些简单的招式和技术动作。它包括手法、肘法、腿法、膝法和解脱法等基本技术。

（一）手　法

1. 直　拳

【动作方法】以左直拳为例。预备姿势（左架）站立，左拳直线向前击出，力达拳面，拳心向下；左肩前顺，右腿膝盖内扣，眼视左拳。（图 12-5-1）

图 12-5-1

【学法建议】转腰、催肩、抖臂、爆发用力，拳与前臂成直线。

【攻击部位】主要攻击对方面部。

2. 前后撩掌

【动作方法】预备姿势站立，左拳或右拳变掌，掌心向前下，由屈到伸向前或向后撩击对方，力达手掌。（图 12-5-2）

图 12-5-2

【学法建议】腰要拧，步要进，速度要快，力点要准。

【攻击部位】主要攻击对方裆部。

（二）肘　法

肘法属于近距离击打的技法，利用屈肘时的臂部和突起的肘尖进行进攻和防守。肘不但坚硬，而且攻击力大；其招式稳而速，短而险，变化莫测。在近身厮斗时，最易发挥攻击和防守的效用。主要的攻击性肘法有以下五种。

1. 顶　肘

【动作方法】肘部平抬，屈臂，肘尖向前，发力时蹬地、送髋，同时另一上臂向另一侧用力。顶肘要以肘尖攻击，女性自卫时用以顶击歹徒腋下。（图 12-5-3、图 12-5-4）

【学法建议】蹬腿、送髋、上臂猛伸用力，三者要协调一致。

2. 横　肘

【动作方法】横肘时上臂向前、向侧横移，实际上是用旋转身体的力量，用肘尖击打对手，适于攻击对手的太阳穴、后脑、耳门、颈部以及胸肋等。（图 12-5-5）

【学法建议】横肘主要是两种力，一是蹬腿，二是旋转身体。

3. 砸　肘

【动作方法】手臂上抬，肘尖朝前上方，砸击时身体迅速下沉，肘由上向下砸击。砸肘多用于当对手抱腰、腿时，砸击其后脑和腰部。（图 12-5-6）

【学法建议】砸肘时，身体下沉与手臂砸击力要合二为一。

4. 反手顶肘

【动作方法】手臂略上抬，身体迅速下沉（但幅度没有砸肘大），同时肘向后顶击，力达肘尖。顶肘主要用于攻击背后歹徒的肋、腹部。（图 12-5-7）

【学法建议】手臂迅速快抬，身体要下沉，肘尖用力。

5. 反手横肘

【动作方法】手臂平抬，蹬腿，身体旋转发力，同时手臂随旋转方向横向向后猛击，力达肘尖。反手横肘主要用于攻击背后歹徒的面部、太阳穴等。（图 12-5-8）

【学法建议】抬臂要平，转体发力，力达肘尖。

图 12-5-3　　　图 12-5-4　　　图 12-5-5　　　图 12-5-6　　　图 12-5-7　　　图 12-5-8

（三）腿　法

腿法是利用下肢屈伸、摆扣、剪绞等的攻击方法。腿可以上踢头胸，中踢腰腹，下踢裆腿，前后左右也均有不同的攻击方法。

1. 弹　踢

【动作方法】预备姿势站立，支撑腿稍屈，另一腿由屈到伸向前弹击，膝部挺直，脚面绷平，力达足尖或足背。先朝歹徒面部虚击左右拳，待其招架时，以最快速度弹踢对方，目视对方肩部。（图 12-5-9、图 12-5-10）

【学法建议】弹击要脆、快、有力，且迅速回收。

【攻击部位】主要攻击对方裆部。

2. 蹬　踢

【动作方法】预备姿势站立，支撑腿稍屈，另一腿由屈到伸，勾足尖向前蹬击，膝部挺直，力达足跟。（图 12-5-11、图 12-5-12）

【学法建议】同弹踢。

【攻击部位】主要攻击对方小腹及裆部。

图 12-5-9　　　　图 12-5-10　　　　图 12-5-11　　　　图 12-5-12

（四）膝　法

膝法是屈胯抬膝进行进攻或防守的方法，在女子防身术中具有重要作用。膝部攻击具有起动快、力量大的特点，是近距离攻击的"重型武器"。膝法攻击的部位有面部、下颌、腹部、背部、裆部等。

1. 前顶膝

【动作方法】预备姿势站立，一腿微屈支撑，另一腿迅速提膝上抬，力达膝盖。当对方从正面搂抱时，即可用两手搂住对方脖子回拉下压，同时屈膝上顶。（图 12-5-13、图 12-5-14）

【学法建议】两手回拉下压与屈膝上顶要协调一致，动作要快，攻击部位要准。

【攻击部位】主要攻击对方腹部、裆部，有时也可顶击对方面部。

2. 横撞膝

【动作方法】预备姿势站立，一腿微屈，外撇支撑，上体稍转并侧斜倾，另一腿屈膝上抬横撞对方，力达膝盖。当对方近身平勾拳进攻时，应顺势低头偏身抬膝横撞。（图12-5-15）

【学法建议】屈髋蓄劲，支撑腿要稳固。

【攻击部位】主要攻击对方肋部和腰部。

图 12-5-13　　　　图 12-5-14　　　　图 12-5-15

（五）解脱法

当自己的身体某些部位被歹徒控制住时，应首先想到如何解脱。特别是女子防身时，解脱就显得更为重要。

1. 腕部被抓的解脱

（1）压腕脱：握拳用力下压对方虎口，即可解脱。

（2）上摆脱：握拳臂内旋屈肘，即可解脱。

2. 胸襟被抓的解脱

扣腕压肘脱：一手用力将对方抓握手固定压拧，同时蹬腿转腰，另一臂弯曲撞击对方肘部，即可解脱。（图12-5-16）

3. 肩部被抓的解脱

坠肘脱：右肩被对方左手抓住时，屈肘右上，向下坠击对方前臂，即可解脱。（图12-5-17、图12-5-18）

图 12-5-16　　　　图 12-5-17　　　　图 12-5-18

三、女子防身技术组合动作

本部分是根据女性的生理特点，结合格斗技术中以柔克刚、击打要害、顺势借力等招法编排和设计的女子防身技术组合动作。

（一）托颌顶裆

【动作方法】当歹徒在你正前方，手臂由你的腋下穿过抱住你的腰部时，你应两臂上举，两手托（推）歹徒下颌；屈抬左腿，用左膝上顶歹徒裆部，上体自然后仰。（图

12-5-19～图 12-5-21）

【学法建议】当歹徒两臂（或两手）抱住你时，你应首先搞清歹徒的意图，而后两手托其下颌，顶裆要准、狠。

图 12-5-19　　　　图 12-5-20　　　　图 12-5-21

（二）撞面顶裆

【动作方法】当歹徒在你正前方抱住你的两臂及腰部时，你应上体后仰，然后向前顶头，用前额撞击歹徒面部；随即屈抬左腿，上体后仰，用左膝上顶歹徒裆部。（图 12-5-22～图 12-5-24）

【学法建议】在你的两臂（或两手）不能使用的条件下，用头先撞击歹徒面部，然后用膝顶裆。动作要连贯、有力。

  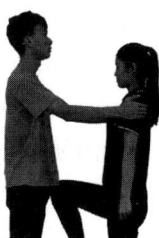

图 12-5-22　　　　图 12-5-23　　　　图 12-5-24

（三）顶肋击面

【动作方法】当歹徒在你背后搂抱住你的两臂及胸部时，你应向前上右步，两臂屈肘上提其两臂，用右肘猛顶歹徒的肋部；同时撤左步，身体左转，用右手击其左侧下颌。（图 12-5-25～图 13-2-28）

【学法建议】在做顶肋击面动作时，上步、转身要快，顶肘要狠，击下颌要有力。动作快速、协调、连贯。

   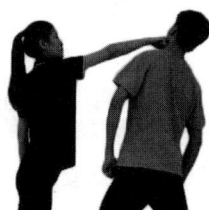

图 12-5-25　　图 12-5-26　　　　图 12-5-27　　　　图 12-5-28

第六节 跆拳道

一、跆拳道运动概述

跆拳道是一种手脚并用的传统搏击格斗术，以变幻莫测、优美潇洒的腿法著称于世，被世人称为"踢的艺术"。同时，跆拳道也是一项紧张激烈、惊险刺激的以腿法对抗为主要形式的现代竞技运动，更是一门强健体魄、磨炼意志品质的高尚武道文化。跆拳道的发展也经历了很长的一段艰苦的历程。跆拳道的第 1 届世界锦标赛和第 1 届亚洲锦标赛分别于 1973 年和 1974 年在韩国汉城（今首尔）举行。1986 年，跆拳道被列为第 10 届亚运会正式比赛项目。1988 年，跆拳道被列为汉城奥运会的表演项目。1994 年 9 月，经国际奥林匹克委员会正式通过，跆拳道被列为 2000 年悉尼奥运会正式比赛项目，设男女各四个级别。跆拳道运动已经成为完全独立的国际体育比赛项目，在世界跆拳道锦标赛、亚洲运动会和亚洲锦标赛上共设男女各八个级别，每两年举办一次世界跆拳道锦标赛和世界杯跆拳道团体锦标赛。

二、跆拳道的基本技术

跆拳道以腿法的攻击为主。要想学好跆拳道，必须要学好、练好跆拳道的基本技术。

（一）拳 攻

以左势实战姿势开始。右脚蹬地，向左转腰，右拳从胸前向前击出；击打目标后，右臂回收至原来位置，仍成左势实战姿势。（图 12-6-1）

图 12-6-1

（二）推 踢

以左势实战姿势开始。右脚蹬地、屈膝提起，左脚以脚掌为轴向外旋转约 90°，重心前压，同时右脚迅速向前方直线推踢，力点在脚掌；推踢后屈膝收腿成左势实战姿势。（图 12-6-2、图 12-6-3）

（三）前 踢

以右势实战姿势开始。左脚蹬地、屈膝提起，右脚以脚掌为轴向外旋转约 90°；同时左腿伸膝、送髋、顶髋，把小腿快速向前踢出，力达脚背；踢击目标后迅速收回成右势实战姿势。（图 12-6-4、图 12-6-5）

图 12-6-2　　　　　　图 12-6-3　　　　　　图 12-6-4　　　　　　图 12-6-5

（四）横　踢

　　以左势实战姿势开始。右脚蹬地夹紧向前、向上提膝，左脚以脚掌为轴，脚跟内旋；右膝关节抬至水平位置，小腿迅速向前踢出；击打目标后迅速收小腿，重心落下成左势实战姿势。（图 12-6-6～图 12-6-8）

图 12-6-6　　　　　　图 12-6-7　　　　　　图 12-6-8

（五）后　踢

　　以左势实战姿势开始。左脚以脚掌为轴内旋成脚跟正对对手，上身旋转，右膝向腹部靠近，大腿、小腿折叠，右腿用力向攻击目标直线踢出，重心前移落下成右势实战姿势。（图 12-6-9～图 12-6-12）

图 12-6-9　　　图 12-6-10　　　　图 12-6-11　　　　图 12-6-12

（六）侧　踢

　　以左势实战姿势开始。右脚蹬地起腿，屈膝上提，左脚以脚掌为轴向外旋转约180°，脚跟正对前方，右腿快速向右前上方直线踢出，力达脚跟，放松收腿成左势实战姿势。（图 12-6-13、图 12-6-14）

（七）下　劈

　　以左势实战姿势开始。右脚蹬地，重心前移，右脚上举至头部上方时，迅速向前下方劈落，用脚跟或脚掌击打目标后，放松落地成右势实战姿势。（图 12-6-15、图 12-6-16）

图 12-6-13　　　　图 12-6-14　　　　图 12-6-15　　　　图 12-6-16

（八）摆　踢

以左势实战姿势开始。右脚蹬地、屈膝提起，左脚以脚掌为轴向外旋转约180°，右脚向左前方伸出，用力向右侧水平击打，重心往前落下，成左势实战姿势。（图 12-6-17 ～图 12-6-20）

图 12-6-17　　　　图 12-6-18　　　　图 12-6-19　　　　图 12-6-20

（九）后旋踢

以左势实战姿势开始。左脚以前脚掌为轴向外旋转约90°，上身旋转，重心前移，屈膝收腿，右腿向右后方最高点伸出并用力向左屈膝击打，重心在原地旋转，身体继续转动，脚落于原来位置，恢复成左势实战姿势。（图 12-6-21 ～图 12-6-23）

图 12-6-21　　　图 12-6-22　　　图 12-6-23

（十）双飞踢

两人从闭势实战姿势开始。攻方居右，先用右横踢攻击对方左肋部，随即左脚蹬地起跳，身体腾空右转，用左横踢迅速踢击对方胸部或腹部，左脚横踢目标后迅速前落成左势实战姿势。（图 12-6-24 ～图 12-6-28）

图 12-6-24

图 12-6-25

图 12-6-26

图 12-6-27

图 12-6-28

（十一）旋风踢

以左势实战姿势开始。以左脚掌为转动轴，脚跟向前转动一周，右脚屈膝上提，随身体转至正对前方时，左脚蹬地跳起向左横踢，右脚、左脚依次落地。（图 12-6-29 ～图 12-6-31）

图 12-6-29

图 12-6-30

图 12-6-31

第十三章

形体运动

===== 第一节 健美运动 =====

一、健美运动概述

健美运动是徒手或利用杠铃、哑铃、壶铃、拉力器及特制的综合力量练习架等器械，以专门动作方式和方法进行锻炼来发展肌肉、增长体力、改善体形和陶冶情操的运动项目。健美与人的形体美密切相关，是形体美的基础。人体对称的体形、均衡的比例、流畅的线条、坚韧的骨骼、匀称的四肢、丰满的躯体、健康的肤色、富有弹性的肌肉等是形体美不可缺少的条件。健美还要求具有充沛的精力、愉快的心情、蓬勃的活力。

在古代奥林匹克运动会上，古希腊人就把全身涂上橄榄油，进行裸体角逐，以显示其身体的健美。近代健美运动是 19 世纪末在欧洲兴起的，由德国的体育家尤金·山道首创，并于 1901 年在英国举办了世界上第一次健美比赛。尤金·山道对健美运动的发展起到了极大的推动作用，被称为"健美运动的鼻祖"。1946 年，加拿大的韦德兄弟创建了国际健美联合会。1969 年，该联合会加入国际单项体育联合会总会。国际健美联合会每年定期举办洲际健美比赛、世界职业健美比赛和业余健美比赛。

二、健美运动的训练方法

针对人体不同部位的健美运动，其训练方法均有所不同。

（一）腿部肌群的训练方法

两腿是人体的基座，承担着整个身体的重量。人的衰老从腿开始。两腿无力会给日常生活和工作带来不便，更谈不上健美。两腿无力，行走活动减少，会导致心肺功能减弱，所以应重视腿部肌群的锻炼。

1. 股四头肌、臀大肌的训练方法

（1）颈后负重深蹲：在做动作的过程中，应始终抬头、挺胸、紧腰，使杠铃垂

深蹲

直上升；意念集中在股四头肌、臀大肌上。（图 13-1-1）

（2）跨举：下蹲和起立时，腰背挺直，两臂伸直，不得屈臂和耸肩；起立时，应完全靠腿部力量；屈膝下蹲时，不可突然下蹲，应以股四头肌、臀大肌的力量控制杠铃缓缓下降；意念集中在股四头肌、臀大肌上。（图 13-1-2）

图 13-1-1　　　　　　　　　　　图 13-1-2

2. 股二头肌的训练方法

（1）俯卧腿弯举：腹部始终紧贴凳面，臀部不能上翘，意念集中在股二头肌上。（图 13-1-3）

（2）立姿腿弯举：动作不可太快，待股二头肌极力收缩后，稍停，再缓缓放下；意念集中在股二头肌上。（图 13-1-4）

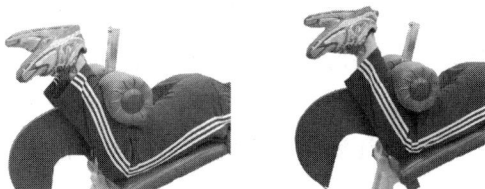　　　

图 13-1-3　　　　　　　　　　　图 13-1-4

3. 小腿肌群的训练方法

（1）立姿提踵：做动作时，重心保持稳定；脚跟下降时要低于垫木面或杠铃片；意念集中在小腿肌群上。（图 13-1-5）

（2）坐姿提踵：在做动作时，杠铃横杠的位置要正对脚跟；脚跟下降时要低于垫木面或杠铃片；意念集中在小腿肌群上。（图 13-1-6）

图 13-1-5　　　　　　　　　　　图 13-1-6

（二）胸部肌群的训练方法

胸部肌群主要包括胸大肌、胸小肌和前锯肌。在锻炼胸肌时，需要采用不同的动作从不同的角度对胸肌进行全面刺激，以使胸肌练得既发达又有线条。

1. 杠铃平卧推举

在做动作时，上推路线要垂直，意念集中在胸大肌上。（图 13-1-7）

2. 仰卧飞鸟

在做动作时，肩、肘、腕始终在同一垂面内，意念集中在胸大肌和三角肌前束上。（图 13-1-8）

仰卧飞鸟

图 13-1-7　　　　　　　　　　　　　图 13-1-8

（三）背部肌群的训练方法

背部肌群主要包括斜方肌、背阔肌和骶棘肌。发达的背部肌肉使上体呈 V 字形，并能使腰背挺直，塑造良好的体形。

1. 杠铃直立耸肩

在做动作时，两臂不得屈肘上提杠铃，臂部和两手仅起固定杠铃的作用；耸肩时，不得弯腰、弯背；意念集中在斜方肌上。（图 13-1-9）

2. 正握引体向上

在做动作时，身体不能摆动；向上拉时，不能借助蹬腿力量，拉得越高越好；意念集中在背阔肌上。（图 13-1-10）

图 13-1-9　　　　　　　　　　　　　图 13-1-10

（四）肩部三角肌的训练方法

肩部是否健美，主要看三角肌是否发达。三角肌位于肩部皮下，"底"向上，"尖"向下，呈三角形，从前、后、外侧包裹着肩关节，其最前部和最后部的肌纤维呈梭形，中部肌纤维呈多羽状，这种结构使三角肌具有较大力量。

1. 颈前推举

在做动作时，上体保持正直，不得借助腰、腿力量；意念集中在三角肌前束上。（图 13-1-11）

2. 颈后推举

在做动作时，两肘始终保持外展，垂直向上推杠铃；意念集中在三角肌后束上。（图 13-1-12）

图 13-1-11　　　　　　　　　　　　　图 13-1-12

（五）臂部肌群的训练方法

臂部肌群分为上臂肌群和前臂肌群。上臂肌群包括肱肌、肱二头肌和肱三头肌等。前臂肌群分为前屈肌群（如肱桡肌、旋前圆肌等）、后伸肌群（如指伸肌、尺侧腕伸肌等）。

1. 上臂肌群的训练方法

（1）杠铃弯举：弯臂时，上体切忌前后摆动；意念集中在肱肌、肱二头肌上。（图 13-1-13）

（2）反握引体向上：在向上引体时，不得借助腰、腹的振摆做动作；意念集中在肱二头肌上。（图 13-1-14）

图 13-1-13　　　　　　　　　　　　　图 13-1-14

2. 前臂肌群的训练方法

反握腕弯举是用来锻炼前臂肌群的一种方法。手腕向上弯曲时，要尽量收缩前臂肌；意念集中在前屈肌群上。（图 13-1-15）

图 13–1–15

（六）腹部肌群的训练方法

腹部肌群主要包括腹直肌、腹外斜肌和腹内斜肌。

1. 单杠悬垂举腿

做动作时，不得借助身体摆动的力量；意念集中在下腹部。（图 13–1–16）

2. 仰卧起坐

做上体前屈时，动作要慢，不得后仰；意念集中在腹直肌上。（图 13–1–17）

图 13–1–16

图 13–1–17

第二节　健美操

一、健美操概述

（一）健美操的起源

健美操起源于 20 世纪 60 年代末，英文原名为 "Aerobics"，意思是 "有氧运动"。20 世纪 80 年代初，美国著名演员简·方达出版了《简·方达健美术》一书，引起了轰动。这对健美操在全世界的普及和发展起到了积极的作用。现代健美操于 20 世纪 80 年代传入我国。随着我国经济的发展、人民生活水平的提高，尤其在《全民健身计划（2016–2020 年）》实施以来，健身成为人们生活中不可缺少的一部分。健美操作为一项很有特色的运动，在我国全民健身活动中占有非常重要的地位，是近年来非常流行的一项体育运动。

（二）健美操的分类

健美操分为健身健美操和竞技健美操两大类（表 13-2-1）。健身健美操以有氧运动为主，锻炼形式多种多样，如拉丁操、搏击操、街舞健身操、水中健身操等，适合大众练习。竞技健美操是一种更高层次的健美操运动，更具有观赏性。它比健身健美操更加激烈，更能体现出力与美相结合的特色。

表 13-2-1　健美操的分类

分　类			内　容
健身健美操	徒手健美操	一般健美操	传统有氧健美操
		不同风格健美操	拉丁操、搏击操、街舞健身操
	表演性健美操	器械健美操	踏板操、哑铃操、橡皮筋操、健身球操
		特殊场地健美操	水中健身操、固定器械健美操
竞技健美操	自编竞技健美操		男子单人操、女子单人操 混合双人操 三人操、集体五人操
	规定竞技等级健美操		成年组 青少年组

二、健美操的基本动作

健美操的基本动作由上肢动作、基本手形和基本步法组成。下面主要介绍后两种。

（一）基本手形

健美操基本手形如图 13-2-1 所示。

并　掌　　　　　开　掌　　　　　花　掌　　　　　立　掌　　　　　拳

图 13-2-1

（二）基本步法

健美操的基本步法是根据人体运动时对地面的冲击力大小而划分的，包括低冲击力步法、高冲击力步法和无冲击力步法。

1. 低冲击力步法

低冲击力步法包括四大类：踏步类、点地类、迈步类和抬腿类。

（1）踏步类：踏步类基本步法主要有踏步（图 13-2-2）、走步（图 13-2-3）、一字步（图 13-2-4）、V 字步（图 13-2-5）和漫步（图 13-2-6）等。

图 13-2-2

图 13-2-3

图 13-2-4

图 13-2-5

图 13-2-6

（2）点地类：点地类基本步法主要有脚跟点地、脚尖向前或向侧点地等。（图 13-2-7）

（3）迈步类：迈步类基本步法主要有并步（图 13-2-8）、迈步屈腿（图 13-2-9）、迈步踢腿（图 13-2-10）和交叉步（图 13-2-11）等。

（4）抬腿类：抬腿类基本步法主要有吸腿（图 13-2-12）、踢腿（图 13-2-13）、弹踢（图 13-2-14）和后屈腿（图 13-2-15）等。

图 13-2-7

图 13-2-8

图 13-2-9

图 13-2-10

图 13-2-11

图 13-2-12

图 13-2-13

图 13-2-14

图 13-2-15

2. 高冲击力步法

高冲击力步法包括四大类：迈步起跳类、双脚起跳类、单脚起跳类和后踢腿跑类。

（1）迈步起跳类：迈步起跳类基本步法主要有并步跳（图13-2-16）、迈步吸腿跳（图13-2-17）和迈步后屈腿跳（图13-2-18）等。

图13-2-16 　　　　　　　　图13-2-17 　　　　　　　　图13-2-18

（2）双腿起跳类：双脚起跳类基本步法主要有并立纵跳（图13-2-19）、开合跳（图13-2-20）、小马跳（图13-2-21）和弓步跳（图13-2-22）等。

（3）单腿起跳类：单脚起跳类基本步法主要有钟摆跳（图13-2-23）和踢腿跳（图13-2-24）等。

（4）后踢腿跑类：动作如图13-2-25所示。

图13-2-19 　　　　　　　　　　　　图13-2-20

图13-2-21 　　　　　　　　　　　　图13-2-22

图13-2-23 　　　　　　　　图13-2-24 　　　　　　　　图13-2-25

3. 无冲击力步法

无冲击力步法是指两脚不离开地面的动作，主要包括两膝弹动（图 13-2-26）、半蹲（图 13-2-27）、弓步（图 13-2-28）和提踵（图 13-2-29）等。

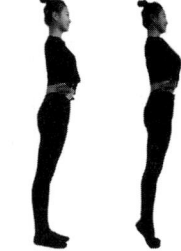

图 13-2-26　　　　　　　图 13-2-27　　　　　　　图 13-2-28　　　　　　　图 13-2-29

三、《全国健美操大众锻炼标准》（三级）

《全国健美操大众锻炼标准》（三级）图解和说明如下。

组合一

动　作	1　2　3　4 （上排） 5　6　7　8 （下排）	
节　拍	**下肢步法**	**上肢动作**
预备姿势	站立	
一　1～4	右脚开始向一侧迈步后屈腿2次，2拍时右转90°	1～2拍右臂摆至侧平举，左臂摆至胸前平屈；3～4拍同1～2拍，只是方向相反
5～8	向右迈步后屈腿2次，6拍时右转180°	两手叉腰

动 作	

节 拍		下肢步法	上肢动作
二	1～2	1/2 V字步	1拍右臂侧上举，2拍左臂侧上举
	3～8	6拍漫步，8拍右转90°	两臂随脚的动作自然前后摆动

动 作	

节 拍		下肢步法	上肢动作
三	1～8	右脚开始交叉步2次，左转90°呈L形	1拍两臂前举，2拍两臂胸前平屈，3拍同1拍，4拍击掌；5～8拍同1～4拍

动　作	

节　拍		下肢步法	上肢动作
四	1～4	左脚开始侧并步跳，1/2后漫步	1～2拍两臂侧上举；3～4拍左臂摆至体前，右臂摆至体后
	5～8	左转90°，左脚开始小马跳2次	5～6拍右臂上举，7～8拍左臂上举
第五至第八个八拍，动作相同，方向相反			

组合二

动　作	

节 拍		下肢步法	上肢动作
一	1~4	右脚向右前上步，吸腿2次	两臂自然摆动
	5~6	左脚向后交换步	两臂随下肢动作自然摆动
	7~8	右脚上步，吸腿	两臂自然摆动
动 作			

节 拍		下肢步法	上肢动作
二	1~4	左脚开始向右侧交叉步	两臂随步法向反方向屈伸
	5~8	右转45°，左脚做漫步	5~6拍两臂于肩侧屈肘外展，7~8拍两臂经体前交叉摆至侧下举
动 作			

节 拍		下肢步法	上肢动作
三	1～4	左脚开始十字步，同时左转90°	两臂自然摆动
	5～8	左脚开始向一侧并步跳2次	两臂自然摆动
动 作			

节 拍		下肢步法	上肢动作
四	1～8	左脚漫步2次，右转90°	两臂自然摆动

第五至第八个八拍，动作相同，方向相反

组合三

动 作	

节拍		下肢步法	上肢动作
一	1～6	右脚开始侧点地3次	1～2拍右臂向下屈伸，3～4拍左臂向下屈伸，5～6拍同1～2拍
	7～8	左脚开始向前走2步	击掌2次
动作			

节拍		下肢步法	上肢动作
二	1～4	左腿开始吸腿跳2次	1拍两臂侧上举，2拍两臂胸前平屈，3拍同1拍，4拍两手叉腰
	5～8	右腿吸腿跳，向后落地，转体180°，吸左腿	两手叉腰
动作			

节　拍		下肢步法	上肢动作
三	1～4	左脚开始向前走3步吸腿跳，同时左转体180°	1～3拍两手叉腰，4拍击掌
	5～8	右脚开始向前走3步后吸腿	5～6拍两臂同时经体前摆至侧下举，7～8拍两臂经肩侧屈肘外展至体前击掌

节　拍		下肢步法	上肢动作
四	1～8	左脚开始并步4次，呈L形	两臂做屈臂提拉4次
第五至第八个八拍，动作相同，方向相反			

组合四

节 拍		下肢步法	上肢动作
一	1～4	右腿上步，吸腿	两臂做向前冲拳、后拉2次
	5～8	左脚向前走3步后吸腿	5～6拍两臂同时经体前摆至侧下举，7拍两臂于肩侧屈肘外展，8拍击掌
动 作		1　2～3　4　5～6　7～8	
节 拍		下肢步法	上肢动作
二	1～4	右脚向一侧迈步，2～3拍向右前1/2漫步，4拍左脚向一侧迈步	1拍两臂侧上举，2～3拍两臂随脚的动作自然摆动，4拍同1拍
	5～8	右脚开始向左前方做漫步	两臂自然摆动
动 作		1　2　3　4　5　6　7　8	

节　拍		下肢步法	上肢动作
三	1～6	右脚开始上步吸腿3次	1拍两臂于肩侧屈肘外展，2拍击掌，3～6拍同1～2拍
	7～8	左脚前1/2漫步	两臂自然摆动
动　作			

节　拍		下肢步法	上肢动作
四	1～8	1～3拍左转90°，向左做侧交叉步，4～8拍转体180°接侧交叉步	1～4拍两臂做外展、内收、外展、击掌，5～8拍同1～4拍
第五至第八个八拍，动作相同，方向相反			

第三节　体育舞蹈

一、体育舞蹈概述

（一）体育舞蹈的起源和发展

体育舞蹈的前身是交谊舞。作为社交活动的交谊舞可追溯到人类的原始时期。那时的交谊舞由部落同性别的成员一起跳，舞者之间没有身体接触。现代意义上的交谊舞则是地道的双人舞，舞者之间有身体接触。

最早的现代意义上的交谊舞出现在欧洲的农民舞蹈中，如低舞和孔雀舞，这两种舞都是由男女结对来跳的。16世纪的英国，被称为乡村舞的队列舞盛行。17世纪的法国，小步舞受到广泛的欢迎。18世纪中期，华尔兹在奥地利维也纳产生。到了18世纪

末，华尔兹这种古老的奥地利农民舞蹈逐渐被上流社会所接受，并盛行于法国。19 世纪初，华尔兹出现近距离的握抱形式，这种男女舞伴近距离握抱的舞蹈猛烈抨击了传统的交谊舞观念，使交谊舞发生了革命性变化。之后，同是近距离握抱的波尔卡出现，这种舞蹈成了时髦的交谊舞。进入 20 世纪后，狐步舞、探戈等交际舞出现。这样，现代交谊舞的内涵也逐渐明晰起来，即舞伴距离较近的、在舞厅中活动的舞蹈。

1768 年，巴黎出现了第一家交谊舞舞厅，由此交谊舞开始在欧美各国流行，并成为一种普遍的社交方式。交谊舞在舞厅舞蹈漫长的发展演变中，渐渐地保留下一些风格鲜明、舞步规范的技巧体系。为了便于普及并进一步提高大众的参与意识，舞蹈教师将其规范化、职业化，并通过比赛将其竞技化。1924 年，英国皇家舞蹈教师协会对当时的交谊舞进行了整理，将各种舞的舞步、舞姿、跳法加以系统化和规范化，相继规范了布鲁斯舞、慢华尔兹、慢狐步舞、快华尔兹、快步舞、伦巴、探戈等交谊舞。1950 年，英国世界舞蹈组织主办了首届世界性的舞蹈节——黑池舞蹈节，并把规范后的舞蹈命名为国际标准舞。之后每年的 5 月底，在英国的黑池都会举行一届世界性的大赛。国际标准舞通过比赛在世界各地不断推广，其自身也得到了发展。第二次世界大战以后，英国皇家舞蹈教师协会又整理了拉丁舞，并将它纳入国际标准舞范畴。1960 年，拉丁舞成为世界交际舞锦标赛的比赛项目之一。这样国际上就形成了具有统一舞步的两大系列、10 个舞种的国际标准舞。

体育舞蹈于 20 世纪 30 年代传入中国，80 年代发展较快，先后与日、美、英等国家进行交流活动。1987 年举办首届全国国际标准交谊舞比赛。1991 年举行了首届全国体育舞蹈锦标赛。

（二）体育舞蹈各舞种简介

1. 华尔兹

华尔兹又称圆舞，是体育舞蹈中历史最悠久的一种舞蹈。它起源于德国和奥地利的一种农民舞蹈——土风舞。"华尔兹"一词最早来自古德文"walzl"，意思是"滚动""滑动"或"旋转"。华尔兹于 16 世纪传入法国，17 世纪进入维也纳宫廷，18 世纪正式出现在英国舞厅，被誉为"欧洲宫廷舞之王"，19 世纪末 20 世纪初流行于美国波士顿，被称为波士顿华尔兹。其变形有两种：一种为波士顿舞，舞步绵长而柔美，动作徐缓而少旋转，是比较慢的华尔兹；另一种为踌躇舞，每三步跳一步，仍然是现代维也纳华尔兹的重要舞步。后来，华尔兹又以新的形式流行于英国和欧洲其他国家，并得到了很大的发展；经英国皇家舞蹈教师协会整理、规范，其舞姿、舞步、跳法得以系统化，形成了现代意义上的慢华尔兹，又被称作"英国的华尔兹"，即当代体育舞蹈的华尔兹。

华尔兹的风格特点是庄重典雅、华丽柔美，舞蹈动作流畅、旋转性强、热烈而奔放、起伏跌宕。接连不断地潇洒转体，配以华丽的服装、优美的音乐，使华尔兹更为完美。

华尔兹音乐 $\frac{3}{4}$ 拍，28 ～ 30 小节/分，基本上一拍一步，每小节跳三步。舞步有不同的变化，如前进并合步（追步）、前进锁步、后退锁步中每小节跳四步。华尔兹是英国皇家舞蹈教师协会规范较早的国际标准舞之一。华尔兹通过舞者身体的起伏，以及

华尔兹完整
示范

摆、荡、倾斜和反身等动作表达舞者丰富的内心世界，是表现爱情的一种舞蹈。舞蹈时，男舞伴似王子气宇轩昂，女舞伴似公主温文尔雅，舞姿飘逸优美，尽显典雅庄重的风范。

2. 伦　巴

伦巴是拉丁舞中具有独特魅力的舞蹈。舞蹈动作曾受雄鸡走路的启发，舞蹈的形成与西班牙的舞蹈"波莱罗"、非洲黑人舞蹈有关。伦巴在古巴获得了极大的发展，是一种交谊舞蹈。20世纪30年代，英国的皮埃尔夫妇表演和推广了古巴伦巴，使其受到人们极大的欢迎，于是古巴伦巴流行于欧洲。

伦巴音乐缠绵、浪漫，舞蹈风格柔媚、抒情，是表现爱情的舞蹈。由于音乐的基调不同，伦巴舞曲表现的情感也不同，有的是欢快的，有的是深沉而柔情的，也有的是忧郁而伤感的。在抑扬的韵律节奏下，伦巴含蓄、柔媚的风格更加展示了女性婀娜多姿的美态；男士亦能感受到音乐的魅力，在舞蹈过程中尽显活力。伦巴历史悠久，舞型成熟，具有独特的吸引力，被称为拉丁美洲音乐和舞蹈的精神与灵魂。

伦巴的音乐是 $\frac{4}{4}$ 拍，切分音突出，27～29 小节/分。舞蹈动作特点是臀、胯、膝关节绷直，胯向后扭摆，动作不能太突然；胯部和肩部的动作幅度较大，胯部动作不是单一的左右扭摆动作，而是一个提、转、绕、沉胯的组合动作；重心脚踏降时，脚跟用力踏地，足部须伸直。

3. 恰恰恰

恰恰恰起源于非洲，传入南美洲后，在古巴获得了很大的发展。恰恰恰是模仿企鹅的动作创编而成的舞蹈，借以表达青年男女之间追逐嬉戏的情景，风趣诙谐，热烈俏美，胯部的扭摆别有一番风韵，尤为年轻人所喜爱。恰恰恰名称动听，节奏欢快易记，配以邦戈鼓和沙锤的"咚咚""沙沙"声，成为拉丁舞中备受欢迎的舞蹈。

恰恰恰的音乐曲调欢快，$\frac{4}{4}$ 拍，30～32 小节/分，4 拍跳 5 步。舞蹈时，前脚掌施力，当重心移至脚上时，脚跟要放低，膝关节伸直，以稍离地面的踏步来表达心情的欢快；后退步时，脚跟下落要比前进步晚，避免重心突然"掉"至后面。正确的舞姿、稳定的腿部动作和足部动作对跳好恰恰恰是非常重要的。

二、慢　三

（一）基本舞步

（1）前进后退步，如图 13-3-1 所示。

图 13-3-1

（2）左转 90°，如图 13-3-2 所示。

伦巴完整示范

图 13-3-2

（3）左转 180°，如图 13-3-3 所示。

图 13-3-3

（4）Z字步，如图 13-3-4 所示。

图 13-3-4

（5）开位步，如图 13-3-5 所示。

图 13-3-5

（二）组合动作

（1）Z字步—反身—开位—还原，如图 13-3-6 所示。

图 13-3-6

（2）Z字步—女伴内转—开位—还原，如图 13-3-7 所示。

图 13-3-7

三、恰恰恰

（一）基本舞步

（1）方步，如图 13-3-8 所示。

恰恰恰完整
示范

图 13-3-8

（2）前进后退步，如图 13-3-9 所示。

图 13-3-9

（3）纽约步，如图 13-3-10 所示。

图 13-3-10

（4）定点转，如图 13-3-11 所示。

图 13-3-11

（5）肩下转，如图 13-3-12 所示。

图 13-3-12

（6）手对手，如图 13-3-13 所示。

图 13-3-13

（7）前进转，如图 13-3-14 所示。

图 13-3-14

（二）组合动作

单手牵女伴前进转 180°，还原，如图 13-3-15 所示。

图 13-3-15

四、平 四

平四作为颇接地气的广场舞形式，深受广大群众欢迎，基本动作图解如下。

（一）基本舞步

（1）前进后退步，如图 13-3-16 所示。

图 13-3-16

（2）左转 180°，如图 13-3-17 所示。

图 13-3-17

（3）右转 180°，如图 13-3-18 所示。

图 13-3-18

（4）单手外转，如图 13-3-19 所示。

图 13-3-19

（5）单手内转，如图 13-3-20 所示。

图 13-3-20

（6）背后换手外转，如图 13-3-21 所示。

图 13-3-21

（7）高低双手外转，如图 13-3-22 所示。

图 13-3-22

（二）组合动作

（1）高低双手外转—背对背—双手向外打开，如图 13-3-23 所示。

图 13-3-23

（2）高低双手外转—女伴内转 360°—前进后退步—左右换位—单手女伴转出还原，如图 13-3-24 所示。

图 13-3-24

第四节　瑜　伽

一、瑜伽概述

瑜伽，意为"结合""一致""和谐"。瑜伽的含义是身体和心理达到最和谐的状态，即身心处于相对稳定、平衡的状态。

瑜伽起源于古印度，流行于世界，是东方古老的健身方法之一，也是目前时尚的健身运动方式之一。

瑜伽能以其独特的、温和的运动方式达到显著的健身效果。在平静的心境下练习瑜伽，能排除杂念，放松肌肉，舒展肢体，安神静心，塑身美体，提高柔韧性，缓解

197

压力。

经常练习瑜伽，能有效地增强心肺功能，特别是有意识的呼吸法练习能降低血压、减缓心率，对预防高血压、心血管疾病有显著效果；能有效增强和保持肌肉、骨骼、关节等的功能，预防骨质疏松症，改善神经系统，提高平衡性；还能增强免疫系统的功能，有益于抵抗疾病。

二、瑜伽基本技术

（一）入门与基础

1. 基本坐姿

（1）简易坐：坐于地面，两腿向前伸直。屈膝，两腿在小腿处交叉，两手抓住脚尖向后拉，膝关节下沉。

（2）半莲花坐：保持上一体位，将左脚放到右大腿根部。

（3）莲花坐：保持上一体位，将右脚抽出，放于左大腿根部。

2. 常用手印

（1）智慧手印：食指抵住拇指中段，其余手指自然伸直。

（2）能量手印：无名指、中指和拇指捏在一起，其余手指自然伸展。

（3）合十印：十指并拢，两手合掌，拇指相扣。

3. 呼吸法

（1）腹式呼吸：仰卧，左手或右手放于肚脐处。吸气，腹部放松，感觉空气被吸向腹部，腹部扩张；呼气，腹部收缩，尽量将废气从体内排出。

（2）胸式呼吸：仰卧，吸气，将空气吸入胸部区域，使胸部区域扩张，腹部内收；呼气，气息下沉。

（3）完全式呼吸：把以上两种呼吸方法结合起来即完全式呼吸。

（二）瑜伽套路

1. 热身套路

动作名称及顺序：头部活动—肩部活动—肘部活动—脚趾活动—脚踝活动—半莲花膝部活动—动物放松功。

2. 初级瑜伽套路

初级瑜伽套路：山式—风吹树式—三角伸展式—三角侧伸展式—战士一式和战士二式—蹲式—简化脊柱扭动式—圣哲玛里琪第一式—猫伸展式—虎式—上抬腿式—犁式系列—挺尸式。

（1）山式：并腿站立，重心均匀分布在两腿。目视前方，两臂垂于体侧，指尖朝下，保持姿势1分钟。（图13-4-1）

【要点】收紧踝关节、膝关节、大腿内侧、臀部和腹部，骶骨回收。脊柱立直，两肩松沉，立颈。

【功效】拉长身体线条，使身体更加挺拔，消除腹部和臀部的赘肉。

（2）风吹树式：接上式，两脚打开，与肩同宽。两手于头顶合掌。十指交叉，翻转掌心向上。呼气，上体向右侧屈。转头看上方，保持数秒，反侧练习。（图13-4-2、

图 13-4-3）

【要点】身体侧屈时，下半身不动，髋部前推，背部保持在一个平面上。

【功效】消除腰部、腹部的多余脂肪，提高身体的灵活性。

（3）三角伸展式：山式站立。两脚打开约3个肩宽，右脚外展90°，左脚内扣30°，两臂侧平举。呼气，身体向右侧屈，右手指尖触地，两臂形成一条直线。转头看左手。呼气，左臂放下贴耳根。保持数秒，反侧练习。（图 13-4-4～图 13-4-6）

【要点】身体侧屈时，注意将髋部向前推，避免上体有向前弯的倾向。

【功效】增强腿部肌肉，纠正腿部畸形；缓解背部疼痛及颈部扭伤；强健胸部；增强脚踝力量。

图 13-4-1　图 13-4-2　图 13-4-3　　　图 13-4-4　　　　　图 13-4-5　　　　　　图 13-4-6

（4）三角侧伸展式：准备姿势同三角伸展式。屈右膝，大腿平行于地面。两臂侧平举。呼气，身体向右侧屈，右手手掌于右脚外缘扶地，左臂贴耳根。转头看上方，保持数秒。身体还原，反侧练习。（图 13-4-7）

【要点】保持姿势时，腿、髋、臂形成一条直线；还原时，手、躯干、脚依次回到基本站立。

【功效】同三角伸展式。

（5）战士一式：准备姿势同三角伸展式。屈右膝，大腿平行于地面，两臂侧平举。身体右转。呼气，头后仰，目视指尖。两手于头顶上方合掌，保持数秒。呼气，上体前倾，保持数秒。还原成站姿，反侧练习。（图 13-4-8～图 13-4-10）

战士二式：接战士一式。上体恢复直立，左转，两臂侧平举，目视前方。呼气，转头看右手指尖，保持数秒。还原站姿，反侧练习。（图 13-4-11）

【要点】做战士一式，手臂上举时，两肩松沉，伸展背部，手臂与背部形成一条直线。

【功效】强健踝关节、膝关节、髋关节和肩关节；扩展胸部，提高肺活量。

图 13-4-7　　　　图 13-4-8　　　　图 13-4-9　　　　图 13-4-10　　　　图 13-4-11

（6）蹲式：山式站立，两脚宽于肩。两手于腹前十指相交，两臂下垂。呼气，屈膝下蹲。每降低一个高度，先恢复直立，再次下蹲，重心比前次略低。最后下蹲至两手略微高于地面，重复练习。（图 13-4-12～图 13-4-14）

【要点】下蹲时呼气，起身时吸气。

【功效】强健踝部、膝部、大腿内侧的肌肉和盆底肌肉。

图 13-4-12　　　　图 13-4-13　　　　图 13-4-14

（7）简化脊柱扭动式：坐姿，两腿伸直并拢，勾脚尖；立腰，目视前方；两臂分别置于身体两侧。屈右膝，右脚放于左膝外侧。身体右转，左肘抵住右膝外侧，两臂于身体右侧打开，屏息数秒。还原成坐姿，反侧练习。（图 13-4-15～图 13-4-17）

【要点】上体扭转时，保持脊柱向上立直。

【功效】强化颈、肩、背部肌肉，塑造背部曲线；预防腰背部疼痛和风湿腰痛。

图 13-4-15　　　　图 13-4-16　　　　图 13-4-17

（8）圣哲玛里琪第一式：准备姿势同简化脊柱扭动式，屈右膝，脚跟靠近臀部。上体前倾，右手由内向外抱住右腿，两手背后相扣，保持数秒。呼气，上体前屈，额头贴近左膝，保持数秒。还原成坐姿，反侧练习。（图 13-4-18～图 13-4-20）

【要点】初学者很难弯身时，不要勉强，达到自己能力所及的位置即可，但尽量保持脊柱立直。

【功效】增强内脏各器官功能；改善支气管炎或肠胃问题；强健背部、肩部、臂部和腿部肌肉。

图 13-4-18　　　　图 13-4-19　　　　图 13-4-20

（9）猫伸展式：跪立；两膝、两手着地成"四脚"姿势。吸气，抬头，沉腰、翘臀，屏息数秒。呼气，低头含胸，拱背收腹，保持数秒，重复练习。（图 13-4-21～图 13-4-23）

【要点】"四脚"姿势：两臂、两大腿与地面垂直，上身与地面平行。

【功效】有效消除腰、腹部赘肉，丰满胸部；提高脊柱的灵活性；按摩腹部脏器，促进消化。

图 13-4-21

图 13-4-22

图 13-4-23

（10）虎式：接上式，成"四脚"姿势。右腿后伸，并尽量上抬，保持数秒。呼气，屈右膝，膝关节向前靠近胸部。低头拱背，鼻尖触膝，保持数秒。重复几次，反侧练习。（图 13-4-24、图 13-4-25）

【要点】屈膝向前时，脚背、膝关节离地。

【功效】强壮脊柱神经和坐骨神经；减少髋部和大腿的脂肪。

图 13-4-24

图 13-4-25

（11）上抬腿式：仰卧，两腿伸直并拢，两臂放于体侧。两腿离地，与地面依次成30°、60°、90°，每个高度保持数秒。缓慢还原，切勿猛然落下两腿。休息片刻，重复练习。（图 13-4-26～图 13-4-29）

【要点】抬腿时，膝关节伸直，头部和身体其余部分平贴地面。

【功效】增强腿部、背部的力量；消除腰部多余脂肪；补养腹部脏器，刺激消化过程，缓解便秘。

图 13-4-26

图 13-4-27

图 13-4-28

图 13-4-29

（12）犁式：仰卧，两腿伸直并拢。两臂放于体侧，掌心朝下。两掌按地，两腿抬起，垂直于地面。吸气，两腿越过身体。呼气，两腿向后摆至头的上方，脚趾触地。

保持数秒，缓慢还原。（图13-4-30、图13-4-31）

【要点】两腿摆至头的上方时，臀部和下背部离地，头部不要离开地面。

【功效】滋养脊柱神经，消除肩部和肘部的僵硬感；促进消化，消除胃胀，改善月经失调等。

图13-4-30   图13-4-31

（13）侧犁式：接上式。两手推背，使背部垂直于地面。呼气，两腿转向右方，保持数秒。呼气，两腿转向左方，保持数秒。恢复犁式。（图13-4-32）

【要点】两腿转向一侧时，胸部和肩部保持不动。

【功效】同犁式，还可以促进排泄通畅。

（14）双角犁式：接上式。两腿向两侧最大限度分开，保持数秒，恢复犁式。（图13-4-33）

【要点】尽量抬起脚跟使下背部抬起得更高些，伸展腘绳肌。

【功效】同犁式，还可以伸展和锻炼两腿。

（15）挺尸式：放松姿势。仰卧，两腿自然放于地面，两臂放于体侧，掌心向上。（图13-4-34）

【要点】闭上两眼，放松全身，平静自然地呼吸，调整自己的呼吸。

【功效】消除神经紧张，使心灵得到安静，恢复能量。

图13-4-32   图13-4-33   图13-4-34

三、瑜伽的锻炼方法

（一）呼吸法

瑜伽呼吸法是指通过不同的呼吸方法（根据个体身心状况的不同而确定）有效地按摩内脏，刺激各生理腺体良性分泌，更好地排出废气，从而为动态冥想奠定基础。如果呼吸出现问题，身体的循环系统、消化系统、内分泌系统都会受影响，大量毒素会蓄积在身体各部位，进而成为致病之源。因此，开始练习瑜伽动作前，应重点掌握瑜伽呼吸法，注意体会胸腔膈肌的运动情况，腹部随着吸气的深入慢慢隆起。在练习时，节奏宜缓慢，呼气时也要注意胸腔部位的变化，注意节奏缓慢。

（二）体位法

在初步掌握瑜伽呼吸法的基础上，学习掌握瑜伽的各种姿势。在学习的初级阶段，应按照个人身体状况练习瑜伽，尽力而为，不可强求。练习瑜伽的每一个步骤都要谨慎，不可操之过急，练习过程中可根据个人情况逐步增加力度和难度。遇到让自己特别难受的动作，可以先跳过，过一段时间再去练习。

（三）综合练习法

学会几个瑜伽姿势后，可选五六个自己喜欢的动作进行练习，并继续学习一两个新动作，循序渐进，逐步加深巩固。注意结合瑜伽呼吸法，全方位地理解和体会瑜伽的精髓。

（四）音乐练习法

当呼吸与体位能够有机地结合练习时，可跟随音乐节奏进行练习。以轻音乐为主，给人以轻松愉悦、舒适自然的感觉，可提高练习者的兴趣，使人更加平心静气。

（五）主动练习法

随着练习时间的推移，练习者要学会根据自身条件来选择适合自己的练习动作和方法。选择时，要注意练习的全面性，使身体得到全方位的拉伸。

第五节　形体训练

一、形体的基本概念

（一）形　体

形体在生理学上指人体或人体形态体质。古代文学家李渔在其《闲情偶寄·声容部·选姿第一》中说道："形体维何？眉发口齿，耳鼻手足之类是也。"在当代大学体育教育中，形体主要指人在先天遗传和后天获得的基础上所表现出的身体形态上相对稳定的特征，是包括人的体形、体态和体姿在内的人的外在形象的总和。

（二）形体美

形体美分为外表美和内在美。外表美侧重于形式，指由生理特点所造就的身体之美，包含人的身体各部位指数合理和人体各部位的比例关系恰当，形成姿态、体态、线条和谐统一的外观特征；内在美指借助形体所表现出来的人的思想、气质、情操、风度等深层次的内容，是一种高素质的展示。

现代社会人体形体美的标准主要包括以下十个方面。

（1）五官端正，面部红润，眼睛有神，头发有光泽，颈部挺直且灵活，并与头部配合协调。

（2）两肩对称（男宽女窄）。

（3）两臂修长，两臂之长与身高协调。

（4）胸部宽厚，比例协调；男性胸肌圆隆，女性乳房丰满，挺而不垂。

（5）脊柱垂直、挺拔。腰部呈圆柱形，细而有力。

（6）腹部扁平，男子有腹肌垒块隐现。

（7）臀部圆满，微显上翘，不下坠；男性鼓实，女性健美而隆起。

（8）大腿修长，小腿长且腓肠肌位置高，并稍突出，线条柔和。

（9）人体骨骼发育正常，无畸形，身体各部位比例匀称。

（10）男子形体强调上肢力量及肌肉发达，整个体形呈倒梯形；女子形体强调身体比例匀称，线条流畅，整个体形呈曲线形。

二、形体基础训练

（一）基本手位

基本手位（图13-5-1）如下。

一位：两臂圆屈下垂，两手置于胯前，两手指尖相隔几厘米。

二位：在一位的基础上，两臂圆屈向前、向上抬起，手正对下肋。

三位：在二位的基础上，两臂圆屈上举，两手指尖相隔几厘米。

四位：在三位的基础上，一臂成三位，另一臂成二位。

五位：在四位的基础上，一臂成三位，另一臂由二位向旁打开。

六位：在五位的基础上，向旁打开的一臂保持不动，另一臂由三位变为二位。

七位：在六位的基础上，向旁打开的一臂保持不动，另一臂由二位向旁打开，两臂圆屈。

一位　　　二位　　　三位　　　四位　　　五位　　　六位　　　七位

图13-5-1

（二）基本脚位

基本脚位（图13-5-2）如下。

一位：基本站姿站好，两脚脚跟并拢，脚尖呈一字形打开。

二位：在一位的基础上，两脚直线向两旁打开，两脚间距一只脚的距离，重心在两脚中间。

三位：在二位的基础上，一只脚的脚跟与另一只脚的足弓靠拢，保持外开的状态。

四位：在三位的基础上，以后脚为定点，两脚前后打开，前脚的脚跟与后脚的脚尖相对，两脚间距一只脚的距离。

五位：在四位的基础上，以后脚为定点，前脚向后脚靠拢并收紧，重心在两腿的中间。

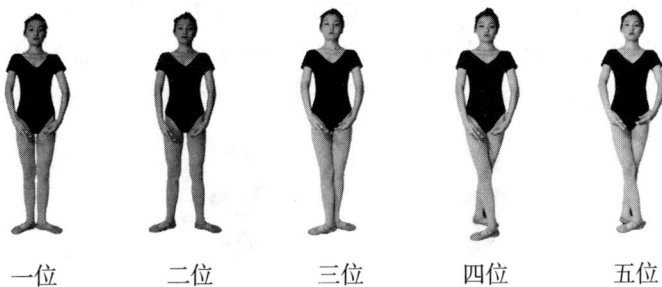

一位　　　二位　　　三位　　　四位　　　五位

图 13-5-2

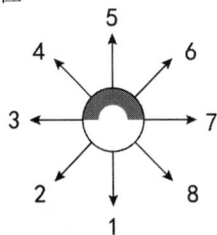

图 13-5-3

（三）基本方位

当舞者站在场地中央时，以舞者为中心向其前、后、左、右放射出八条射线，这就是我们通常所说的八个方向点，正前方为 1 点，沿顺时针方向分别是 2 ～ 8 点。（图 13-5-3）

（四）把杆练习

（1）站：两手扶把，两脚一位，身体成一条直线。（图 13-5-4）

（2）立：两手扶把，两脚一位，脚跟将身体推向最高点，身体成一条直线。（图 13-5-5）

（3）蹲：两手扶把，两脚一位，两膝外展，被动屈膝，身体成一条直线。（图 13-5-6）

图 13-5-4　　　图 13-5-5　　　图 13-5-6

（4）擦地：站一位，一只脚向前擦出，保持外开，两胯外开，两膝绷直。注意收紧臀大肌，大腿尽量转开，内侧肌夹紧。脚向侧、后擦地的要领与向前擦地相同。（图 13-5-7）

（5）小踢腿：右腿经擦地向前约 25° 踢出，再点地收回成五位。动作要有爆发力，停顿准确，脚绷直。向侧、后小踢腿要求同上。（图 13-5-8）

图 13-5-7　　　　　　　　　　　　　图 13-5-8

擦地

小踢腿

（6）画圈：重心在左腿，右腿向前擦出，由脚尖带动腿向前、向侧再向后画圈，最后收回到一位。做前画圈动作，经过旁擦还原，注意保持腿部外开，两胯放松。后画圈动作与前画圈动作相同，只是方向相反。（图13-5-9）

图 13-5-9

三、体态美感训练

（一）站姿训练

规范站姿动作要领如下。

头正：两眼平视前方，嘴微闭，收颌梗颈，表情自然，稍带微笑。

肩平：两肩平正，微微放松，稍向后下沉。

臂垂：两臂自然下垂，中指对准裤缝。

躯挺：胸部挺起，腹部回收，腰部正直，臀部收紧。

腿并：两腿并拢直立，脚跟靠拢，两脚约成60°夹角。

（二）蹲姿训练

1. 蹲姿动作要领

下蹲时，上体保持直立。女士两腿要保持并拢，男士两腿可适度分开，重心放于后脚上。注意主动肌与对抗肌及协同肌力量的控制，以保持身体的轻盈和平衡。

2. 高低式蹲姿动作要领

高低式蹲姿是日常生活中最常用的一种蹲姿。其基本特征是下蹲时，上体直立，左脚完全着地，左小腿基本垂直于地面；右脚前脚掌着地，脚跟提起。此时右膝低于左膝，右膝内侧可靠于左小腿的内侧，形成左膝高、右膝低的姿态。重心基本在右腿，靠右腿支撑身体。（图13-5-10、图13-5-11）

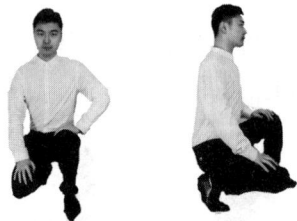 

图 13-5-10   图 13-5-11

（三）行姿训练

1. 行姿动作要领

头正，目视前方，收颌，表情自然、平和。两肩平稳，防止上下前后摇摆。上臂带动前臂前后自然摆动，向前摆幅约30°，后摆不超过臀部的后缘，两手自然弯曲，在摆动中离开两腿不超过一拳的距离。上身挺直，收腹立腰，移动时重心及时前移。（图13-5-12）

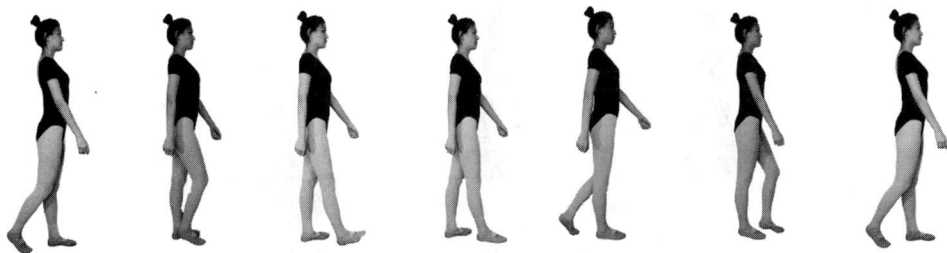

图 13-5-12

2. 步 位

男子行走时的步位一般要求两脚脚跟先着地，两脚脚尖略外展，两脚脚跟交替落在两条平行线上（图13-5-13）；女子行走时的步位要求两脚脚跟先着地，两脚脚尖略外展，两脚脚跟内侧交替落在一条直线上（图13-5-14）。若女子的步位在两条平行线上，则臀部摆动比较局促，腰部会显得僵硬，步态不优美。

图 13-5-13

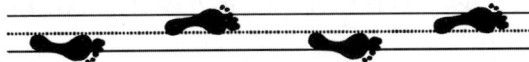

图 13-5-14

3. 步 速

在不同的场合和环境中，步速可以有变化，但在某种特定的场合中，步速应保持相对均匀、平稳，不要忽快忽慢。在正常情况下，步速要自然舒缓，这样会显得成熟、自信。

4. 步 幅

步幅是指人们每走一步时，两脚之间的距离。步幅的大小往往因人而异。行进时，最佳的步幅间隔应为本人一脚的长度（图13-5-15），即男子每步约60厘米，女子每步约50厘米。行进中，步子的大小应当保持大体一致。

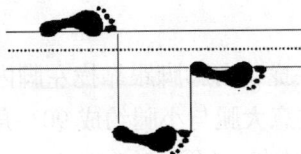

图 13-5-15

（四）坐姿训练

1. 动作要领

（1）入座：入座时，轻盈地走到座位前，转身背对椅子，两脚成小丁字步，一脚稍后撤，使脚触及椅子以感觉椅子的位置，身体稍前倾，落座。如果女士穿的是裙装，则在落座时要用两手由臀后从上至下整理裙装，以防裙子出现褶皱或被打折坐住，而使腿部裸露过多。（图 13-5-16）

图 13-5-16

（2）坐姿：上体直立，头正目平，嘴微闭，面带微笑；胸微挺，腰伸直，腰部微靠（或只坐至椅子 2/3 处）；两腿自然弯曲，小腿与地面基本垂直，两脚平落于地面，两膝并拢（女士）或分开（男士），臀部坐在椅子中央，两手置于大腿上。（图 13-5-17）

（3）起立：起立时，一脚先向后收半步，然后站起。离开座位时，一脚先向前走一步，然后自然轻声地离开座位。（图 13-5-18）

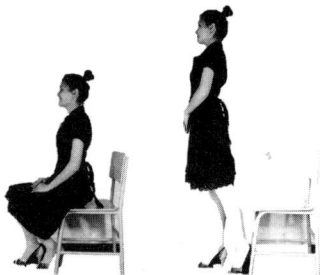

图 13-5-17　　　　　　　　图 13-5-18

2. 端　坐

坐下后，上身挺直，两肩平正，两臂自然弯曲。女士两手交叉叠放在两腿中部并靠近小腹，两膝并拢，小腿垂直于地面，两脚脚尖保持朝前。男士两手分别放在两腿上，两脚打开，与肩同宽。（图 13-5-19）

3. 侧　坐

两小腿向左斜出，两膝并拢，右脚脚跟靠拢左脚内侧，右脚脚掌着地，左脚脚尖着地，头和身躯向左倾斜。注意大腿与小腿约成 90° 角，小腿要充分伸直，尽量显示小腿长度。这种坐姿只适用于女性。（图 13-5-20）

4. 休闲坐

女士在侧坐基础上，左小腿后屈，脚绷直，脚掌内侧着地，右脚提起，脚面贴住

左踝。男士在标准式坐姿的基础上，两腿向前，一条腿提起，腘窝落在另一腿的膝关节上。要注意上方的腿向里收，贴住另一腿，脚尖自然下垂。（图 13-5-21）

图 13-5-19

图 13-5-20

图 13-5-21

第十四章

休闲户外运动

第一节　定向运动

一、定向运动概述

定向运动是指运动员借助定向地图和指北针，充分利用自然条件，按组织者规定的顺序，在城市道路、公园、田野、林间等自我选择行进路线并到访地图上所标示的地面检查点，以通过全程检查点用时较短者或在规定时间找到检查点得分较多者为胜的一种体育运动。

定向运动通常在野外森林进行，也可在城市的近郊、公园和较大的校园等地进行。比赛的成败取决于个人的识图用图能力、定向能力和奔跑能力的强弱。为增加比赛的乐趣，也可以在判定比赛成绩的方法上有所区别，采用个人跑计团体成绩或个人跑计个人与团体成绩等方法。

按照竞赛规则，定向运动可以按比赛成绩的计算方法、比赛时间、比赛性质、比赛距离等进行分类，如图14-1-1所示。

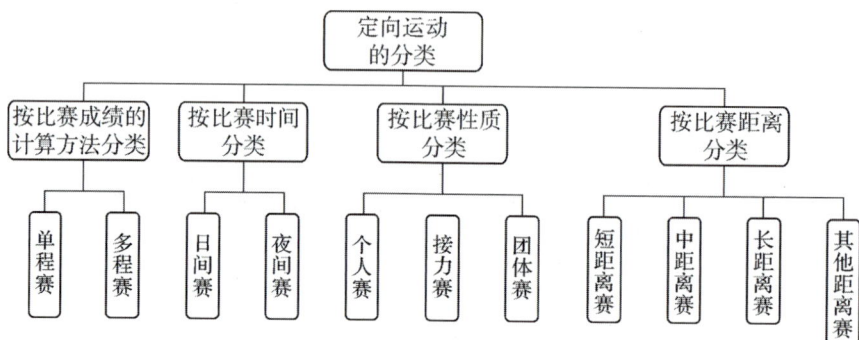

图 14-1-1

二、定向运动基本技能

（一）标定地图

在定向运动中，必须首先标定地图，即保持地图方位与实地方位一致。标定地图方位是较重要的定向技能之一。

1. 利用指北针标定地图

先使指北针的红色箭头朝向地图上方，并使箭头与定向地图上的磁北线重合（或平行），然后转动地图，使磁针北端对正磁北方向，地图即已标定。

2. 利用直长地物标定地图

利用直长地物（道路、土垣、沟渠、高压线等）标定地图，首先应在地图上找到这段直长地物，对照两侧地形，使地图与实地各地形点的关系位置概略相符，然后转动地图，使地图上的直长地物与实地的直长地物方向一致，地图即已标定。

3. 利用明显地物地貌标定地图

从地图上找到本人位于明显地形点的位置（即自己所在的站立点）后，可以利用明显地形点标定地图。先选择一个图上与实地都有的远方明显地形点（目标），然后转动地图，使地图上的站立点至目标的连线与实地的站立点至目标的连线相重合，此时地图即已标定。

（二）确定站立点

1. 根据明显地形点确定

当自己所处位置在明显地形点上时，只要从地图上找出该地形点，站立点即可确定。

明显地形点的地物主要有单个的地物（房屋、水塔、凉亭、小桥等）、现状地物的拐弯点、交叉点（呈十字形）、交汇点（呈丁字形）和端点，面状地物的中心或者有特征的边缘。

明显地形点的地貌主要有山地、鞍部、洼地，特殊的地貌形态（陡崖、冲沟等），谷地的拐弯、交叉和交汇点，山脊、山背线上的转折点和坡度变换点。

2. 利用位置关系确定

利用位置关系法确定站立点主要依据两个要素：一是站立点至明显点的方向，二是站立点至明显点的距离。在地形起伏明显的地方，还可以结合高差情况确定站立点。

（三）确定前进方向

在定向运动中，每次出发时（包括途中每一段落出发），首先必须确定出发点的图上位置、前进方向和目标点，然后标定地图，选准前进方向，向目标点进发。

（四）折叠地图

折叠地图是将地图折叠成适当大小以方便运用拇指辅行技术，并使读图时的注意力集中在即将寻找的一两个检查点上的定向技术。折叠地图时，应注意沿磁北线方向或沿行进方向平行折叠地图，折叠的地图大小要适中，既要方便运用拇指辅行技术，又要保证有足够的图上可视区域。

（五）选择路线应遵循的原则

1."有路不越野"原则

在野外进行比赛时，应尽量沿道路行进，这是因为在道路上容易确定站立点，运动员更有信心；地面相对光洁、平坦，有利于提高奔跑速度。

2."走高不走低"原则

在定向运动比赛中，如果不得不越野，当目标点在半山腰，周围又没有明显地貌、地物时，应选择从山顶向下寻找的方法，这就是人们常说的"走高不走低"。

3."有障提前绕"原则

阅读地图时，要注意通观全局，提前绕行，特别是当检查点之间有大的障碍不易穿越时，不能等抵近障碍再做折线绕行，应该全面分析地貌地形，提前选择最佳迂回运动路线。

（六）保持正确行进方向的方法

在选择最佳路线后，在前进过程中还要采取相应的方法，以确保行进方向正确，从而安全、准确地到达目的地。

1.拇指辅行法

在定向运动中，常用拇指压住图上本人目前站立点的位置，把拿地图手的拇指想象为自己（缩小到地图中的自己），当向前运动时，拇指也在地图上做相应移动，这种方法叫作拇指辅行法。拇指辅行法主要用于帮助运动员随时明确自己在地图上的位置。

2.扶手法

把实地中的线状地形（各种道路、输电线、溪流、面状地物的边界等地物地貌）比喻为上下楼梯时的扶手，作为行进的引导，这种方法叫作扶手法。运用此方法，运动员可较为容易、安全地到达目的地。

3.记忆法

记忆法指运动员按行进的顺序，分段地记住路线的方向、距离、经过的地形点、两侧的辅助（参照）物，即"人在地上跑，心在图上移"。这样可以减少运动员途中跑时读图的时间，提高运动成绩。

第二节　拓展训练

一、拓展训练概述

（一）拓展训练的起源和发展

1.拓展训练的起源

拓展训练的诞生与欧美盛行的Outward Bound（简称OB）教育模式有直接联系。OB是最早的以户外冒险为基础的教育活动，由海员求生训练演变而来，后被越来越多的人接受，是现代户外体验式学习的雏形。在课程模式上，拓展训练参照了以OB为基础发展起来的学校心理拓展训练教育模式，在模拟自然环境的情况下，降低活动风险，

体验经过设计的户外活动项目，最终形成了具有中国特色的体验学习体系。

"拓展训练"一词是我国对这种体验式教育的本土化认识。拓展训练在培训领域所具有的潜在价值和震撼性效果得到了大众的广泛认可，在多年的发展历程中，拓展训练正如它的名字一样在不断"拓展"。如今拓展训练已由一种课程产品发展成为一种教育理念和学习模式，同时得到了教育系统的认可，并应用到许多相关的领域，成为中国户外体验式教育的主打品牌。

2. 拓展训练在国内的发展状况

1970年，香港成立了香港外展训练学校，这是中国第一个加入OB国际组织的专业培训机构。1999年，该组织在广东省肇庆市建立了外展训练基地。

1995年，以"拓展训练"命名的体验教育模式经整合改造后进入中国，并在培训领域引起了前所未有的震撼。短短几年间，拓展训练培训机构遍布全国，呈快速增长势头。在国内，比较正规且形成规模的拓展训练培训机构已有数百家，组织拓展训练或类似拓展训练的机构（包括培训学校、户外运动俱乐部、管理咨询公司等）已达数千家。

随着国内拓展训练的普及，拓展训练面向的对象范围已扩展至各行各业，参训学员从高层领导直至普通员工。很多知名公司还把这种培训课程作为员工培训的必修课。

1999年，清华大学率先将体验式培训引入工商管理硕士（Master of Business Administration，MBA）、高级管理人员工商管理硕士（Executive Master of Business Administration，EMBA）教学体系中，随后北京大学光华管理学院、中山大学岭南学院、浙江大学等高校纷纷把拓展训练作为MBA、EMBA教育的指定课程内容。

在近几年的发展中，拓展训练的课程开始多元化，活动项目日益丰富，形式也多种多样。例如，以拓展训练经典的活动项目为主体，结合野外活动、室内活动项目，甚至在其他培训活动、年会、旅游团体活动中穿插拓展训练项目。

（二）拓展训练的锻炼价值

传统意义上的拓展训练主要为企业团队培训服务。学校组织学生参加拓展训练课主要是为了实现学校的教学目标。学生通过拓展训练能够增长阅历和知识，提高自身的全面适应能力，尤其是按照体育课进行选课并参加学习，学习的动机和目的自然紧扣体育教学的目标，即获得身心的全面发展，这是拓展训练价值的最基本体现。此外，拓展训练对学生能力的全面提升作用，在其走出校园、进入工作岗位后能够得到具体的体现。体育课上的拓展训练以体育教学手段为载体，结合"运动参与、运动技术、身体健康、心理健康、社会适应"五大教学目标，更加充分地体现了拓展训练多元化的价值和文化内涵。拓展课程按照体育与健康教学大纲要求，在学校教育周期里围绕身体健康、心理健康和社会适应三个方面对学生能力进行深度培养。这些方面的锻炼价值被定义为全面适应的能力，简称"全适能"，并进一步被划分为体适能、心适能、群适能三个维度。

1. 体适能

拓展训练的体适能锻炼是指在课堂内外通过项目挑战和课外任务，对学生身体适应活动要求的能力进行锻炼，使学生能够完成拓展训练的课程任务和达到学校规定的体能测试标准，完成体育课的教学目标，最终获得身体健康所需要的身体适应能力的锻炼。然而，拓展活动不以考查学生体能为目的，往往进行一些学生力所能及的活动，只是基于情境的改变，使学生的心态发生变化，从而将体能锻炼转向心理考验与体能锻炼的完美结合，做到体能消耗适中。

2. 心适能

拓展训练的心适能锻炼是指通过拓展训练中的特殊训练，学生可以学会用正确的心态应对项目本身和生活中相似情景的锻炼。拓展训练的心适能锻炼可以激发学生的冒险精神和挑战欲望，使其勇于面对困难和失败，积极挖掘潜能并表现出强烈的进取精神，同时表现出乐于交往、通力合作的心态。拓展训练的心适能主要包括适应力、应激力、承受力、控制力、适应感悟力、表现力和自愈力。拓展训练能给学生提供一些具体的心适能帮助，使学生可以清楚地观察到他人的变化，同时也可以感知自己的变化。

3. 群适能

拓展训练的群适能主要是指学生在拓展课上所体验的适应群体关系的能力。这种能力通过训练可以转化为适应团队文化的能力，最终形成适应大的群体生活的能力。拓展训练是在一定理论指导下进行的实践过程，强调与他人如何交流、如何沟通、如何协作等问题。拓展训练在群适能方面的锻炼价值包括建立人际信赖关系，培养团队角色认知能力，培养领导能力、团队精神和社会适应能力。

二、拓展训练项目

（一）高空项目

1. 空中断桥

空中断桥项目形式如图 14-2-1 所示。

图 14-2-1

【项目类型】

个人心理类挑战项目。

【场　　地】

学校拓展训练基地。

【器　　材】

直径为 10.5 毫米的保护绳 1 条、铁锁 3 把、全身安全衣 1 件、半身安全衣 1 件、安全帽 1 顶、手套 1 双。

【人员要求】

10 人及以上。

【项目时间】

无要求。

【项目目标】

（1）挑战自我，战胜自我。

（2）克服心理恐惧，建立自信心。

（3）提升控制和决断能力，学会换位思考。

【项目组织】

（1）召集学生到场地，宣布项目名称和项目进行方式。

（2）讲解器材的使用：安全衣、安全帽、保护绳、铁锁等。

（3）讲解保护与帮助的方法。

（4）要求学生跃出前先将保护绳向前打，起跳脚在起跳前尽可能地站在断桥的边沿，蹬腿起跳一定要果断。

（5）在上器械前，每一名学生的保护绳和安全衣要经安全员和教师检查。

（6）在上器械前，除 3 名保护者外，全队其余人员集中围成一圈，手拉手高呼激励性的话语。

【注意事项】

（1）学生必须穿戴安全衣和安全帽，并在有保护的情况下，方可上器械。

（2）学生在活动中不可移动身上的保护装置。

（3）如果学生极度恐惧不敢跃出，则教师可穿戴安全装置，上断桥进行引导，必要时可缩短断桥距离或用手拉扶学生过桥，但学生返回时一定要求学生自己完成。

【引导讨论】

（1）对比看别人训练与自己站在桥上的感受是否相同。

（2）突破心理障碍瞬间的过程与感受。

（3）突破心理障碍与发挥自身潜能、抓住机遇、获得成功之间的关系，相互理解和互相鼓励的重要性。

【指导及点评】

（1）根据学生的实际情况制订不同的挑战目标，确保每一名学生都能获得成功体验，进而在恰当的时机引导学生学习任务定向目标，帮助其养成树立任务定向目标的习惯。

（2）根据学生的讨论及作业，在恰当的时机引入心理暗示理论，运用理论联系实际的方法，帮助学生学会运用积极的心理暗示语。

（3）个人项目本着心理挑战最大、体能冒险最小的原则，每项活动对受训者的心理承受力都是一次极大的考验。此项目可帮助学生跨越心理障碍，使其体会到个人能力的发展潜力。

2. 垂直天梯

垂直天梯项目形式如图 14-2-2 所示。

图 14-2-2

【项目类型】

双人合作类项目。

【场　　地】

学校拓展训练基地。

【器　　材】

直径为 10.5 毫米的保护绳 2 条、铁锁 6 把、扁带 1 条、8 字环 2 个、全身安全衣 2 件、半身安全衣 2 件、安全帽 2 顶、手套 2 双。

【人员要求】

10 人及以上。

【项目时间】

无要求。

【项目目标】

（1）体会合作的重要性。

（2）通过全队学生的相互帮助和鼓励，增强团队精神。

（3）体验经过艰苦努力登上高峰时的成就感。

【项目组织】

（1）宣布活动名称，让队长进行人员分配（确定体验搭档）。

（2）队长给学生分工。

（3）宣布评分标准：2 人共同攀上每一根圆木计 10 分。

（4）讲解规则：不可利用保护绳和两边系圆木的钢缆。

【注意事项】

（1）检查所有器材是否完好无损，两个上保护点间相距 1.5 米，各用 2 条绳。

（2）每组学生攀登前须经安全员和教师检查，保护者要按照规范动作及时收绳。

（3）每3组学生训练完要检查保护绳，攀登者要着长衣裤，下降速度不可过快。

（4）积极调动大家参与活动。

（5）下保护点由学生保护，每根主绳应有3名学生保护。

（6）可根据活动的具体情况设置辅助绳。

【引导讨论】

（1）预想与实际有无差距，确立目标与成功之间是否密不可分。

（2）体会与同伴和保护者合作的重要性。

（3）挑战自我，体验成功的感受。

（4）复杂或困难的目标可通过分解目标的方法减轻心理压力。

【指导及点评】

（1）采用合作学习法，使每个学生都能获得成功体验。

（2）运用组内异质、组间同质的方法将学生分组并进行组间竞赛。

（3）引导各组队长根据本组成员的实际情况对小组任务进行分配，由每个成员负责完成其中的一小部分。小组的成绩以个人测验分数的总和或小组成员的平均分数来计算。

（4）根据学生的讨论及作业，在恰当的时机引入目标设置理论，运用理论联系实际的方法帮助学生学会制订科学、合理的目标。

（5）根据学生的讨论及作业，引导学生分析活动中每对搭档的搭配是否合理，本组学生是否都能发挥自己的最大潜力，进而让学生深刻理解资源合理配置的重要性。

（二）中低空项目

1. 穿越电网

穿越电网项目形式如图14-2-3所示。

图14-2-3

【项目类型】

团队配合类项目。

【场　地】

在相对开阔的地带，选择两棵主干高2米以上的树或有同样高度的其他支撑物。

【器　材】

1张4米宽、1.6米高的绳网，绳网有15～20个高低、大小、形状各不相同的洞，最小的洞可勉强通过比较瘦小的学生。

【人员要求】

10～20人。

【项目时间】

40分钟。

【项目目标】

（1）增强团队精神。

（2）体会计划和精心操作的重要性。

（3）认识每个人在团队中的角色及作用。

【项目组织】

（1）将"电网"挂在两棵树之间。

（2）将学生集中于"电网"一侧，介绍项目名称，提出活动要求。

（3）了解活动要求后，在不触动"电网"的情况下，全队学生开始从"电网"的一侧穿越到另一侧。穿越必须在规定的时间内完成。

（4）要求每个网洞只能通过1人，如触网则须返回，另选取其他网洞，用过的网洞作废。

（5）未通过的和已通过的学生不得帮忙。

（6）全队学生从"电网"的网洞通过方为有效，从其他地方通过无效。

（7）宣布评分标准：团队在规定的时间内全体通过"电网"得100分；在规定的时间结束后，团队每剩1人扣10分。

【注意事项】

（1）此项目可锻炼学生的决策和操作能力。为避免学生草率地开始，匆匆地通过，应在布置完任务后提醒学生此活动并不简单，也许会涉及管理中的一些重要环节。因此，要在精心策划之后再开始穿越。

（2）根据学生人数给出1或2个富余网洞。若人数太多，则可规定若干的网洞可以通过两次。

（3）教师在判罚时可采取"大洞严，小洞宽"的原则，根据实际情况进行判罚。

（4）如在夏季，可提醒学生穿轻便服装，女生不要穿裙子。

（5）如在冬季衣着较厚，判罚要求可适当放宽。

（6）详细观察每个人的表现，以便进行指导。

（7）需要将学生托起通过时，应提醒学生注意安全，注意平稳起放以保证安全。

（8）在活动进行的过程中，学生如有导致危险的举动，教师要及时制止。

【引导讨论】

（1）在完成集体任务时，确定决策人是迈向成功的第一步。

（2）确立方案、明确分工是团队成功的关键。

（3）确立有效的团队纪律、激发队员积极性是团队成功的保障。

（4）有效地利用资源有助于团队获得成功。

（5）相互协调和精心操作可以使计划顺利实施。

（6）正确对待不同意见和挫折可以增强团队的凝聚力。

（7）摆正个人在团队中的位置是团队成功的基础。

【指导及点评】

（1）根据学生的讨论及作业，引导学生分析活动中团队成员分工是否明确、方案是否合理，进而让学生深刻理解团队合作的重要性。

（2）根据学生的讨论及作业，在恰当的时机引入目标设置理论，运用理论联系实际的方法帮助学生学会制订科学、合理的目标。

2. 信任背摔

信任背摔项目形式如图 14-2-4 所示。

图 14-2-4

【项目类型】

个人挑战与团队配合类项目。

【场　地】

一块平整的场地。

【器　材】

背摔台 1 个，高约 150 厘米；捆手布 2 或 3 条，长约 60 厘米；体操垫 1 块。

【人员要求】

10 人以上。

【项目时间】

当小组学生为 10 人时，约用 50 分钟完成。

【项目目标】

（1）克服心理恐惧。

（2）活跃集体气氛，增加团队的凝聚力。

（3）增强信任和理解。

【项目组织】

（1）集合学生，介绍项目名称和活动要求。

（2）说明活动要求后，学生轮流站在高台上，两手握于胸前，背对台下学生直立向台下后倒，台下全体学生保护其安全。

（3）挑选 10～12 名下方保护人员，摆成保护姿势。保护人员一对一、面对面地排列，两臂向前平举，掌心向上，伸到对面学生的胸前，形成"手臂垫"，腿要成弓步。当台上学生倒下时，保护人员手臂用力，抬头看着倒下的学生；将倒下的学生接住后，用放腿抬肩法将倒下学生平稳放下。训练开始之前，教师应先用身体下压台下学生的手臂，让学生感受到重量并表现出足够的托力。

（4）台上、台下学生口令呼应。

台上学生："准备好了吗？"

台下学生："准备好了！"

台上学生大声喊："一！二！三！"之后直挺身体向后倒下。

（5）教师站在台上，用捆手布将台上学生的手捆住后，用手抓住捆手布。从捆上布条至喊完口号前，教师必须用手握住布条，以防台上学生突然倒下。教师站在学生的身侧，在提醒台下学生注意后，开始让所有学生按顺序完成该项目。

【注意事项】

（1）全体学生摘去手表、胸针、发卡、眼镜等可能造成伤害的物品。

（2）第一位背摔者可由学生主动报名，确定一位体重较轻的人进行第一次背摔。体重较重的人应放在中间做，并可适当增加保护人数。

（3）有心脏病、脑血管病、高血压及严重腰伤者不能参加此项目。

（4）要保证背摔台的四角稳固结实。

（5）要注意台面木板是否结实。

（6）防止台上学生倒下时将教师同时拉下。

（7）教师在台上后移时，注意防止摔下。

（8）教师要检查背摔者身上是否有硬物等危险物品。

（9）台上学生和台下学生未经口令呼应不得操作。

（10）下方保护学生接到上方倒下学生后不得将其抛起。

（11）禁止将接住的学生顺势平放在地上。

【引导讨论】

（1）突破心理障碍瞬间的感受和挑战自我的意义。

（2）通过对比"看"和"做"之间的心理差别，体会换位思考和相互理解。

（3）体会相互信任的重要性。

（4）有些事情未能做或未能做好，并不是能力不行而是心理不行，而心理素质是可以通过锻炼加强的。

（5）不是不能做，而是不敢做，这不是能力问题，是心理问题。

（6）"心理保护层"厚的人，其潜在能力很难发挥出来。

（7）不断突破"心理保护层"是成功的关键。

（8）要勇于迈出第一步，并不断地突破自己。

【指导及点评】

（1）采用合作学习法，使每个学生都能获得成功体验。

（2）根据学生的讨论及作业，在恰当的时机引入心理暗示理论，运用理论联系实际的方法，帮助学生学会运用积极的心理暗示语。

（3）此项目对受训者的心理承受力和团队协作能力是一次极大的考验，可帮助学生跨越心理障碍，使其相信团队的力量。

第三节　橄榄球

一、橄榄球运动概述

（一）橄榄球运动的起源和发展

橄榄球运动起源于 1823 年。英国的拉格比是橄榄球运动的诞生地。当时在英国，足球运动很兴盛。在一次校内足球对抗赛中，有一位名叫威廉·韦伯·艾利斯的球员因求胜心切，不顾规定，用双手抱住球，跑进球门内。然而，艾利斯这种犯规动作激发了在场观战的足球界人士的灵感，他们认为抱球跑能使比赛更加激烈。于是，一项能够促进身体全面发展、具有很高锻炼价值的新的运动项目——橄榄球就从足球运动中派生出来了。

1839 年以后，橄榄球运动逐渐在剑桥大学等学校开展起来。随后这些学校相继成立了俱乐部，校际比赛也渐渐活跃起来。1871 年，英格兰橄榄球协会成立。1890 年，橄榄球在许多国家不断发展，演变出不同形式的橄榄球运动，大致可以分为英式橄榄球和美式橄榄球。国际橄榄球理事会于 1987 年举办了第一届男子橄榄球世界杯赛；于 1991 年举办了第一届女子橄榄球世界杯赛。

1996 年 10 月 7 日，中国橄榄球协会正式成立。1997 年 3 月 18 日，中国橄榄球协会成为国际橄榄球理事会的正式会员，国际橄榄球理事会把这件事称为国际橄榄球运动发展的一个里程碑。

（二）橄榄球运动的锻炼价值

参加橄榄球运动能提高人的力量、耐力、柔韧性、灵敏性、弹跳力、反应、速度、爆发力等素质；可以强身健体，并改善身体各器官、系统的机能状况；可以培养人的机智、果断、沉着、冷静等心理素质，以及积极主动、团结协作、拼搏进取、勇敢顽强的良好品质，是建设精神文明的一种良好手段。

二、橄榄球运动基本技术

（一）手处理球

手处理球是橄榄球运动的基本技术之一，也是初学者需要重点掌握的技术之一。手处理球包括普通传球、快速传球、交叉传球、掩护传球、界外球的掷入、捡球、倒地救球和接球等。限于篇幅，这里主要介绍普通传球和接球。

1.持球的方法

手指按在球的最凸出部分，手掌不触球，手指用力夹住球，手腕保持灵活。（图 14-3-1）

2.普通传球

向左边传球时，右肩自然向前，身体重心从右侧移向左侧，腰部用力带动两臂摆动。传球时，手腕放松，球出手瞬间，有甩腕、手指推球的动作。（图 14-3-2）

单手肩上传球

图 14-3-1　　　　　　　　　　　图 14-3-2

3. 接　球

目视来球，两手伸出，举到头的高度，手臂与上身成口袋状。接住球的瞬间，两臂向后回收缓冲，两腋夹紧，防止掉球（图 14-3-3）。雨天球滑时，为了安全，可以把球抱在胸前（图 14-3-4）。

图 14-3-3　　　　　　　　　图 14-3-4

（二）跑动（持球队员跑动）

跑动包括单手持球跑动和双手持球跑动。跑动的方法包括迂回跑、变向跑和假动作持球跑等。限于篇幅，这里只简单介绍迂回跑和变向跑。

1. 持球的方法

采取能保持平衡的单手或双手持球姿势。（图 14-3-5、图 14-3-6）

2. 迂回跑

以向左迂回跑为例，眼睛看向右侧（脸也转向右侧则更有效），右脚内侧用力蹬地向左转身，右脚交叉到左脚前，呈弧线形跑开。

3. 变向跑

变向跑是利用横向跨步，使身体左右晃动，以突破对方的方法。以向右变向为例，身体重心放低，以小步幅快速接近对方后，向左跨步吸引对方，然后左脚内侧用力横向蹬地，重心右移，向右加速摆脱对方。

图 14-3-5 图 14-3-6

（三）冲 撞

1. 扑 搂

扑搂包括正面扑搂、侧面扑搂、后面扑搂、压制扑搂和鱼跃扑搂等。下面主要介绍正面扑搂。

当对正面跑来的对手进行扑搂时，扑搂者停止移动，以半蹲姿势做好准备。用肩和手臂截住对方，用两臂抱住对方的腰部，利用对方跑动的惯性把对方摔倒。在摔倒时，自己的头和身体要翻到对方的身上。（图 14-3-7）

2. 顶住扑搂碰踢

当受到对方扑搂时，持球者先把球置于与冲撞方向相反的安全一侧，两脚用力蹬地，以稳定的站立姿势顶住扑搂，将球拿稳或迅速传给队友。（图 14-3-8）

图 14-3-7 图 14-3-8

三、橄榄球运动基本战术

（一）围绕传球战术

围绕传球战术是指持球队员传球后，立即变向加速从接球队友的身后进行侧向跑动，并接队友回传球进行突破的战术。这种战术的有效性取决于队员之间传球时机的把握，以及接回传球队员的起动速度和奔跑速度。一般安排速度快、突破能力强的队员来实施围绕。围绕后，其他队员要跟进予以支援。

（二）隔位传球战术

隔位传球战术是指进攻队员不是进行通常的依次传球，而是隔着队员进行传球的战术。这一战术一般在对方出现防守漏洞而隔位的队员个人突破能力较强时比较容易成功。

（三）橄榄球防守原则

橄榄球防守最重要的原则是对位防守和"有球逼、无球松"的原则。在防守时，防守队员站成一条直线，保持好间距，绝不能使对方在局部形成以多打少的局面；根据自己队员的防守能力和对方队员的进攻能力，确保进行一对一防守，或二对一、三对一防守。当进攻队员持球时，相邻的防守队员要对持球队员对面的本方防守队员进行支援，形成对持球队员的防守压力，不给对方轻易向前推进和有意识地传球、突破的机会。一定要确保所有防守队员协同作战。

四、橄榄球竞赛规则简介

（一）比赛时间

英式橄榄球比赛需要80分钟，分为上、下两个半场，半场之间休息10分钟。每队有15名参赛队员，其中，前锋队员8名，后卫队员7名。

触地得分是英式橄榄球中得分最高的方式：进攻队员攻入防守方的得分区内持球触地，达阵得5分。除了触地得分是用手得分，其他三种得分方式（追加射门、罚踢射门、落踢射门）都是要靠脚来射门得分的。追加射门进球得2分；罚踢射门进球得3分；落踢射门进球得3分。比赛结束时，得分多的队获胜。

（二）开 球

比赛开始或得分后，按规则踢出的第一个球即开球。英式橄榄球开球规定：每半场开始，由开球队员在中线中点处做定踢；一方得分后，由另一方在中线中点处或在该点后方做落踢。开球方的队员必须站在球的后方，对方队员必须站在本方半场的10码（1码≈0.914米）线后，所踢出的球要越过对方的10码线。

（三）基本进攻

比赛开始时在中线踢定位球开球。开球队的队员应站在中线后，防守队的队员应站在本方10码线后；守方队员必须在开球队员将球踢过10码线之后，方能抢球。每次得分后，由对方在中线重新开球，继续比赛。传球时，不得向前传，只能回传或横传。攻方队员超越持球队员接球时判越位，由对方队员在越位地点罚踢任意球。常用的传球方法是双手低手传球。持球队员受到对方冲抢或拦抱不能前进时，必须立即撒球，不得再向同队队员传球。双方队员都可争抢已被持球队员撒手的球。比赛中不得冲撞或阻挡不持球队员。

（四）越 位

越位是指队员处在不可参与比赛而且容易犯规的位置上。英式橄榄球比赛判定越位的规则：在比赛的一般状态下，无球的进攻队员处在带球者或踢球者的前方即越位；在司克兰、冒尔和争边球时，队员逗留或前进到特定的越位线前面即越位；越位后判给对方一次罚踢。

（五）争 球

对阵争球时，各方出3名前锋队员，并肩各站成一横排，面对面躬身互相顶肩，中间形成一条通道，其他前锋队员分别站在后面，后排队员用肩顶住前锋队员的臀部，组成3-2-3阵型或3-4-1阵型。由犯规队的对方队员在对阵一侧1码（0.914米）外，

用双手低手将球抛入通道，不得有利于本队。当球抛入通道时，前排的 3 对前锋队员互相抗挤，争相踢球给本方前卫队员或后卫队员，前卫队员和后卫队员必须等候前锋队员将球踢回后，方可移动。罚踢指发生犯规后给予不犯规队踢球的权利。罚踢时，可采用任何一种踢球形式，可将球踢向任何方向，或将球踢出后再去获得球，还可向裁判员表示将罚踢改为攻踢球门，但射门必须采用定踢或落踢的形式。罚踢时，同队队员必须在球的后方，对方队员必须退到离球 10 米远且平行于球门线的地方或球门线上。

（六）出　界

球出界时，由对方队员在球出界地点抛球入场。双方前锋队员在距边线 5～15 码（4.572～13.716 米）处，面对边线各排成一纵队，两队相距约 2 英尺（约 0.6096 米）。当抛球队员抛球到他们头上时，双方队员跳起争球。争球时既可将球接住，也可将球拍击给本队队员。

第四节　棒垒球

一、棒球运动概述

（一）棒球运动的起源和发展

长期以来，美国和英国为争夺棒球运动发明权争论不休。一般来说，棒球运动脱胎于英国的板球。从板球演变而来的说法似最可信。英国伦敦的大英图书馆藏有一幅 1334 年的板球古图，画中有一名板球运动员正在投球，对面有一名运动员手持球棒准备迎击，证明早在 14 世纪，英国已有板球运动。

自 1492 年哥伦布发现美洲大陆后，大量英国人移民到新大陆的东海岸。1800 年左右，北美开始盛行板球运动。1820 年，美国纽约的板球爱好者利用板球比赛的球发明了与现代棒球相似的游戏，故称纽约游戏。随后，此游戏在美国的几个城市逐渐风靡。然而，当时的比赛规则是混乱无章的，上场人数和垒间距均不固定。1845 年，美国人亚历山大·卡特莱特为统一名称和打法，制定了有史以来第一部棒球竞赛规则（其中的某些规定沿用至今），并正式采用了棒球（Baseball）这一名称。

1937 年，世界棒球协会在美国成立，后改称为国际棒球联合会，它是世界业余棒球运动的最高领导机构。1978 年，国际棒球联合会得到国际奥委会的承认。棒球项目于 1992 年被列入奥运会正式比赛项目。

棒球运动在世界范围内的发展并不平衡，在美国、日本、韩国、墨西哥、荷兰、多米尼加、委内瑞拉、巴拿马、尼加拉瓜等国家开展得较为普及，这些国家的棒球竞技水平也较高。

中国人打棒球的最早记载为詹天佑在美国耶鲁大学留学的时候（1877—1881 年）组织了中华棒球队。之后从美国、日本归国的华侨及留学生把棒球引入中国。

中国棒球协会是中华全国体育总会的单位会员。1979 年，中国棒垒球协会成立。中国棒球协会于 1981 年加入国际棒球联合会，于 1985 年加入亚洲棒球联合会。

（二）棒球运动的特点

棒球运动是一种以棒打球为主要特点，集体性、对抗性很强的球类运动项目，被誉为"竞技与智慧的结合"，是一项集智慧与勇敢、趣味与协作于一体的集体运动项目。队员之间既强调个人智慧和才能，又必须讲究战略、战术，互相配合。成员之间分工明确，责任清晰，主动配合，相互服务，必要时为顾全大局，个人要甘于牺牲自我。

棒球集竞技与娱乐于一体，运动过程有张有弛，男女老幼皆宜。棒球集跑、跳、投、传、接、击、触、滑、扑等多种技术于一体，全面考验人的智慧、反应力、判断力和应变能力，对参与者身心健康大有裨益。它既能培养参与者的集体协作精神，又在攻守分明的比赛中给每个人充分表现自我的机会。棒球参与者不需要身材特别高大，但需要头脑清楚、灵活。棒球是与时间、距离赛跑的项目，可有效提高参与者的拼搏精神。

二、棒垒球运动基本进攻技术

（一）击球技术

1. 握棒法

握棒法有标准握法、短握法和长握法三种（图 14-4-1）。以长握法右打为例，左手在下，右手在上，掌心相对，不留空隙，左手小鱼际肌部位触球棒的末端，手指自然弯曲将球棒顶住。两手的拇指分别压在各自的食指上，小指、无名指、中指轻握球棒，使右手第二指关节与左手的第三指关节相对，或者两手的第二指关节相对，合手拧紧，手腕和手臂自然放松，持棒于体前。

2. 击 球

击球员进入击球区后，两手握棒，正对本垒板，侧对投手，两脚开立与肩同宽或略宽于肩，两膝自然弯曲并内扣，重心落在两脚前脚掌内侧，前导臂横放胸前，距离身体 10～15 厘米，含胸、收腹将球棒置于右肩前，球棒向后倾斜与地面成 45°～90° 角。当投手准备投球时，击球员重心右移，用右脚支撑身体，同时两肩和腰部向右后转引棒，随后左脚向右侧收一小步，左腿的膝关节和髋关节稍内扣，头部正直不晃，两眼盯住投手，球棒的指向和位置保持原状态。当投手的投球手前送时，击球员身体稍后收，同时持棒手稍后引，随后左脚沿地面向来球方向横向迈出，前脚掌内扣着地，脚尖与本垒成直角，伸踏的幅度为 15 厘米左右，重心放在右脚上。随后右脚提踵迅速用前脚掌内侧发力蹬地，膝关节内扣，面颊贴在左肩锁骨上，同时重心前移，整个身体快速向来球方向转动并准备挥棒。挥棒时，腰部和肩部依次用力转动，髋关节的转动领先于手臂的挥棒动作，同时左肩打开，右肩前移。接着左手拉棒，右手推棒，两腕用力前送棒，使棒头超越棒尾，球棒贴近身体，腋部不要张开，眼不离球，准备击球。在球棒击中球的瞬间，左臂向前用力伸展，右臂向击球方向推送，面颊贴在右肩锁骨上，两眼把球盯到底，由此开始球棒沿水平方向运动。球中棒的最佳

部位在离粗端 5 ～ 15 厘米处。（图 14-4-2）

标准握法　　　　短握法　　　　长握法

图 14-4-1

图 14-4-2

（二）触击技术

双手握棒触击：在投手投球离手前瞬间，击球员迅速向前导臂一侧转体，同时右手快速沿棒上移至中部，拇指在上，其余手指在下，用虎口处握棒，左手控制球棒横于体前，棒头略高于棒尾，身体正对投手，重心下降，上体稍前倾，两眼与球棒中部平齐，注视来球。当投手投球出手后，击球员根据来球的运行轨迹，调整站位及身体姿势，使球棒的中部对准来球。当来球接近身体时，击球员两手轻轻将球棒推出或等球触棒。在球与棒接触瞬间，击球员两臂顺势后收，缓冲来球力量，将其轻击到本垒板前附近的界内区域，随后向一垒方向起跑。

（三）跑垒技术（棒球）

跑垒技术包括击跑员跑垒、一垒跑垒员跑垒、二垒跑垒员跑垒和三垒跑垒员跑垒四种，每种技术都由起跑、垒间跑和踏垒三个部分组成。

1. 击跑员跑垒

（1）击球后的起跑。击球员完成随挥放棒后，左脚蹬地，重心右移，右脚迅速向一垒方向跨出半步，上体前倾，沿直线疾跑 5 或 6 步，步幅小，步频快，两臂摆动幅度大，不要看击出的球。

（2）垒间跑。击跑员上体抬起，眼睛盯住一垒包，以最快的速度沿跑垒限制道全力向一垒奔跑，切忌边跑边看球。

（3）冲刺踏垒。击跑员在距一垒 4 米左右时身体前倾，不要有碎步或减速，全力冲刺跑过一垒，尽量用左脚前脚掌踏触一垒板外侧；若能连续向二垒跑，则踏在垒包的内角。

2. 一垒跑垒员跑垒

当投手持球踏在投手板上时，跑垒员以侧滑步动作向二垒方向移动 3 或 4 步离开一垒包，面向投手，眼睛盯着投手的前导臂和伸踏脚，重心降低，置于两脚之间，保持身体平衡，离垒的范围以能安全返垒为准。当向二垒起跑时，左脚经体前交叉，同时上体右转向二垒抢进，并根据守场员接球的位置和动作，迅速决定采用哪种方式上垒，如扑垒、滑垒、碎步上垒或连续跑垒。

3. 二垒跑垒员跑垒

当投手持球踏触投手板时，二垒跑垒员可以离垒。离垒动作同一垒跑垒相似，离垒的距离可以远一些，位置最好在二垒或三垒的垒线上。二垒跑垒员的注意力应集中在投手身上，并善于根据三垒跑垒指导员的暗号和比赛场上的局面（如安打球、内场地滚球、外场高飞球、守场员的失误等）做好返回二垒或跑向三垒或踏触三垒的内角继续跑进的准备。

4. 三垒跑垒员跑垒

当投手持球踏触投手板时，三垒跑垒员可离垒3或4步。在投手向击球员投球后，三垒跑垒员用交叉步再离垒3～5步，做跑向本垒的准备。若接手接住球，则三垒跑垒员返回三垒，离垒的路线及位置应在界外区域，最好在边线外一步的地方。三垒距离本垒最近，故三垒跑垒员得分的可能性最大。如遇下列局面，三垒跑垒员应立即冲向本垒：

（1）2人出局前，击球员击出外场高飞球时立即返垒，待外场手接球后，迅速起动，抢回本垒；

（2）2人出局前，采用抢分触击战术，待投手起动投球瞬间，以交叉步起动跑垒，并全力抢进本垒；

（3）2人出局前，击球员击出二垒手或游击手附近区域的缓慢地滚球时，三垒跑垒员要及时起动，冲向本垒。

（四）滑垒技术

1. 钩垒式滑垒

当跑垒员高速接近垒位，距垒位约3米时，左脚内侧蹬地，同时右脚外展，直腿伸向垒位的右侧，上体向右侧倾斜。随后左膝弯曲，重心下降，以右腿外侧及臀部触地滑行。在滑行的过程中，收腹，上体后仰，梗头，两眼注视垒位，两腿呈夹子状，右手及前臂贴地以维持身体重心，左臂向体前伸出，最后用左脚脚背触及垒垫的前沿。

2. 蹲坐式滑垒

当跑垒员高速接近垒位，距垒位约3米时，左脚蹬地，右脚向前跨出，重心降低。随后左腿屈膝，小腿置于右膝关节处下面，依次用脚背外侧、小腿外侧及臀部触地，呈坐地姿势滑行接近垒包。在滑行的过程中，上体前倾，含胸，收下颌，两臂自然弯曲侧上举（不要触地），右腿自然弯曲，脚尖上翘，最后用右脚脚跟触及垒垫的前沿或垒角。

3. 前扑式滑垒

当跑垒员高速接近垒位，距垒位约5米时，重心降低，上体顺势前倾，一脚用力蹬地使身体伸展，腹部和大腿依次触地，同时抬头，挺胸，两臂前伸，两膝微屈，两眼注视垒位，最后用手触摸垒垫的前沿。

三、棒垒球运动基本防守技术

（一）传球技术

根据传球时出球位置的不同，传球的方法大体可分为肩上传球、下手传球、正（反）手抛球和体侧传球等。其中，肩上传球是最基本的方法，下面以原地右手肩上传球为例进行阐述。

1. 握球方法

食指和中指自然分开，置球于指根部，两指与球线垂直相交，握在球的上方，并用指端压在球线缝处；拇指、食指和中指握点呈等腰三角形。其余手指自然弯曲置于球侧，虎口与球之间留有一定的空隙。握球不要太紧，以不落球为准。（图14-4-3）

图 14-4-3

2. 传球方法

两脚左右开立与肩同宽，膝关节微屈，两手持球置于体前，身体正对传球目标，两眼注视接球队员。起动传球时，以右脚为轴，膝、髋、肩关节依次用力向右转体，左肩对传球方向，两臂前后分开，右手持球，掌心向下，同时左脚沿地面向传球方向伸踏。左脚落地后，身体重心随髋关节前送移至左脚，左臂自然弯曲置于胸前，右臂经体侧上摆至右方，屈肘成90°，肘关节上提，置于肩水平线以上，腕关节后屈不低于右耳。随后快速转肩，向前顶肘，肩、肘、腕、手依次发力甩臂扣腕，最后在身体前上方鞭打传出球（封杀局面传向同伴的躯干附近，触杀局面传向同伴的小腿附近）。球出手后，传球臂顺势向身体右下方随摆，上体下压，重心落在伸踏腿上，两眼注视传球目标。

（二）接球技术

1. 接平直球

接球前，正对传球方向，两脚自然开立与肩同宽，两膝微屈，重心下降稍向前移，肘关节微屈并自然下垂，合手将手套置于胸前，手指向上，眼盯来球，准备用手套的掌心接高于腰部的来球。如果来球低于腰部，则接球时，手指朝下，掌心向前。如果来球偏左，则接球时，两臂左前伸，同时手指朝左，掌心向前对着来球。如果来球偏右，则接球时，两臂右前伸，同时手指朝右对着来球。

2. 接腾空球

接球前，面对来球方向，两脚开立略宽于肩，左脚在前，两膝微屈，上体前倾，两臂放松置于膝关节前或腹前，两眼注视来球方向。接球时，面对来球，自然站立，屈肘，手臂上举置于额头前上方，手指向上，掌心向前，两眼盯住来球。根据腾空球的来球路线判断其落点，随后迅速调整移动步法。在来球接近手套的瞬时，两手要主动前伸迎球，在额头的左前上方将球接住，同时两臂顺势后引缓冲，准备做传球动作。

3. 接地滚球

接球前，面对来球方向，两脚开立略宽于肩，前导脚在前，屈膝，上体前倾，重心落在两脚的前脚掌上，两臂放松置于膝关节前，两眼正视来球。接球时，根据来球轨迹调整移动步法，正面迎球，两手靠拢前伸，手套张开贴地，手指向下对准来球（图14-4-4）。在地滚球刚弹跳离地面的瞬间或从最高点开始下降的瞬间，在两脚连线中心前30厘米处用两手将球接住。随后迅速合套护球稍后引，同时传球臂后摆，垫步准备传球。

图 14-4-4

（三）触杀技术

准备接球时，身体重心下降，眼睛盯住来球。接球后，用手套背顺势向垒垫前沿拉下，触及跑垒员或击跑员伸向垒垫的脚或手。触杀动作连贯、幅度小、力量轻。

（四）封杀技术

准备接球前，两脚站立的位置应以有利于踏触垒垫为基准。身体姿势与接球的准备姿势相同，面对来球方向，眼盯来球。接球瞬间，一脚的前脚掌踏触垒垫，另一脚朝来球方向迈出一大步，同时将球牢固地接住。

（五）投球技术

1. 棒球投球技术

在起动投球时，两臂由体侧向体后摆动，同时自由脚由板前撤至板后，上体略前倾。随后两臂由体后回摆至胸前合手，同时自由腿弯曲提腿，身体向投球臂一侧转体约90°，左肩正对击球员，轴心脚外侧触及投球板前沿，保持身体平衡，两眼注视击球员，成"金鸡独立"姿势。提腿转体动作完成后，接着分手，投球臂向下后方摆伸至体侧，手背朝上屈腕，同时前导臂前伸，重心前移送髋，自由脚向投球方向伸踏，脚尖指向本垒，脚掌内侧先着地。紧接着投球臂迅速向前摆动。当前臂摆至肩上方时，转髋发力，上体抬起，挺胸成背弓，肘关节外展，随后轴心脚用力后蹬板，投球臂的肩、肘、腕、指关节依次用力，在身体右侧斜上45°将球投出，同时前导臂后收贴近左肩以维持身体平衡，两眼盯住投球目标。

2. 垒球投球技术

垒球后摆投球动作的特点是跨步大，转腕力量大，较容易控制球路变化。球出手后，产生上升球路。握球方法与传球的握球方法相同。投球时，食指和中指压在球缝线上，握球要紧一些、深一些。特别是投曲线球，更应该如此。投球前，两脚踏在投手板上，平行开立或稍前后开立，相距约20厘米左右。右脚（轴心脚）前脚掌踏在投手板的前沿，脚尖略偏向三垒方向，膝关节稍屈。左脚（自由脚）脚趾触踏板的后沿，腿自然伸直以支撑身体，两肩与一垒、三垒平行，两手合拢持球于胸腹前，眼睛注视接手手套，至少静止1秒。投球时，上体前倾，身体重心从左脚移向右脚，向右转体，左腿提膝向前伸踏一大步，同时两手分开，右手持球经体侧直向后上方摆动。当手臂摆至头上方与地面接近垂直时，左臂稍屈于胸前，身体重心在两脚间。右脚用力蹬伸，向左转髋带肩，右臂由上而下向前用力挥摆，加大摆速（此时右腿蹬、左腿弓、重心移向左脚），再经体侧，手臂继续摆送至体前，再用手腕和手指的力量投球出手。右脚顺势跨出一步，做好防守准备姿势。

四、棒垒球运动基本进攻战术

棒垒球比赛中常用的基本进攻战术分为偷垒战术、触击球战术、挥击球战术、外场腾空球战术和"打而跑"战术。

（一）偷垒战术

1. 单偷垒

【目的】抢占二垒和三垒。

【局面】2人出局前，一垒或二垒或一垒、二垒有跑垒员。

【时机】在防守队员疏忽、接手不善于传杀或下一击球能力较差的情况下采用。

【要求】偷垒意图要隐蔽，动作要迅速。击球员要密切配合，如投手投来好球时，

要空挥棒以干扰接手接球。

2. 双偷垒

【目的】2名跑垒员同时抢占垒位。

【局面】2人出局前，一垒、二垒或一垒、三垒有跑垒员。

【时机】与单偷垒相同。

【要求】当一垒、二垒有跑垒员时，跑垒员要按教练意图，同时向前一个垒全速跑进，并随时准备滑垒。当一垒、三垒有跑垒员时，一般一垒跑垒员先全速跑向二垒，引诱接手传杀二垒，三垒跑垒员乘机回本垒得分。一垒跑垒员也可以慢速向二垒跑进，有意造成夹杀，拖延时间，以便为三垒跑垒员安全跑回本垒得分创造时机。如果进攻队的目的不是三垒跑垒员得分，而是争取一垒跑垒员安全上二垒，那么三垒跑垒员应离开三垒稍远些，或向本垒做假跑动作，以牵制二垒手为目的，诱使二垒手放弃传杀一垒跑垒员而转向三垒传球，三垒跑垒员迅速返回三垒，从而达到掩护一垒跑垒员安全上二垒的战术目的。

（二）触击球战术

1. 上垒触击球战术

【目的】安全抢占一垒。

【局面】2人出局前，垒位上没有跑垒员。

【时机】在防守队防触击球能力较差或不注意防触击球，而击球员触击球技术好且跑速快时采用。

【要求】击球员的触击意图要隐蔽，尽量在投手投球出手后，判断出是好球时才能暴露。触击球动作暴露得越迟，上垒的成功率越大。

2. 牺牲触击球战术

【目的】牺牲自己，掩护垒上跑垒员安全进入下一垒位。

【局面】2人出局前，一垒或一垒、二垒有跑垒员。

【时机】在比赛双方势均力敌，跑垒员不易偷垒，击球员击球技术较差和避免双杀时采用。

【要求】击球员和跑垒员用暗号取得默契后，使用公开触击球方法只触投手投来的好球，不触坏球，力争在二击以前完成。触击时，不要边触边跑，以免影响触击的准确性。运用这一战术时，跑垒员可根据防守队的防守情况采用多种跑垒方法。当内场手之间补位能力较差时，击球员可向三垒方向触击地滚球，使三垒手上前接球传杀一垒，而构成三垒位空虚。这时，一垒跑垒员可在投手出球后快速奔向二垒，在将到达二垒前，可先向进三垒做准备，若发现三垒无人补垒，则可乘机继续抢进三垒。这一战术也称为"跑而触"战术。

3. 抢分触击球战术

【目的】牺牲自己，掩护三垒跑垒员抢进本垒得分。

【局面】2人出局前，三垒有跑垒员。

【时机】在比赛后几局，双方打成平局或落后1分，进攻队为夺取关键的1分时采用。

【要求】击球员和跑垒员用暗号取得联系并严格按照教练所规定的抢分时机（如一

击以后或投手投第二个球时）进行。若此时投手投出又高又偏的坏球（暴投除外），击球员也要全力把球触成界内地滚球，否则就容易造成三垒员被夹杀出局或被双杀出局，从而导致失败。跑垒员在投手投球出手之际，要全力冲向本垒，并随时准备滑垒。此战术成功的关键在于击球员和跑垒员的密切配合，击球员要把球触为界内地滚球。

（三）挥击球战术

打第一个好球战术：投手为争取更多的投球"击"数，投第一个球时往往投好球。这种情况下应该用此战术。

打好最后一个投球战术：场上出现"二击三球"时，投手为不让击球员得"四坏球"安全进垒，常常投出较正的好球，击球员应主动打这一好球。

等球战术：当投手控制球能力较差，难以投出好球时，击球员等待投手坏球，不挥棒击球，以便取得安全进垒而使用的一种战术。

（四）外场腾空球战术

【目的】牺牲自己，让跑垒员回本垒得分。

【局面】2人出局前，三垒有跑垒员。

【要求】击球员打出外场高远腾空球后，跑垒员即回到三垒，眼盯接球方向或听跑垒指挥员的指挥，在接球队员触球瞬间迅速向本垒跑进。

（五）"打而跑"战术

【目的】协助跑垒员进行偷垒。

【局面】一垒或二垒或一垒、二垒都有跑垒员，对方二垒手或游击手靠近二垒防守。

【要求】跑垒员和击球员应严格执行教练的暗号。一旦暗号发出，无论投手投来的球是好球还是坏球（投手暴投除外），击球员都必须将球击出。当二垒手的防守位置离二垒近时，击球员可将球击至一垒和二垒之间。当游击手的防守位置离二垒近时，击球员可将球击至二垒和三垒之间。跑垒员在垒位上做好跑垒准备后，注视投手，等投手球一离手就全速跑向下一垒位。

五、棒垒球运动基本防守战术

（一）投坏球战术

【目的】破坏对方战术，造成击球员"三击不中"出局。

【局面】进攻队运用"跑而打"战术、"打而跑"战术、抢分触击球战术和偷垒战术等或击球员已二击。

【要求】投手有意投出高偏的坏球，使击球员难以击中。

（二）四坏球战术

【目的】不让强打手击球，以防止进攻队大量得分。

【局面】2人出局前或2人出局后，二垒、三垒或二垒有跑垒员。

【要求】投手连续投出4个坏球，让击球员安全到一垒，使场上各垒位形成封杀局面，变被动为主动。

（三）传杀一垒战术

【目的】传杀击跑员并使其出局，减少失误。

【局面】防守队防守配合欠熟练或防守队比分远远超过进攻队。

【要求】注意力集中，提高传杀的成功率。

（四）双杀战术

【目的】传杀 2 名跑垒员出局，防止对方采用"跑而打"战术和"打而跑"战术。

【局面】一垒或一垒、二垒或一垒、二垒、三垒有跑垒员。

【范例】

（1）一垒有跑垒员，击球员击出一垒和二垒之间的内场地滚球。二垒手接球后将球传给补进二垒的游击手，游击手接球踏垒封杀一垒跑垒员后，再将球传给一垒手封杀击跑员。

（2）一垒有跑垒员，击球员击出二垒和三垒之间的内场地滚球。游击手接球后将球传给补进二垒的二垒手，二垒手接球踏垒封杀一垒跑垒员后，再将球传给补进一垒的投手或二垒手。

（3）一垒有跑垒员，击球员击出一垒和二垒之间的内场地滚球。一垒手接球后将球传给补进二垒的游击手，游击手接球踏垒封杀一垒跑垒员后，再将球传给补进一垒的投手或二垒手。

（4）一垒、二垒有跑垒员，击球员击出二垒和三垒之间的内场地滚球。游击手接球后将球传给三垒手，三垒手封杀垒跑员后，将球传给补进二垒的二垒手，封杀一垒跑垒员或将球传给一垒手封杀击跑员。

（5）一垒有跑垒员，击球员击出二垒方向的地滚球。游击手或二垒手接球后顺势触踏二垒封杀一垒跑垒员，并迅速将球传给一垒手封杀击跑员。

（6）满垒时，击球员击出二垒和三垒之间的地滚球。三垒手接球后传杀本垒，接手接球封杀三垒跑垒员后，立即将球传给补进三垒的游击手，游击手封杀二垒跑垒员或将球传给一垒手封杀击球员。

第五节　轮　滑

一、轮滑运动概述

（一）轮滑运动的起源

轮滑的起源可以追溯到轮滑鞋的发明。1819 年，佩蒂布莱德于法国设计了第一双单排轮滑鞋，并申请了发明专利。该鞋由排成一条直线的 2 或 3 个轮子组成，但是这一构想未达到预期的流行效果，最终不了了之。1823 年，英国伦敦的罗伯特·约翰设计了一双轮滑鞋，并称它为"Rolito"。这双鞋的底部有 5 个排成一排的轮子。1863 年，美国的普利姆斯顿设计了一双四轮的轮滑鞋，且轮子是并排的，允许转弯、前进和向后溜冰，也就是最传统的轮滑鞋。滚珠轴承的发明促进了轮滑运动的蓬勃发展。

（二）轮滑运动的锻炼价值

轮滑运动是一项集健身、竞技、娱乐、技巧、休闲于一体的全身性运动。其锻炼价值主要包括：增强心肺功能，改善代谢系统，对增强臂、腿、腰、腹等部位的肌肉力量和各关节灵活性效果显著；能够使个体表现自我，挑战自我，增强自信心；培养个体的审美能力和提高艺术修养。

（三）轮滑运动装备

1. 单排轮轮滑鞋

单排轮轮滑鞋目前多数由塑料外壳、内衬及一双海绵袜子组成，穿起来比较舒适，但不透气。轮滑鞋的下部由底板、双轮板、夹轮板、轴承、轮子和制动器组成。

单排轮轮滑鞋的特点一是滑起来支点窄而长，前后稳定性较好，但左右稳定性较差，需要踝关节内、外侧有较强的力量来控制；二是轮与轮之间相距较近，前后方有多个支点，可以顺利通过地面上的小坑、小沟。这种鞋不仅可以在轮滑场地使用，还可以在粗糙的地面上滑行。

2. 头 盔

头盔对于速度轮滑及花样轮滑来说是十分重要的，因为快速滑行或做花样轮滑中的翻腾、旋转等动作时容易发生意外情况，头盔能够起到保护作用。

选择头盔时，首先要看头盔大小是否适合自己，既不能过紧也不能过松；其次要看头盔内垫的泡沫、海绵是否柔软；同时确认一下头盔外壳的厚度，厚度应大于1.5毫米。

做一般滑行动作所需的头盔应是流线型的，上面有许多条形孔，让空气顺畅地从头顶流过，同时能给头部降温。进行极限轮滑运动的滑行者应该选择外壳的硬度及强度都非常高的头盔。

3. 护 具

护具对于轮滑运动来说是必不可少的，它能防止轮滑者在跌倒时发生擦伤和撞伤。轮滑运动专用护具包括护肘、护腕、护膝等。

轮滑运动的护具采用多层结构，靠近身体的部分是厚厚的海绵，海绵外面用皮革包裹，皮革外面还有一层坚硬的塑料外壳，材质很结实，能有效地减小冲击，保护身体。

选择护具时，应该注意护具的大小、宽窄等与身体是否匹配，过大或过小、过宽或过窄都会造成身体损伤。

（四）速度轮滑的安全

1. 注意事项

运动前要认真进行热身练习。轮滑是一项激烈运动，运动时全身肌肉都在活动。如果不做热身练习，身体突然剧烈运动容易造成肌肉扭伤和拉伤，适当地热身能刺激肌肉，使身体兴奋起来以保护自己。运动前要检查轮滑鞋的螺母是否拧紧，如果松弛，就要加固，否则轮滑鞋容易分体，造成危险。初学者应在规定范围内练习，或尽可能在人少的地方练习，注意循序渐进；在没有熟练掌握技术的情况下，不可过度追求滑行速度。运动中摔跤是不可避免的，但要注意自我保护。运动中要注意观察周围情况，不可只顾自己低头滑行，以免撞伤他人。患有严重疾病的人（如心

脏病、高血压患者等）不宜做激烈的轮滑运动。

2. 自我保护

在滑行过程中，如果向前或向两侧摔倒，则要屈膝下蹲，用两手撑地缓冲，以减缓摔倒时对身体的冲击；在滑行过程中，如果向后摔倒，则更要屈膝下蹲，降低重心，以使臀部先着地，同时低头团身，避免头部向后磕地；在摔倒的过程中，要避免直臂单手撑地，防止挫伤手腕。

3. 损伤及其处理

损伤及其处理如表 14-5-1 所示。

表 14-5-1

损　伤	受伤情况	处　置
腰扭伤	因腰部用力不当或腰部负荷过大而引起急性腰扭伤	卧床休息，并遵医嘱
踝关节韧带扭伤	由落地不稳、地面不平等引起。受伤局部会有疼痛、肿胀、压痛、皮下淤血等症状	可冰敷、按摩、理疗或用夹板固定踝关节韧带 1～2 周
膝关节侧副韧带损伤	由膝关节被撞击而引起。受伤部位会有肿胀、压痛、活动障碍等症状	可冰敷、按摩、理疗或加压包扎，固定膝关节 3～5 天

二、轮滑运动基本技术

轮滑运动包括速度轮滑、花样轮滑、轮滑舞蹈和轮滑球等运动项目。其中，速度轮滑是轮滑运动的重要组成部分，也是其他轮滑运动的基础。以下主要介绍速度轮滑技术。

速度轮滑运动的基本技术是指完成速度轮滑动作的有效方法。良好的速度轮滑技术能起到充分节约体力、发挥最大速度的效果。速度轮滑技术主要由直道滑跑和弯道滑跑等技术构成。轮滑运动的滑跑动作带有明显的周期性特征。它由蹬地、收腿、着地和支撑滑行等循环动作阶段所组成。这些阶段的动作又涉及动作速度、力量、方向、角度、路线、轨迹、频率、节奏、时机和幅度等技术细节，这些都是构成良好技术的关键。下面主要介绍直道滑行和弯道滑行两大基本技术。

（一）直道滑行技术

直道滑行基本技术包括身体姿势、蹬地技术、收腿技术、着地技术、惯性滑进技术、摆臂技术和配合技术等。

1. 身体姿势

为减少空气阻力，达到快速滑跑的目的，必须采取特殊的滑跑姿势。身体姿势的正确对完成正确动作、有效地使用技术、发挥身体的潜能具有重要的作用，因此，正确的滑跑姿势是滑行技术的基础。速度轮滑直道滑跑采用上体前倾的半蹲式姿势，髋、膝和踝三个关节成弯曲的状态。上体放松，两手握于背后，头微抬起，目视前方 30～40 米处。在滑行中，重心落在脚心处为宜，髋关节角度为 90°～100°，膝关节角度为 110°～120°，踝关节的角度为 65°～75°。大腿位于胸的正下方，鼻、膝和脚三个点成一条直线，重心准确地落在支撑轮的中间。（图 14-5-1）

图 14-5-1

2. 蹬地技术

蹬地是推动滑行者向前滑行唯一的动力来源。蹬地技术是速度轮滑的核心技术。蹬地效果的好坏取决于蹬地用力的方式、角度、方向、力量、速度及体重的运用等技术细节的合理性。蹬地动作是由开始蹬地、蹬地最大用力和蹬地结束三个阶段构成的。合理的蹬伸顺序是展髋的同时伸髋，再伸膝，最后伸踝。（图14-5-2）

3. 收腿技术

当蹬地腿完成蹬地动作后，浮腿抬离地面至再次着地前的过程称为收腿。收腿的任务是连接蹬地与着地动作，配合身体重心的移动，保持平衡及放松等。另外，浮腿积极地摆动也有助于蹬地腿发挥蹬地力量。（图14-5-3）

图 14-5-2

图 14-5-3

4. 着地技术

着地是指从收腿动作结束后至轮滑鞋落地的动作阶段。着地包括两个动作阶段：一是向前摆腿动作阶段，二是轮滑鞋着地动作阶段。着地的方法以屈腿动作为主，从后向前提拉，在靠近支撑腿内侧的地方着地。（图14-5-4）

5. 惯性滑进

惯性滑进是指一条腿从轮滑鞋着地后的支撑滑行至开始蹬地的动作阶段。（图14-5-5）

图 14-5-4

图 14-5-5

6. 摆臂技术

摆臂技术是配合蹬地获得速度的重要技术。摆臂可以调节身体平衡，加大蹬地力度，有利于整个身体协调运动。（图14-5-6）

7. 配合技术

配合技术在滑跑过程中起着动作之间相互协调、促进、带动和节能的重要作用，同时有利于完成和发挥战术的意图。配合动作大体由两个方面构成，即两腿之间的动作配合及臂与腿的动作配合。（图14-5-7）

图 14-5-6

图 14-5-7

（二）弯道滑行基本技术

弯道滑行是轮滑运动最基本的动作部分，既要保持高速滑行，又要保持平衡。弯道滑行的区段是体现战术意图的重点区域。弯道滑行技术由基本姿势、蹬地技术、收腿技术、着地技术、摆臂技术和配合技术构成，没有单腿支撑自由滑行阶段。

1. 基本姿势

弯道滑行基本姿势是上体前倾，支撑腿髋、膝和踝三个关节保持弯曲状态。在弯道滑行的过程中，身体始终向圆心倾斜，并保持鼻与支撑腿的膝关节、前轮都处在同一纵轴平面上。倾斜的幅度较大，蹬地角度为 40° ～ 50°。单臂或双臂前后自然摆动。（图 14-5-8）

图 14-5-8

2. 蹬地技术

在弯道滑行的过程中，根据克服人体向前做直线运动的惯性需要一定向心力的要求，弯道技术动作与直道技术动作相比有明显的不同。由于身体重心的投影点始终在身体的左侧，离心力与向心力形成了平衡，使身体重心沿弧线方向运动。这样就自然形成了左脚外侧轮和右脚内侧轮交替、连续、快频率向右侧蹬地的动作技术。（图 14-5-9）

图 14-5-9

3. 收腿技术

弯道收腿是弯道滑行周期动作的一个阶段，是指蹬地腿离开地面至将浮腿收至支撑腿一侧的某一点的过程。它在滑行的过程中可以起到放松肌肉、调节身体平衡及协调蹬地腿的蹬伸等作用。

4. 着地技术

着地技术由着地方向、着地时机、着地部分和位置等组成，在滑行中起到确定滑行方向、调节蹬地时机、协调配合蹬地动作、建立和保持平衡等作用。

5. 摆臂技术

弯道滑行摆臂的重要作用是调节身体平衡，加大蹬地力度，提高蹬伸频率，使整个身体在滑行的过程中处于协调状态，对战术发挥起到积极作用。（图14-5-10）

图14-5-10

6. 配合技术

配合技术在弯道滑行过程中起着动作之间相互协调、带动和促进的作用，有利于滑行中节省体力，发挥各个环节的技术和完成战术意图等。（图14-5-11）

图14-5-11

附 录

《国家学生体质健康标准（2014 年修订）》简介

附录一 《国家学生体质健康标准（2014 年修订）》实施说明

一、说 明

《国家学生体质健康标准》（以下简称《标准》）从身体形态、身体机能和身体素质等方面综合评定学生的体质健康水平，是促进学生体质健康发展、激励学生积极进行身体锻炼的教育手段，是国家学生发展核心素养体系和学业质量标准的重要组成部分，是学生体质健康的个体评价标准。

本标准将适用对象中高校部分分为：大学一、二年级为一组，三、四年级为一组。

大学各组别的测试指标均为必测指标。其中，身体形态类中的身高、体重，身体机能类中的肺活量，以及身体素质类中的 50 米跑、坐位体前屈为各年级学生共性指标。

本标准的学年总分由标准分与附加分之和构成，满分为 120 分。标准分由各单项指标得分与权重乘积之和组成，满分为 100 分。附加分根据实测成绩确定，即对成绩超过 100 分的加分指标进行加分，满分为 20 分；大学的加分指标为男生引体向上和 1000 米跑，女生 1 分钟仰卧起坐和 800 米跑，各指标加分幅度均为 10 分。

根据学生学年总分评定等级：90.0 分及以上为优秀，80.0 ～ 89.9 分为良好，60.0 ～ 79.9 分为及格，59.9 分及以下为不及格。

每个学生每学年评定一次，记入《〈国家学生体质健康标准〉登记卡》。特殊学制的学校，在填写登记卡时可以按规定和需求相应地增减栏目。学生毕业时的成绩和等级，按毕业当年学年总分的 50% 与其他学年总分平均得分的 50% 之和进行评定。

学生测试成绩评定达到良好及以上者，方可参加评优与评奖；成绩达到优秀者，方可获体育奖学分。测试成绩评定不及格者，在本学年度准予补测一次，补测仍不及格，则学年成绩评定为不及格。普通高等学校学生毕业时，《标准》测试的成绩达不到 50 分者按结业或肄业处理。

二、单项指标与权重

单项指标与权重如附表 1–1 所示。

附表 1–1　单项指标与权重

测试对象	单项指标	权重
大学各年级	体重指数（BMI）	15%
	肺活量	15%
	50 米跑	20%
	坐位体前屈	10%
	立定跳远	10%
	引体向上（男）/1 分钟仰卧起坐（女）	10%
	1000 米跑（男）/800 米跑（女）	20%

注：体重指数（BMI）= 体重（千克）/ 身高 ^{2}（米 ^{2}）。

附录二　《国家学生体质健康标准（2014 年修订）》测试方法

一、1 分钟仰卧起坐（女）

受试者仰卧于垫上，两腿屈膝，小腿与地面的夹角为 45° 左右，两手轻轻地扶在两耳侧。脚底紧贴地面。受试者坐起时，两肘触及或超过两膝为完成一次；仰卧时，两肩胛必须触垫。（附图 2–1）

附图 2–1

二、引体向上（男）

受试者跳起，两手正握杠，两手与肩同宽成直臂悬垂。静止后，两臂同时用力向上引体（身体不能有附加动作），上拉到下颌超过横杠上缘为完成一次。记录引体次数。

三、立定跳远

受试者两脚自然分开站立，站在起跳线后，脚尖不得踩线（最好用线绳做起跳线）。两脚原地同时起跳，不得有垫步或连跳动作。丈量起跳线后缘至最近着地点后缘的垂直距离，以厘米为单位，不计小数。

四、坐位体前屈

受试者两腿伸直，坐在平地上，两脚分开10～15厘米，两脚平蹬测试纵板，上体前屈，两臂伸直，用两手中指指尖逐渐向前推动游标，直到不能前推为止（附图2-2）。测试计的测试纵板内沿平面为0点，向后取负值，向前取正值。以厘米为单位记录测试成绩，保留一位小数。测试两次，取最好成绩。

附图 2-2

五、800 米跑（女）、1000 米跑（男）

受试者至少两人一组进行测试，站立式起跑。当听到"跑"的口令后开始起跑。计时员看到旗动开表计时，当受试者的躯干部到达终点线垂直面时停表。以分、秒为单位记录测试成绩，不计小数。

六、50 米跑

受试者至少两人一组测试，站立式起跑。受试者听到"跑"的口令后开始起跑。发令员在发出口令的同时要摆动发令旗。计时员视旗动开表计时，受试者躯干部到达终点线的垂直面时停表。以秒为单位记录测试成绩，精确到小数点后一位，小数点后第二位数按非0进1原则进位。

七、肺活量

告知受试者不必紧张，并且要尽全力，以中等速度和力度吹气效果最好。受试者面对肺活量计站立，手持吹气口嘴；测试过程中，口嘴或鼻处不能漏气，若漏气，则应调整口嘴和用鼻夹（或自己捏鼻孔）；学会深吸气（避免耸肩提气，应该像闻花似的慢吸气）。受试者进行一两次较平日深一些的呼吸动作后，更深地吸一口气，屏住气向口嘴处慢慢呼出至不能再呼为止，防止此时从口嘴处漏气。测试中不得中途二次吸气。吹气完毕后，测试仪液晶屏最终显示的数字即肺活量。以毫升为单位记录测试成绩，不保留小数。

八、体　重

测试时，电子秤应放在平坦地面上。受试者赤足，男性受试者身着短裤；女性受试者身着短裤、短袖衫，站在秤台中央（附图2-3）。以千克为单位记录测试成绩，保留一位小数。

九、身　高

受试者赤足，以立正姿势站在身高计的底板上（上肢自然下垂，脚跟并拢，两脚脚尖分开60°）。脚跟、骶骨部及两肩胛区与立柱相接触，躯干自然挺直，头部正直，耳屏上缘与眼眶下缘呈水平位（附图2–4）。以厘米为单位记录测试成绩，保留一位小数。

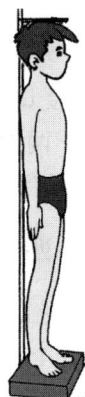

附图 2–3　　　　　　　附图 2–4

附录三　《国家学生体质健康标准（2014 年修订）》测试评分表

《国家学生体质健康标准（2014 年修订）》中大学阶段的评分表见附表 1–2 至附表 1–8。

附表 1–2　体重指数（BMI）单项评分表　　　　（单位：千克 / 米²）

等级	单项得分	大学男生	大学女生
正常	100	17.9 ～ 23.9	17.2 ～ 23.9
低体重	80	≤ 17.8	≤ 17.1
超重		24.0 ～ 27.9	24.0 ～ 27.9
肥胖	60	≥ 28.0	≥ 28.0

附表 1–3　大学男生各测试项目评分表　　　　（大一、大二适用）

等级	单项得分	肺活量 / 毫升	50 米跑 / 秒	坐位体前屈 / 厘米	立定跳远 / 厘米	引体向上 / 次	耐力跑 1000 米 / （分：秒）
优秀	100	5040	6.7	24.9	273	19	3:17
	95	4920	6.8	23.1	268	18	3:22
	90	4800	6.9	21.3	263	17	3:27
良好	85	4550	7.0	19.5	256	16	3:34
	80	4300	7.1	17.7	248	15	3:42
及格	78	4180	7.3	16.3	244		3:47
	76	4060	7.5	14.9	240	14	3:52
	74	3940	7.7	13.5	236		3:57
	72	3820	7.9	12.1	232	13	4:02
	70	3700	8.1	10.7	228		4:07

续 表

等级	单项得分	肺活量 / 毫升	50 米跑 / 秒	坐位体前屈 / 厘米	立定跳远 / 厘米	引体向上 / 次	耐力跑 1000 米 / （分：秒）
及格	68	3580	8.3	9.3	224	12	4:12
	66	3460	8.5	7.9	220		4:17
	64	3340	8.7	6.5	216	11	4:22
	62	3220	8.9	5.1	212		4:27
	60	3100	9.1	3.7	208	10	4:32
不及格	50	2940	9.3	2.7	203	9	4:52
	40	2780	9.5	1.7	198	8	5:12
	30	2620	9.7	0.7	193	7	5:32
	20	2460	9.9	−0.3	188	6	5:52
	10	2300	10.1	−1.3	183	5	6:12

附表 1-4　大学男生各测试项目评分表　（大三、大四适用）

等级	单项得分	肺活量 / 毫升	50 米跑 / 秒	坐位体前屈 / 厘米	立定跳远 / 厘米	引体向上 / 次	耐力跑 1000 米 / （分：秒）
优秀	100	5140	6.6	25.1	275	20	3:15
	95	5020	6.7	23.3	270	19	3:20
	90	4900	6.8	21.5	265	18	3:25
良好	85	4650	6.9	19.9	258	17	3:32
	80	4400	7.0	18.2	250	16	3:40
及格	78	4280	7.2	16.8	246		3:45
	76	4160	7.4	15.4	242	15	3:50
	74	4040	7.6	14.0	238		3:55
	72	3920	7.8	12.6	234	14	4:00
	70	3800	8.0	11.2	230		4:05
	68	3680	8.2	9.8	226	13	4:10
	66	3560	8.4	8.4	222		4:15
	64	3440	8.6	7.0	218	12	4:20
	62	3320	8.8	5.6	214		4:25
	60	3200	9.0	4.2	210	11	4:30

等级	单项得分	肺活量/毫升	50米跑/秒	坐位体前屈/厘米	立定跳远/厘米	引体向上/次	耐力跑1000米/（分：秒）
不及格	50	3030	9.2	3.2	205	10	4:50
	40	2860	9.4	2.2	200	9	5:10
	30	2690	9.6	1.2	195	8	5:30
	20	2520	9.8	0.2	190	7	5:50
	10	2350	10.0	−0.8	185	6	6:10

附表1-5　大学女生各测试项目评分表　　　　（大一、大二适用）

等级	单项得分	肺活量/毫升	50米跑/秒	坐位体前屈/厘米	立定跳远/厘米	1分钟仰卧起坐/次	耐力跑800米/（分：秒）
优秀	100	3400	7.5	25.8	207	56	3:18
	95	3350	7.6	24.0	201	54	3:24
	90	3300	7.7	22.2	195	52	3:30
良好	85	3150	8.0	20.6	188	49	3:37
	80	3000	8.3	19.0	181	46	3:44
及格	78	2900	8.5	17.7	178	44	3:49
	76	2800	8.7	16.4	175	42	3:54
	74	2700	8.9	15.1	172	40	3:59
	72	2600	9.1	13.8	169	38	4:04
	70	2500	9.3	12.5	166	36	4:09
	68	2400	9.5	11.2	163	34	4:14
	66	2300	9.7	9.9	160	32	4:19
	64	2200	9.9	8.6	157	30	4:24
	62	2100	10.1	7.3	154	28	4:29
	60	2000	10.3	6.0	151	26	4:34
不及格	50	1960	10.5	5.2	146	24	4:44
	40	1920	10.7	4.4	141	22	4:54
	30	1880	10.9	3.6	136	20	5:04
	20	1840	11.1	2.8	131	18	5:14
	10	1800	11.3	2.0	126	16	5:24

附表 1-6　大学女生各测试项目评分表　　　　（大三、大四适用）

等级	单项得分	肺活量 /毫升	50 米跑 /秒	坐位体前屈 /厘米	立定跳远 /厘米	1 分钟仰卧起坐 / 次	耐力跑 800 米 /（分：秒）
优秀	100	3450	7.4	26.3	208	57	3:16
	95	3400	7.5	24.4	202	55	3:22
	90	3350	7.6	22.4	196	53	3:28
良好	85	3200	7.9	21.0	189	50	3:35
	80	3050	8.2	19.5	182	47	3:42
及格	78	2950	8.4	18.2	179	45	3:47
	76	2850	8.6	16.9	176	43	3:52
	74	2750	8.8	15.6	173	41	3:57
	72	2650	9.0	14.3	170	39	4:02
	70	2550	9.2	13.0	167	37	4:07
	68	2450	9.4	11.7	164	35	4:12
	66	2350	9.6	10.4	161	33	4:17
	64	2250	9.8	9.1	158	31	4:22
	62	2150	10.0	7.8	155	29	4:27
	60	2050	10.2	6.5	152	27	4:32
不及格	50	2010	10.4	5.7	147	25	4:42
	40	1970	10.6	4.9	142	23	4:52
	30	1930	10.8	4.1	137	21	5:02
	20	1890	11.0	3.3	132	19	5:12
	10	1850	11.2	2.5	127	17	5:22

附表 1-7　大学生加分指标测试项目评分表一　　　　（单位：次）

加分	引体向上（男）		1 分钟仰卧起坐（女）	
	大一、大二	大三、大四	大一、大二	大三、大四
10	10	10	13	13
9	9	9	12	12
8	8	8	11	11
7	7	7	10	10

加分	引体向上（男）		1 分钟仰卧起坐（女）	
	大一、大二	大三、大四	大一、大二	大三、大四
6	6	6	9	9
5	5	5	8	8
4	4	4	7	7
3	3	3	6	6
2	2	2	4	4
1	1	1	2	2

注：引体向上（男）、1 分钟仰卧起坐（女）均为高优指标，学生成绩超过单项评分 100 分后，以超过的次数所对应的分数进行加分。

附表 1-8　大学生加分指标测试项目评分表二　　　　　　（单位：秒）

加分	1000 米跑（男）		800 米跑（女）	
	大一、大二	大三、大四	大一、大二	大三、大四
10	−35	−35	−50	−50
9	−32	−32	−45	−45
8	−29	−29	−40	−40
7	−26	−26	−35	−35
6	−23	−23	−30	−30
5	−20	−20	−25	−25
4	−16	−16	−20	−20
3	−12	−12	−15	−15
2	−8	−8	−10	−10
1	−4	−4	−5	−5

注：1000 米跑（男）、800 米跑（女）均为低优指标，学生成绩低于单项评分 100 分后，减少的秒数所对应的分数进行加分。